Flipped Learning

플립러닝 성공전략

한국U러닝연합회

플립러닝의 성공적인 정착을 위하여

최근 관심을 끌고 있는 플립러닝(Flipped Learning)은 2014년 3월부터 시작된 'KBS 파노라마'(KBS1) 방송을 계기로 본격적인 활성화 단계에 들어서고 있다. 그동안 이러닝 쪽에 일하면서 첨단 정보통신 미디어의 발달과 함께 진화발전해온 이러닝이 '수업 바꾸기'라는 좋은 취지로 학교에 사전교육으로 접목되어 학생들의 행복한 변화에 기여하는 "플립러닝"으로 활용되니 더없이 행복하다.

사이버대학 등에서 이러닝이 온라인을 통한 교수학습체제로 독자적인 학습생태계를 구축하기도 했으나 초중고 학생들에게 이러닝이 생활 속에 파고들지는 못한 상태였기에 플립러닝으로 재조명되어 이러닝이 각광을 받을 수 있게 되어 사뭇 기대가 크다.

기존 학교가 산업화시대의 산물로 주입식 지식전달에 그쳐 지식정보화시대의 디지털네이티브인 요즘 학생들로부터 외면을 받는 상황이기에 이 같은 플립러닝으로 새로운 학교생활이 펼쳐질 수 있어 가히 대한민국 교육의 혁신적인 도약단계라 할 정도로 그 변화의 파장이 클 것으로 보이기에 더더욱 가슴 설렌다.

그러나 플립러닝이 갑자기 하늘에서 떨어진 새로운 것이 아니라 기존 교육 및 이러닝을 순서를 바꾸어 새로운 시각으로 접근해보는 차원이기에 정부주도로 또 다른 정책차원에서 검토되기 보다는 현장교사 중심으로 거꾸로 뒤집어 수업을 재설계하는데서 부터 출발하는 등 철저하게 Bottom-Up 형식으로 진행되어야 현장에 제대로 정착될 수 있을 것이다.

플립러닝을 계기로 이러닝도 활성화 될 뿐만 아니라 우리 교육이 새롭게 거듭나는 모멘텀(Momentum)이 될 수 있기를 바라며 플립러닝이 일선 학교 및 각급 교육현장에 지식과 교육과정의 Redesign차원에서 접근할 수 있도록 2007년 발간된 기존 "지식디자인 실무"의 업그레이드 버전으로 "플립러닝 성공전략"이라는 이름을 걸고 이 책을 발간하니 작으나마 우리나라 교육혁신에 도움이 되기를 바란다.

이 책이 '왜 플립러닝을 하는가?'부터 '플립러닝의 정의', '학교 현장의 플립러닝 적용사례', '교수학습 재설계', '학습동기부여 및 효과적인 학습관리 요령', '액션러닝 및 문제해결학습의 접목' 등을 담아 초창기 플립러닝을 이해하는데 디딤돌이 되었으면 한다.

처음 책을 발간한 이후 여러분들의 도움으로 플립러닝 현장 학교의 실제 사례를 포함하여 개정판을 내게 된바, 개방·공유의 장으로 앞으로도 계속 보완해나가고자 하니 많은 관심과 참여를 기대해 본다.

2014년 8월 1일   한국U러닝연합회 정현재, KERIS 이승진

목 차

1부 플립러닝 개요

플립러닝(Flipped Learning)이란 ··· 7
Flipped Classroom 의의 ··· 8
왜 플립러닝인가 ··· 9
수업 재설계 전략 ··· 10
플립러닝 시대의 지식디자인 ··· 12

2부 플립러닝 사례

<초등학교> 교사 주도 강의식 수업에서
학습자 참여 중심으로 패러다임 전환 ··· 21

<중학교> 학생과 교사가 함께 성장하는
실패와 과정이 있는 플립러닝 ··· 36

3부 플립러닝 성공전략

BOTTOM-UP 전략 ··· 52
교실 비우기부터 ··· 53
짜릿한 주관적 경험 ··· 54
루브릭평가 ··· 54
저공비행 전략 ··· 55
수업의 질 획기적으로 높이기 ··· 56
교육정보화의 완성 ··· 56

다양한 사례 접하기	⋯ 57
함께 공부하는 소셜러닝 방식으로	⋯ 58
열정과 신념	⋯ 59
쉽고 편하게	⋯ 59
선생님의 짤강	⋯ 60
단말기가 아닌 사람 중심	⋯ 61
수업 재설계부터	⋯ 62
문제 해결사 되기	⋯ 69
수업을 디자인하라	⋯ 75
히트작품 개발	⋯ 79
컨설턴트가 되자	⋯ 82
플립러닝으로 "행복한 변화" 추구	⋯ 87
생각 잘하기	⋯ 98
교수설계 잘하는 법	⋯ 102
상상력 키우기	⋯ 113
원고분석능력 중요	⋯ 116
교수설계자의 주요 역량	⋯ 122
지식디자인 사례	⋯ 129
설득 및 공감의 원리	⋯ 131
글쓰기 능력	⋯ 135
편집능력	⋯ 139
비유와 상징	⋯ 142
콘셉트	⋯ 144
성공하는 플립러닝 제목 달기	⋯ 147

4부 플립러닝 지식디자인 실무 가이드

교수설계의 기본 개념	⋯ 149
스토리보드의 기본 개념	⋯ 160
학습자 중심의 인터페이스 설계	⋯ 170
상호작용 설계 방법	⋯ 175
내용제시 전략	⋯ 178
시각디자인 기초	⋯ 184
파워포인트 디자인 기초	⋯ 192
ARCS 따라 하기	⋯ 196
정보유형에 따른 내용 구조화	⋯ 212
모바일 학습콘텐츠 설계안	⋯ 214

5부 학습 전략 연구

액션러닝 전략	⋯ 219
자기주도적 학습	⋯ 222
프로젝트 중심 학습	⋯ 224
문제 중심 학습	⋯ 226

Flip is Redesign

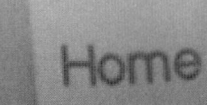

1부 플립러닝 개요

플립러닝(Flipped Learning)이란?

기존 학교공부법과 달리 사전에 온라인으로 집에서 내용을 학습한 뒤 학교에서는 문제해결 및 토론식 수업의 형태로 상호작용 중심으로 이뤄지는 융합학습법을 의미한다. 혼합형 학습의 한 형태로 교실수업에서 학습을 보다 효과적으로 돕기 위해 테크놀로지를 활용하는 수업방식을 지칭하기도 한다.

플립러닝의 가장 보편적인 방식은 학생들이 교실수업 사전에 교사가 제공하는 수업 영상을 시청한다. 따라서 수업시간에 교사는 교과 내용 중심으로 가르치기보다 학생들과 상호작용하거나 심화된 학습활동을 하는데 더 많은 시간을 할애할 수 있다. 교사는 문제풀이가 안되거나 과제해결이 어려운 학생들을 돕는다.
그러므로 플립러닝 방식에는 개별화 수업, 프로젝트 중심 학습 등과 같은 학습자 중심 활동 시간을 다양하게 포함시킬 수 있다.

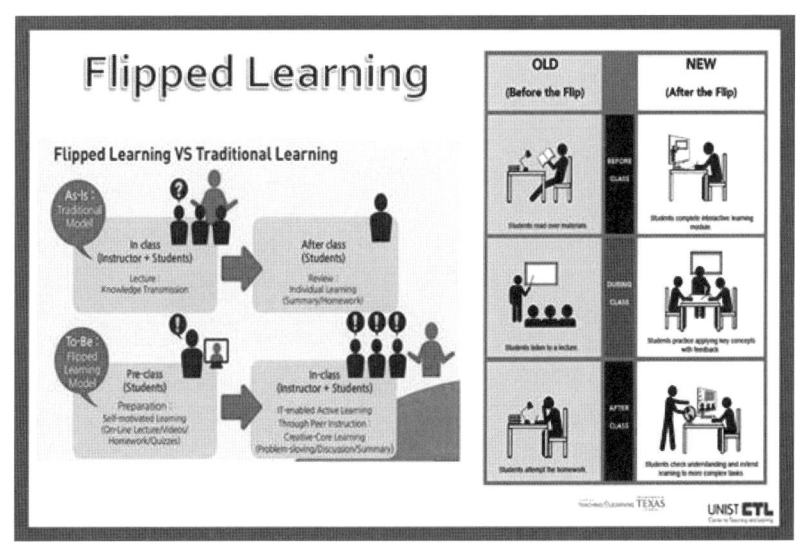

Flipped Classroom 의의

  IT기술 발달로 근대화시대의 유물인 기존 학교운영에 지각변동이 감지된 바, 미국을 중심으로 Flipped Classroom에 관심을 갖기 시작해 영국, 독일, 일본 등으로 확산되어 한국에서도 일부 학교가 플립러닝을 시범적으로 도입하여 성공적으로 전파되고 있는 상태이다.

새로운 학교 혁신플랫폼
- 기존의 교육패러다임을 탈피한 소셜 지식공유 및 자기주도적 인재육성의 혁신적인 교수학습모델
- 교수자가 지식전달자에서 퍼실리테이터(facilitator) 및 컨설턴트(consultant), 멘토(mentor) 등으로 역할변화의 계기
- 학생의 사전 온라인 공부 및 소셜러닝으로 창조적 지식 창출이 가능해짐
- 학교가 지식전달 중심에서 사전 배움을 바탕으로 새로운 익힘과 숙달의 공간으로 자리매김

* 애플이 통신 분야에 지각변동을 일으켜 새로운 패러다임을 창출했듯이 첨단 IT기술의 발전으로 교육에도 플립러닝을 통해 새로운 지식 생태계 구축의 장이 마련되기 시작했다.

* 현장 선생님이 플립러닝을 보는 관점
"2014년 학급운영의 키워드는 플립러닝이다. TED에서 강연을 보고 3년 전부터 가졌던 생각이다. 플립러닝이 이러닝이나 스마트교육의 요소가 강하지만, 중요한 것은 교실과 교사 패러다임의 전환으로 접근하는 것이라 생각된다."

* 교실은 강의실이 아닌 플랫폼이라는 관점에서의 3가지 측면
   ① 교과 과제와 수업설계
   ② 학부모 연계방안
   ③ 교실 내 공간 활용(모둠대형을 중심으로)   (출처:안종호 선생님 facebook)

소통 지향의 학습문화 창출
- 지식전달 중심에서 학생과의 소통 중심으로 변화
- 구성주의 학습 활성화의 계기

학습자 중심의 교실문화 재구축
- 일방적인 강의 중심 때문에 그동안 소외된 학습자들 중심으로 학교가 재편
- 교실이 단순한 강의실에서 탈피해 지식공유 및 새로운 가치창출의 플랫폼으로 진화하는 계기 마련

왜 플립러닝인가?

기존의 교실수업은 주로 교사가 학생들에게 지식을 전달해주는 방식으로 진행되었다. 학생들은 수업시간에 배운 내용을 집에 가서 복습하는 방식이다. 이 과정에서 부족한 것은 사교육을 통해 보충한다. 그러나 사교육이 비정상적으로 성장한 지금은 학원에서 배우고 학교에서 또 배운다. 그러다보니 배운 내용을 다시 들으니 지겨워 졸고, 학원 안 다니는 학생은 잘 몰라서 또 조는 이상한 현상이 벌어졌다.

이 모든 비정상을 한 번에 바꿀 수 있는 혁신적인 학습방법이 있다고 한다. 그것은 바로 새롭게 떠오르고 있는 플립러닝이다. 수업 바꾸기로 학생들이 학교가 아닌 집에서 온라인 강좌를 통해 지식을 전달받고 학교에서는 일방적 지식전달 방식의 수업이 아닌 온라인으로 공부한 내용을 바탕으로 워크숍 형식으로 질의응답, 토론식으로 수업을 진행하는 것이다.

학생들이 공부하고 온 내용을 바탕으로 직접 문제도 해결하고 친구들에게 발표하고 가르쳐주고 배우는 것을 수업시간에 한다는 것이다. 실제 이 플립러닝을 시범적으로 도입해 실시한 학교에서는 학생들의 반응이 뜨겁다고 한다.

플립러닝의 핵심은 단순히 공부 순서 바꾸기뿐만 아니라 교실 수업 방식을 혁신적으로 바꿀 수 있다는 것이다. 수업시간이 교사에 의한 지식전달 시간이 아닌 학생들끼리 배운 내용을 서로 주고받으면서 자기 것으로 만들고, 또 더 깊은 수준으로 발전하는 시간으로 바뀐다. 이처럼 플립러닝은 수업 순서가 뒤바뀌고 수업방식에 변화가 오면서 단순히 물리적 반응이 아닌 전혀 다른 화학적 반응을 불러일으킨다는 것이 핵심이다.

수업 재설계 전략

 플립러닝을 현실적으로 학교현장에 구현할 때 가장 피부에 와 닿는 것이 수업 재설계이다. 교육패러다임에 대한 인식전환 뒤에 플립러닝으로 학생들의 수업을 Redesign(재설계)하는 문제가 시급한 이슈이기에 방학 때나 빈 시간을 이용해 사전에 이에 대한 수업계획을 충분히 검토해야 할 것이다.

 기존 수업내용을 재구성해 사전 온라인 강좌로 강의내용을 편성하고 학교에서는 숙달 수업, 익힘 학습 중심으로 재편해야하기에 하나하나 꼼꼼히 따져봐야 한다.

 우선 실험적으로 사회과 수업 <지역의 자연과 문화재 탐방>을 사례로 수업 재설계를 해보자.

사전 수업 온라인 강좌 만들기 사례 예시
- 가상 시나리오 : 동영상으로 <한양도성 유래>에 대한 사전 강좌를 15분 분량으로 제작해보기(저작툴 활용, 동영상 촬영, 파워포인트 활용 등)
- 참고자료 링크 걸기
- 앱 및 각종 교육프로그램 활용

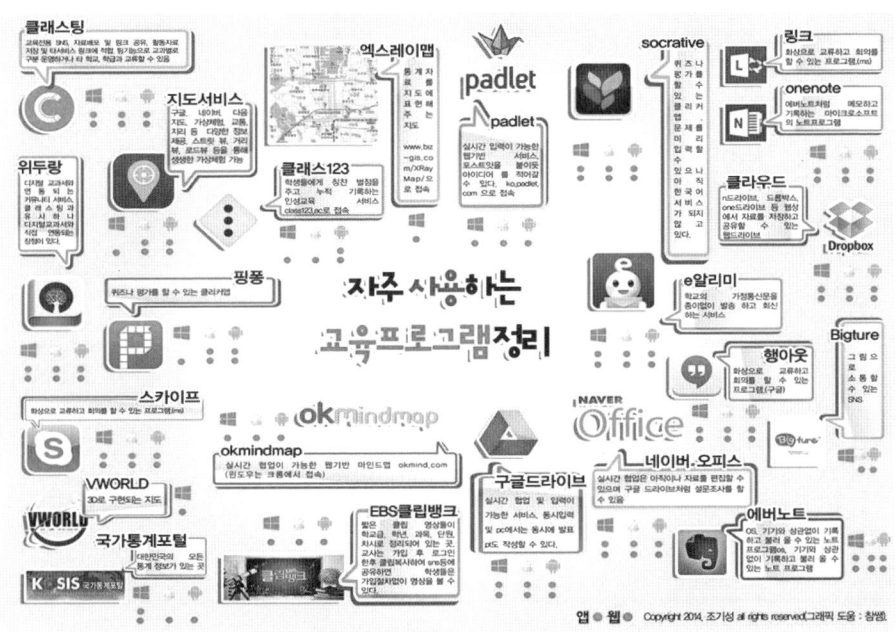

<자주 사용하는 교육프로그램, 조기성&김차명 선생님, facebook>

교실 숙달학습

- 사전에 예습해온 <한양도성 유래>를 가지고 모둠별 토론 및 필요한 현장 답사를 다녀온 뒤, 교실에서 <답사 발표회>시간 갖기
- 교사의 그룹별 학습지도 및 수업내용 "포스트 잇"과 노트로 정리하기

평가 및 피드백

- 학습 모둠별 발표를 바탕으로 상호토론 및 평가
- 루브릭(Rubric)평가 등 다면평가도 적극 활용

플립러닝 시대의 지식디자인

플립러닝 환경 및 지식정보화사회에서는 넘쳐 나는 지식을 잘 가려서 요리해주는 역할 및 소셜 큐레이터로서의 임무가 중요하다. 특히 교육적인 측면에서 가치 있는 내용을 배우고 가르칠 수 있도록 옥석을 가려 학습자들에게 의미 있는 배움의 기회를 제공하는 것이 1차적으로 고려되어야할 요소이다.

그런 측면에서 기존 지식에 새로운 가치를 창출하는 과정의 일환으로 디자인을 접목하여 "지식디자인"이라는 개념을 적극 활용할 필요가 있다. 지식디자인이 21세기 지식정보화시대의 핵심 업무로 자리매김하기 위해 그 개념과 역할을 살펴보고자 한다.

> 디자인(Design)이란 말은 "의상, 공업 제품, 건축 따위 실용적인 목적을 가진 조형 작품의 설계나 도안"이라는 사전적 정의, 디자인 관련 책에는 "모양이나 색을 아름답게 하는 것"이라고 정의되어 있다. 또한 이 책에 디자인은 "우리의 삶을 풍요롭게 하려는 의도의 시작이며 그 끝"이라고도 하고 전 문화부장관 이어령 박사는 디자인은 "모든 것을 아름답게 하는 꿈이며 그 능력"이라고 말하기도 했다.

지식디자이너의 정의

지식디자이너란 말 그대로 지식을 디자인해주는 역할을 하는 사람, 즉 지식을 주어진 목적에 맞게 조형적으로 실체화해서 새로운 가치를 창출하는 사람을 뜻한다. 또한 지식디자이너는 디지털 융복합시대에 새로운 지식리더십을 확보할 수 있도록 지원하는 역할을 한다. 최근 퓨전과 디자인의 역할이 강조되는 시대임을 감안해 지식 또한 감성적으로 재구성하자는 취지에서 이런 개념을 차용했다. (참고로 미국에서는 교수설계자를 Instructional Designer로 부르고 있다.)

광의의 지식디자이너는 지식을 효과적으로 수요자들에게 전달하기 위하여 계획하고 설계하며 재구성 혹은 편집, 가공하는 자를 지칭한다. 협의의 지식디자이너는 이러닝에서의 교수설계자 인력을 의미한다.

쉽게 말하면 지식의 기획, 설계자를 지식디자이너라 부를 수 있겠다. 지식이라 하면 세상의 '앎'이라는 광범위한 분야를 아우르기에 통상적으로 지식산업의 범주를 놓고 보면 언론, 출판, 교육(혹은 이러닝), 방송, 게임 산업을 일컫고 있어 지식디자인도 교육의 한 부문을 기획, 설계한다고 생각하면 좋을 것이다.

지식디자이너의 직무

아울러 지식의 '파지와 전이'(혹은 습득과 전달) 측면에서 플립러닝이 중요한 역할을 하는 바, 지식디자인의 영역에서 플립러닝 설계 또한 근간이 되기에 그동안 교육공학 측면에서만 다뤄져왔던 교수설계를 새롭게 해석하고 이를 지식디자인으로 승화시키는 것도 의미가 클 것으로 여겨진다.

따라서 우선 플립러닝 기획자와 교수설계자의 역할을 되짚어보고 이를 융합의 관점에서 지식디자인 차원으로 확대 발전시켜 나가고자 한다.

1. 기획자로서의 역할

기획자는 어떤 사업이든지 정해진 목표를 달성하기 위한 전략을 수립하며 특히 플립러닝에 있어서는 최적의 콘텐츠 개발 방법론과 솔루션, 교육 평가 방안을 제안하고 효과적인 콘텐츠 개발과 운영, 솔루션 유지 보수를 관리하고 플립러닝의 수행효과를 분석, 평가하여 피드백 하는 직무를 수행한다.

2. 교수설계자로서의 역할

플립러닝에서 교수설계자는 정규 혹은 비정규 교육기관에서 요구하는 교육과정의 개발을 기획하고 콘텐츠 개발전략을 체계적으로 수립하며 이를 토대로 콘텐츠 개발의 전 과정을 관리하고 개발 결과를 분석 지원하는 직무를 수행한다.

대표적인 ADDIE 모형에 따른 교육체제 설계 절차를 소개하면 다음과 같으며 지식디자인에서도 이를 적극 활용하여야 할 것이다.

> Analysis, Design, Development, Implementation, Evaluation
> - **분석** : 학습요구 분석, 학습대상자 분석, 교수자와 운영자 분석, 학습과정과 학습 환경 분석
> - **설계** : 학습구조, 교수학습 설계, 운영전략, 평가전략 설계 등
> - **개발** : 멀티미디어 자료제작, 교육 프로그램 개발 등
> - **운영** : 학습 전 준비, 학습 실행, 평가 실행
> - **평가** : 학습과정 및 운영시스템 평가, 운영 평가 등

3. 동기유발자로서의 역할

 교육과 학습 혹은 지식습득을 위한 동기유발은 지식디자이너의 핵심 임무이다. 지식디자인에 있어 동기유발은 학습자의 관심 끌기 및 지속적인 학습관리 차원에서 첫 단추를 꿰는 중요한 작업이다.

 교육공학에서 자주 활용되는 Keller의 ARCS모델에 따른 동기부여의 4가지 요소와 그에 따른 전략은 지식디자인에 있어서도 유효하다.

<동기유발의 4요소와 그에 따른 전략>

학습동기	하위요소	전략수립을 위한 질문	구체적 전략
주의집중 (Attention)	A.1. 지각적 주의 환기	학습자의 관심을 끌기 위해서 무엇을 해야 하는가?	1) 시청각 매체의 활용 2) 비일상적인 내용이나 사건 제시 3) 주위 분산의 자극 지양
	A.2. 탐구적 주의 환기	어떻게 호기심을 자극할 수 있을까?	1) 능동적 반응 유도 2) 문제해결 활동의 구상 장려 3) 신비감의 제공
	A.3. 다양성	어떻게 학습자들의 주의를 유지할 수 있을까?	1) 간결하고 다양한 교수 형태 사용 2) 일방적 교수와 상호작용적 교수의 혼합 3) 교수자료의 변화 추구 4) 목표-내용-방법의 기능적 통합

<동기유발의 4요소와 그에 따른 전략>

학습동기	하위요소	전략수립을 위한 질문	구체적 전략
관련성 (Relevance)	R.1. 친밀성	수업을 학습자의 경험과 어떻게 연결할 수 있을까?	1) 친밀한 인물 혹은 사건의 활용 2) 구체적이고 친숙한 그림의 활용 3) 친밀한 예문 및 배경지식의 활용
	R.2. 목적지향성	어떻게 하면 학습자들의 요구를 최대한 충족시킬 수 있을 것인가?	1) 실용성에 중점을 둔 목표제시 2) 목적지향적인 학습형태 활용 3) 목적의 선택가능성 부여
	R.3. 필요나 동기와의 부합성	언제, 어떻게 수업을 학습자의 학습 유형이나 개인적 관심과 연결시킬 수 있을 것인가?	1) 다양한 수준의 목적 제시 2) 학업성취여부의 기록체제 활용 3) 비경쟁적 학습상황의 선택가능 4) 협동적 상호학습상황 제시
자신감 (Confidence)	C.1. 학습의 필요조건 제시	학습자들이 성공에 대한 긍정적인 기대감을 갖도록 하기 위해서 어떤 도움을 줄 수 있을까?	1) 수업의 목표와 구조의 제시 2) 평가기준 및 피드백 제시 3) 선수학습 능력의 판단 4) 시험의 조건 확인
	C.2. 성공기회 제시	학생들이 자신의 능력에 대한 확신을 갖도록 도와주기 위해서 어떤 학습경험을 제공할 것인가?	1) 쉬운 것에서 어려운 것으로 과제제시 2) 적정수준의 난이도 유지 3) 다양한 수준의 시작점 제공 4) 무작위의 다양한 사건 제시 5) 다양한 수준의 난이도 제공
	C.3. 개인적 통제감	자신의 성공이 노력과 능력에 기초한다는 것을 어떻게 확신하게 할 것인가?	1) 학습의 끝을 조절할 수 있는 기회제시 2) 학습 속도의 조절 가능 3) 원하는 학습부분으로 빠른 회귀가능 4) 선택가능하고 다양한 과제와 다양한 난이도 제공 5) 노력이나 능력에 성공 귀착
만족감 (Satisfaction)	S.1. 자연적 결과	학생들의 학습 경험을 통한 내적 만족도를 어떻게 하면 격려하고 보조할 수 있을 것인가?	1) 연습문제를 통한 적용의 기회 제공 2) 후속 학습상황을 통한 적용기회 제공 3) 모의 상황을 통한 적용의 기회 제공
	S.2. 긍정적 결과	학습자의 성공에 대하여 어떤 보상을 제공할 것인가?	1) 적절한 강화계획의 활용 2) 의미 있는 강화의 제공 3) 정답을 위한 보상 강조 4) 외적보상의 사려 깊은 사용 5) 선택적 보상체제 활용
	S.3. 공정성	어떻게 하면 학습자들이 결과가 공정했다고 생각하게 할 수 있는가?	1) 수업목표와 내용의 일관성 유지 2) 연습과 시험내용의 일치

> *** 디자이너의 필수 요소 ***
>
> - 아이디어의 구상과 드로잉
> - 디자인할 제품의 용도, 사용자의 성향과 요구 그리고 의식과 경험에 의한 취향, 제품 구매 동향에 관련된 모든 요소들에 대한 폭넓은 이해
> - 예술가가 추구하는 아름다움과 기술자가 추구하는 기능에 대해서도 충분한 연구
> - 사람들의 인식체계와 끊임없이 변화하는 세계의 흐름에 깊은 통찰력을 길러야 함
> - 종합적으로 인간의 삶의 질 향상을 추구하는 모든 것들에 관심을 가져야 할 것임

4. 스토리텔러로서의 역할

교육이든 영화든 드라마든 최근에는 재미있지 않으면 사람들을 모으기가 힘들다. 따라서 재미요소를 이러닝에 삽입하는데 있어 스토리가 학습내용과 맞아 떨어지면 학습효과를 높일 수 있기에 지식디자이너는 스토리텔러(storyteller), 일명 이야기꾼 소질을 키워야 한다.

연령별 학습대상에 맞춘 이야기 소재 발굴과 앞뒤 문맥을 고려한 스토리의 삽입으로 학습내용을 보다 재미있게 해준다면 누가 마다하겠는가? 이러닝은 교육성과 및 학습내용이 중요시되므로 그리 복잡하지 않은 스토리만 양념처럼 가미되어도 무방하다.

따라서 간단한 플롯을 기반으로 스토리를 짜서 학습내용에 녹아들게 만든다는 생각으로 기획을 한다면 의외의 성과를 올릴 수 있을 것이다. 시나리오 작법의 기초가 되는 36시추에이션(36 Situations Dramatiques:36가지 극적 국면) 등 간단한 플롯 1~2개를 도입부나 핵심내용 앞부분에 배치해 주의집중 및 장기기억을 촉진하는 매개체로 활용해도 좋을 것이다. 물론 학습대상의 특징 및 주제에 따라서 스토리텔링 요소를 많이 넣거나 줄이는 등의 전략적인 판단은 상황을 봐가며 적절히 조절해야 할 것이다.

직무분석

플립러닝에 있어 지식디자이너가 재밌는 이야기꾼이 되어 학습자들을 많이 불러 모으고 또한 그들의 이목을 집중시켜 학습에 매진하게 한다면 성공한 지식디자이너로 이름값을 높일 수 있을 것이다.

지식디자이너는 한편으로 영화감독 및 드라마 연출자의 역할도 맡아야하기에 창의적이고 신선한 아이디어를 많이 낼 수 있도록 항상 열린 자세로 임해야 할 것이다. 따라서 기존 교수설계자보다 한 단계 업그레이드된 고급 인력으로 자리매김할 수 있어야 한다.

참고로 지식디자이너의 역할과 관련하여 교수설계자(Instructional Designer)와 스토리텔링 디자이너(Storytelling Designer)의 직무분석을 소개한다.

1. 플립러닝 시대의 교수설계자 직무분석

1) 직업명 : 교수설계자
2) 직무의 정의
  교수설계자는 정규·비정규 교육 기관에서 요구하는 콘텐츠의 개발을 기획하고 콘텐츠 개발 전략을 체계적으로 수립하며, 이를 토대로 콘텐츠 개발의 전 과정을 관리하고 개발 결과를 분석·지원하는 직무를 수행한다.
3) 직무의 모형

4) 직업 명세서

1. 직업분류					
직업명	한글	플립러닝 교수설계자			
	영문	Flipped Learning Instructional Designer			
현장 직업명		플립러닝 교수설계자	교육훈련 수준	제4직능	
교육 훈련 직종명		플립러닝 교수설계	자격 종목명	–	
2. 직무 수행에 필요한 조건					
적정교육 훈련기관		4년제 대학이상	교육훈련기간	4년 이상	최소교육정도: 4년제 대학 졸업 / 적정 연령: 24세 이상
수습기간(OJT)		3개월 이상	신체제약 조건	색맹, 팔 장애, 시각장애, 청각장애	
직업적성		■ 정신적 • 교수학습 전략, 인터페이스 전략, 프로토타입 설계 등에 따라 콘텐츠의 전체 모양 및 세부 질적 만족도가 달라지기 때문에 이 부분에 대한 전문성과 사명감, 열정 등을 가지고 있어야 한다. 그리고 이러닝 교육 훈련에 대한 바람직한 방향을 제시할 수 있어야 한다. • SME, 개발자, 교육 담당자, 운영자 등 다른 스텝과의 원활한 의사소통 기술이 필요하고 고객의 요구를 즉시 해결해 줄 수 있도록 성실한 서비스 마인드가 필요하다. • 프로젝트 관리와 관련해서, 목표를 달성하고자 하는 의욕과 책임감이 있어야 한다. • 학습이 사이버 공간에서 이루어지므로, 말이나 글로 표현된 정보나 아이디어를 듣고 이해할 수 있는 능력을 가지고 있어야 하며, 시각적 감각을 가지고 콘텐츠 품질을 분석할 수 있어야 한다. ■ 신체적 • 컴퓨터를 다룰 수 있는 정도의 신체 기능과 시청각적 감각이 요구된다.				
3. 인력 양성 실태 및 취업 경로					
양성 기관	교육	• 대학의 교육공학과, 컴퓨터 교육학과, 교육학과, 대학원 교육공학 전공, 교육대학원 교육공학 전공, 특수대학원 교육공학 전공			
	훈련	• 이러닝 관련 훈련 기관			
취업 경로		• 4년제 대학, 대학원 → 취업			
채용 방법		• 공개 채용, 구인 광고 • 교육 기관 추천 → 면접			
직업 활동 영역		• 이러닝 교육훈련기관 • 기업체 연수원 또는 교육 담당 부서 내 이러닝 팀/가상(사이버, 원격) 연수원 • 기타 이러닝 컨설팅 회사 • 기존 대학에서의 교수학습 센터를 통한 이러닝 교과 운영 • 사이버 대학에서의 원격 교육 운영 • 이러닝 정보 제공 업체 • 이러닝 콘텐츠 개발 업체				
승진 및 전직		[승진] : 이러닝 교수설계자에서 시작하여 전문 교육을 이수하거나 3~5년의 현장 경력을 쌓은 후 PD(Program Director), PM(Project Manager), 교육 기획자 또는 기업 교육 컨설턴트로 발전할 수 있음			
		[전직] : 이러닝 컨설팅 회사, 이러닝 교육 기관, 웹 사이트 기획/개발 PM, 멀티미디어 콘텐츠 개발 PM			

2. 스토리텔링 디자이너 직무분석

기능	과제(Task)	필요역량(Competencies)
분석 기능	직무 분석 기획	직무분석의 이론 이해, 절차적 직무 분석과 인지적 직무 분석 이해
	직무 분석 수행	CBR 기법 활용, 인터뷰 능력, 스토리 도출 및 분석 능력
	학습자 분석	인터뷰 능력, CBR 이해, 학습 이론 이해, 대상 학습자에게 친숙한 스토리 이해
	현장 중심적 학습 목표 설정	구성주의적 학습 목표의 이해, 기업 현장에 대한 이해, HRD/HPT 개념 이해
	학습 내용 분석	교수분석(instructional analysis)관련 지식과 스킬, GBS 시나리오와 목차와의 위계적/절차적 관련성 이해, 세부 목차 선정
	과제 및 평가 전략 수립	과제 도출, 평가 방식 선정, 평가 운영안 수립, GBS 원리의 이해
	과제 및 평가 도구 개발	목표와 평가와의 관련성 이해, 학습 목표와 평가 분류(taxonomy) 이해, 평가 문항 작성 능력, 문제기반학습법 이해
학습 내용 개발 기능	구성 형태 결정 (단막극, 시추에이션드라마, 미니시리즈 방식 등)	몰입의 조건과 학습 내용 이해, 드라마 작법 이해
	스토리-내용 조직화	스토리와 학습 내용 연관성 이해, anchored instruction 이해, 케이스 작성법, 스토리텔링의 교육적 적용 사례 이해(법률과 스토리), 스토리보드 작성 기능
	학습 이론에 맞는 설계	교수학습이론, CBR이론, Dynamic Memory Theory, Discovery Learning(Bruner)
	기존 교수설계 모델의 능숙한 적용	교수학습이론, A-D-D-I-E 모델, 구성주의 교수설계모델, GBS설계모델
	조직화 원리의 체계적 적용	CBR이론, Dynamic Memory Theory 이해, 몰입과 스토리텔링 관련성 이해
스토리 개발 기능	스토리텔링 기획	학습목표, 학습자 특성이해, 스토리텔링 기획서 작성
	스토리 플롯 작성	원형적 플롯 숙지, 학습 목표와 학습자 특성에 맞는 변형 능력, 플롯 및 시놉 작성 스킬, 스토리텔링의 교육적 적용 사례 이해
	캐릭터의 성격과 역할 창조	영상심리학 이해, 플롯과 캐릭터의 유기적 관련성 이해, 관련 기업 직제 및 작업기술서 이해
	몰입을 유도할 수 있는 스토리 작성	시나리오 작법론, 디지털 서사론, 소설 창작론, 영상심리학 이해, 영상장면 구성
	학습목표와 관련을 가진 스토리 작성	지문과 내레이션, 대사, 스토리 양식도 작성, 미디어교육론

기능	과제(Task)	필요역량(Competencies)
제작 기능	영상 스토리텔링 제작	프로젝트 관리능력, 영상 시나리오 작법론, 영상서사론, 다큐멘터리 제작법, 영화 제작법, 연출론
	게임 스토리텔링 제작법	프로젝트 관리능력, 게임시나리오 작법론, 디지털 서사론, 소설 창작론, 영상심리학 이해, 2-3차원 렌더링과 모델링, 게임수학 기초 이해
	멀티미디어 제작법	플래시 애니메이션, 하이퍼텍스트 스토리보딩, 동영상 강의 제작법, HTML 에디팅
운영 및 평가 기능	운영	블렌디드러닝 운영 및 액션러닝 운영 기법의 사례 기반 이해, 기업교육 운영 기법, 드라마 교육 운영 기법, 교사활동 지침 작성 능력
	평가	인터뷰 평가기법, 퍼포먼스 평가기법

2부 플립러닝 사례

교사 주도 강의식 수업에서
학습자 참여 중심으로 패러다임 전환

부산 서명초등학교 김영배 선생님

개요

플립러닝은 기존 교사 주도 강의식 수업에서 학습자 참여 중심의 수업으로 패러다임 전환이다. 학습의 주체인 교사와 학생의 적극적인 참여, 다양한 자원을 활용한 개별화 처치, 학습내용과 경험의 통합을 통한 다양한 수업(방법)의 구현, 상호작용적 의사소통이 플립러닝 수업에서의 특징이다.

플립러닝에서 학생은 교사가 제작한 동영상 강의를 통해 사전 지식을 스스로 학습한 뒤, 중요한 내용을 요약하거나 궁금한 내용은 수업 중 질문을 통하여 해결하거나 수업 중 모둠별 공동사고를 통하여 해결한다. 학생은 사전에 익힌 지식을 다양한 활동을 통해 적용 및 발전시켜 새로운 지식으로 체득화하고 배움의 영역을 확장해 나가게 된다.

플립러닝 기반 수업실천 적용사례는 크게 두 가지 유형으로 설명할 수 있다. 한 가지는 텍사스 대학(오스틴)의 교수학습센터는 플립러닝의 기본요소를 근간으로 보다 가시적이고 구체적인 형태로 이 학습방법의 구조를 제시한다.

<표 1>에서 보는 바와 같이, 이 센터에서 제시한 플립러닝의 절차는 총 다섯 단계이며, 크게는 수업 전, 수업 중, 수업 후 활동의 구조로 되어 있다.
(University of Texas at Austin Center for Teaching and Learning, n.d.)

첫째, 수업 전 가정 학습(숙제)을 통해 학생들은 교사가 비디오 또는 동영상으로 제작하여 온라인에 업로드 시켜 놓은 학습모듈을 따라가며 새로 배울 개념에 대해 학습을 한다. 이때 학생들은 모듈에서 제시한 퀴즈 또는 간단한 평가내용을 풀면서 익힌 내용에 대해 이해 정도를 스스로 파악하기도 하고 필요한 질문은 강의노트에 별도로 표기하여 다음 날 수업에서 교사에게 질문하기 위해 준비한다.

둘째, 교실 수업 활동은 크게 두 부분으로 나누어져, 도입단계에서는 학생들이 전날 가정 학습에서 익혔던 내용 중 질문사항을 개별 또는 팀별로 질문을 하고 교사는 피드백을 하며 학생들의 학습 상황을 파악한다. 또한 교사는 학생들에게 해당 수업시간 동안 해야 할 과제를 알려 주고, 도입단계 이후부터 전 수업시간 동안 학생들은 팀별로 과제를 수행한다. 이 때 과제는 가정 학습에서 익힌 지식과 학습내용을 실제 적용해 볼 수 있는 토론 및 토의, 프로젝트 학습 등 보다 활동적인 과제가 좋으며 익힌 개념을 시험해 볼 수 있는 기회를 가지도록 하는 것이 초점이다.
따라서 학습자가 중심이 되어 진행되는 이와 같은 수업 활동에서는 학습자들이 직접 경험하고 성찰할 수 있는 체험학습이 적극 추천된다. 수업시간 동안 교사들은 학습부진 학생을 위한 보다 구체적인 개별화 학습을 진행하고, 학생활동을 모니터링하며, 지속적인 평가를 통해 학생들이 무엇을 알고 있는지 또는 무엇을 모르고 있는지를 파악하고 개별 또는 팀별 처치를 한다.

셋째, 수업 후에는 학생들이 보다 고차적인 적용활동을 할 수 있도록 다양한 자원이 제공되고, 교사들은 온라인을 통해 학생들과 필요한 정보적 상호작용과 피드백을 주고받는 활동을 한다.

<표 1> 기존 수업과 플립러닝 적용 수업 구조 및 활동내용 비교

구분	기존 수업	플립러닝 적용 수업
수업전	• 학습자에게 읽어야 할 과제 배정 • 교수자는 강의를 준비	• 학습자는 제공된 모듈에 따라 학습을 하고 내용관련 질문은 기록해 둠 • 교수자는 여러 가지 학습내용 준비
수업의 도입	• 학습자들은 예상보다 제한된 정보를 가짐 • 교수자는 무엇이 도움이 될 것인지 일반적인 가정을 가짐	• 학습자들은 (교수자에게)그들 학습을 안내하는 특별한 질문을 함 • 교수자는 학생들이 가장 도움을 필요로 하는 곳을 예상할 수 있음
수업중	• 학습자들은 수업을 따라가려고 노력함 • 교수자는 모든 학습 자료를 사용하려고 노력함	• 학습자들은 배워야할 기능의 수행을 연습함 • 교수자는 피드백과 소규모 강의를 통해 학습자들의 과정을 안내함
방과후	• 학습자들은 보통 지연된 피드백을 받으며 숙제를 하려고 함 • 교수자는 지난 과제에 대해 평가함	• 학습자들은 교수자의 명확한 설명과 피드백에 따라 그들의 지식과 기술을 계속 활용함 • 교수자는 필요한 것은 어떠한 것이라도 추가적인 설명과 리소스를 게시하고 질 높은 작업에 대해 점수를 부여함
일과 시간 중	• 학습자들은 공부한 것에 대한 확인을 원함 • 교수자는 종종 수업시간에 있었던 일을 반복해 줌	• 학생들은 그들이 필요로 하는 것이 어디에 있는지 도움을 구하기 위한 능력을 갖춤 • 교수자는 학생들이 더 깊은 이해를 하도록 지속적으로 안내함

다른 한 가지는 서명초등학교 사회과에 적용한 플립러닝 수업순서이다.

실제 운영 사례

> (교사) 교재연구 - 동영상 제작하기 - 온라인 탑재하기 - 학급SNS에 주소 링크하기 -
> (학생) 온라인학습 - 본시활동 과제확인 - (교사·학생) 본시학습 - 학습결과 발표 - 피드백주기

교사는 교재를 연구한 뒤 단위 차시의 수업 목표 및 학습 문제를 확인한 다음 교재 내용을 면밀히 검토한 후 동영상 강의제작 도구를 사용하여 강의동영상을 제작한다. 제작한 동영상은 학급SNS에 탑재한다. 학생은 가정에서 PC나 휴대폰, 스마트디바이스(갤럭시노트, 아이패드 등)를 이용하여 편안한 시간에 학급SNS에 접속하여 동영상 강의를 시청하고 강의노트를 작성한다. 본시학습에 들어가기 전 교사는 학생들이 동영상 강의를 보았는지 여부를 문제 풀이(퀴즈, 학습지 등) 등의 활동을 통해 확인한다.

학생들이 온라인상에서 이해하지 못했던 내용들도 모둠별 학습에서 상호 질문과 공동 사고를 통해 해결하도록 하며 결론이 나지 않거나 학생이 모를 경우에는 교사가 도와준다. 발표 방법, 형식 등은 각 모둠의 뜻에 따라 하게하며, 모둠 발표가 끝나면 교사는 모둠이나 개인 또는 전체에게 격려를 해준다. 다음 시간에 발표하는 방법, 내용 정리하는 방법 등에 대해 구체적인 조언을 해준다.

플립러닝 수업 단계별 세부내용

1. 교재 연구하기

교사는 교과서, 지역화 교재, 교사용 지도서를 활용하여 단위 차시의 수업 목표 및 학습문제를 확인한 다음 교재의 내용을 면밀히 분석한다. 이때 학생들의 질문에 대비하여 정확한 자료를 준비하며 학생들이 잘못 이해할 소지가 있는 내용을 사전에 파악하여 본시 학습에 대비한다. 또한 본시학습에서 해야 하는 활동(activity)을 구상한다.

	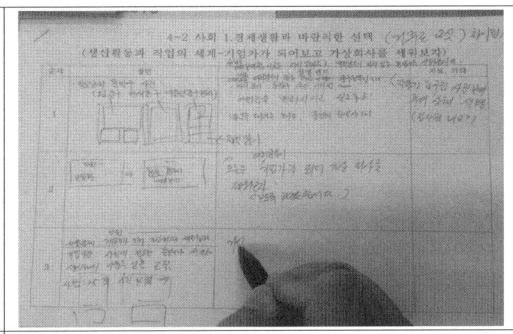
교사용지도서 내용분석	강의동영상 스토리보드 작성

2. 동영상강의 제작하기

 동영상 강의 저작도구를 사용하여 교재의 내용과 기타 자료(이미지, 사운드, 텍스트 등)를 적절히 구성하여 동영상강의를 제작한다(explain everything 앱).

 동영상은 본시의 기본 개념 등을 간략하게 정선하여 제작하고 재생시간은 최소화하도록 한다.(10분 내외)

동영상강의녹화하기	강의동영상 유튜브에 업로드하기

3. SNS에 탑재하기

제작한 동영상강의는 온라인상에 탑재한다. 유튜브(YouTube) 등과 같이 안정적으로 접속과 원활한 재생이 가능한 곳에 탑재한다.

4. 동영상강의 시청하기

학생은 가정에서 PC나 휴대폰, 스마트디바이스(갤럭시노트, 아이패드 등)를 이용하여 학급SNS(클래스팅)에 접속해 학습하고자 하는 동영상이 링크된 주소를 클릭한다. 동영상 강의를 시청할 때는 '강의 노트'에 알게 된 점, 궁금한 점, 더 알고 싶은 점 등 내용을 구분지어 요약하면서 동영상 강의를 듣는다.

동영상강의를 시청하고 느낀 생각이나 새로 알게 된 점, 질문할 내용 등을 학급 SNS에 댓글형식으로 달도록 하여 동영상강의 시청여부를 확인한다.

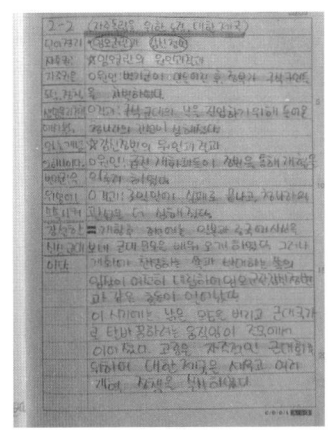

동영상강의 시청하기 & 강의노트작성

5. 동영상강의 내용 확인하기

  본시학습 들어가기 전, 학생이 동영상을 보았는지 여부를 재차 확인하여 보지 않은 학생들은 교실에 비치된 스마트디바이스 혹은 본인의 휴대폰을 꺼내어 동영상을 보고 난 후 모둠 활동에 참여하게 한다.

  학생들이 동영상강의 내용을 어느 정도 이해하고 있는가를 확인한다. 예를 들어, 퀴즈나 골든벨, 핑퐁(pingpong)앱을 활용해 학생들의 적극적인 참여를 유도한다.

동영상강의 내용 이해정도 확인하기

6. (개별·모둠별) 창의적 문제해결

 본시활동(activity)을 모둠별로 해결한다. 모둠장의 사회와 모둠원들의 공동사고를 통해 학습과제를 해결한다. 교사는 모둠을 순회하면서 모둠에서 발표준비 하는 것을 도와주며, 질문과 답변하는 법을 조언해 준다.

 모둠원들 중 누구라도 놀거나 방관하는 학생이 없도록 한다. 모둠활동판과 보드마카, 붙임딱지(포스트잇)등을 이용하여 빠른 시간에 정리하도록 하며, 정리를 마친 모둠은 발표준비를 하도록 한다.

 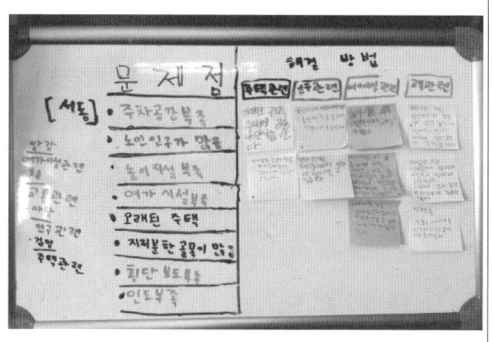

7. 모둠별 결과발표

 발표 방법, 형식 등도 각 모둠의 뜻에 따라 하게 한다. 모둠의 발표가 있을 때 다른 모둠들은 자신의 모둠에서 정리한 내용과 비교해 보고, 궁금한 것은 모둠 발표가 끝난 후 질문을 하도록 한다. 또한 발표의 형식보다 내용에 중점을 두어 경청하도록 한다.

 모둠 발표가 끝난 뒤, 교사는 특별히 잘한 모둠이나 개인 또는 전체에게 격려를 한다. 다음 시간에 발표하는 방법, 내용 정리하는 방법 등에 대해 조언해 준다.

8. 배움영역 확장

 이전까지 배운 학습내용과 팀별 창의성에 기반 하여 학생들 스스로 전 과정을 기획하는 보다 심화된 과제 활동을 하도록 하고, 결과(물) 평가는 교사와 또래가 함께 그 수행에 대해 평가하도록 한다.

 학생들이 보다 고차적인 적용활동을 할 수 있도록 다양한 자원이 제공되고, 교사는 온라인을 통해 학생들과 필요한 정보적 상호작용과 피드백을 주고받는 활동을 한다.

	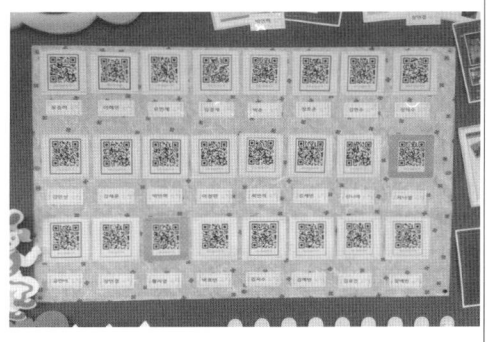
학교폭력 Zero 및 학교자랑거리 홍보자료 제작하기	QR코드를 활용한 식물도감 만들기

학생들의 반응

 서명초등학교의 수업에 참가했었던 학생들의 반응은 전반적으로 긍정적이었으며, 특히 수업 전 동영상 강의시청과 노트정리가 학습내용이해에 도움이 되었다라고 한다. 학생들은 수업 중에 교사 및 동료들과의 원활한 상호작용을 통해 의문점을 해결하고 다른 수업보다 다소 많은 의사소통을 가졌던 것으로 인식하고 있었다. 그리고 수업 후 지식 적용활동에서는 학생들이 보다 도전적인 과제를 통해 학습내용에 대해 보다 깊이 이해할 수 있는 시간을 가졌던 것으로 파악된다.

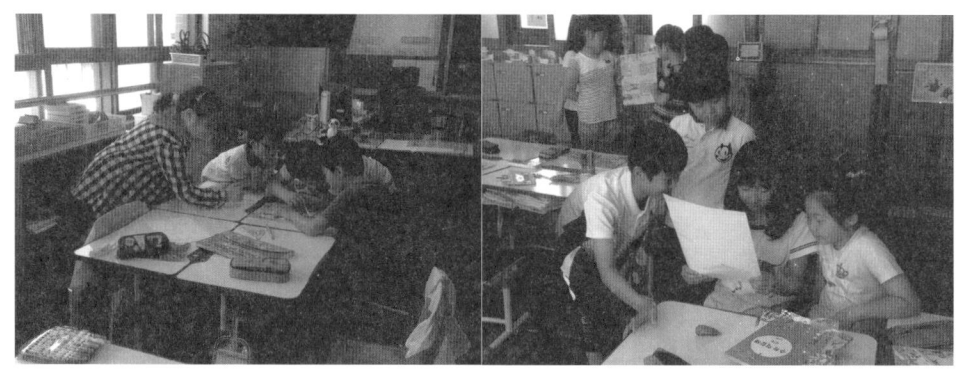

 세부적으로 살펴보면, 플립러닝에 대한 학습자들의 전반적인 인식이 긍정적이며 학습방법의 구성요소별 활동에 대해서도 학생들이 유의미한 활동으로 인식하고 있는 것으로 확인되었다. 다른 과목도 이 플립러닝 수업방법으로 한다면 다시 참여하겠는가라는 질문에는 대부분의 학생이 '예'라고 답하여 상대적으로 많은 학생이 플립러닝 방식의 수업을 선호하는 것으로 나타났다.
 전반적으로 수업에 참여한 학생들은 플립러닝 수업을 위한 준비나 과제활동에 대해 기존의 수업과 비슷하거나 다소 부담을 느끼는 것으로 파악되었다.

 수업시간 전, 동영상 강의가 학습내용이해에 어느 정도 도움이 되었는가라는 질문에 대해 상당히 도움이 된 것으로 분석되었다. 그리고 이러한 동영상강의 자료를 보는 이유에 대해서는 '실제 수업시간 활동을 위해 많이 배울 수 있기 때문에', '처음해보는 방법이라 신기해서', '온라인을 통한 학습방법을 선호'하는 순으로 나타났다. 그 외에도 '성적 반영 때문에', '숙제이기 때문에'가 그 뒤를 이어 다소 타의적인 반응도 있었다.
 대다수의 학생들이 자신의 학습에 사전 동영상강의나 노트작성 등의 활동이 수업에 도움이 되었으며, 궁금한 점에 대해 교사 또는 또래와의 상호작용으로 해결해 나간 것으로 분석된다.

 수업시간, 교사 또는 팀원과 학습내용에 대해 의견을 나누는 시간의 양에 대해 대다수의 학생이 다른 수업보다 훨씬 많다고 답하였다.
 수업시간 중 좋았던 점으로는 '역할극, 팀 활동, 선생님의 도움으로 내용 이해가 잘 되고 많이 알았다', '머리에 잘 들어왔다', '협동하고 말이 많아졌다', '친구 또는 팀원과 단합하고 재미있었다', '시간을 허무하게 보내지 않았다' 등의 반응이 있었다.
 나빴던 점으로는, '역할극 연습시간이 짧았다', '부끄럼 때문에 잘 못했다', '과제해결에 애들이 참가하지 않아 힘들었고, 친구와 의견이 달랐다' 등의 응답이 있었고, '모둠끼리 하는 과제를 많이 하도록 해주었으면 좋겠다'는 개선 의견도 나왔다.

 수업 중 활동에 대해서는, 학생들은 플립러닝 수업의 교실 활동이 해당 학습내용을 배우는 데 유용했으며 교사-학생, 동료 간 교육적 소통의 증가, 동료 간 친밀감을 강화시켰다고 인식하였다. 그러나 일부 학생들은 팀 활동 시 의견 조율의 문제나 활동에 무성의한 팀원으로 인해 어려움을 가졌던 것으로 보인다.
 이를 해결하기 위해선, 모둠활동시, 학생들 각각의 역할에 대해 분명하게 제시한다.
 예를 들어, 사회자, 발표자, 자료수집자, 활동도우미 등 각자의 능력에 적합한 역할을 부여함으로써 무임승차를 사전에 저지할 수 있으며, 또한 모둠활동시 붙임딱지(포스트잇)를 각각 색깔별로 사용하여 의견을 제시하다보면 누가 얼마만큼 팀 활동에 기여했는가를 시각적으로 확인할 수가 있다.

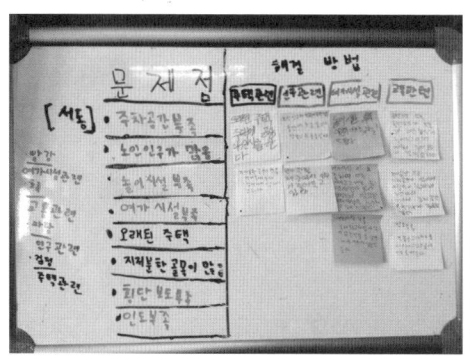 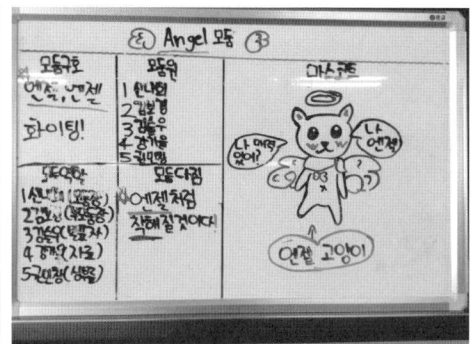

 과제활동 중에 발생하는 의문점 해결과 관련하여, 대부분의 학생들이 '반드시 의문점을 해결했다'라고 답했고, 소수 '해결하지 못했다'라고 답했다. 의문점을 해결한 학생들은, '웹페이지의 게시판' 또는 '전화로 선생님과 친구에게 질문을 해서' 답을 찾거나 '스스로 책을 보거나 인터넷 검색을 통해' 답을 찾았다라고 하였고, 해결하지 못한 학생은 과제 수행에 적극적으로 나서지 않아 의문점을 가지지 못했다라고 이유를 설명하였다.

 수업 후 과제활동 중 좋았던 점, 나빴던 점 또는 개선점에 대하여, 좋았던 점으로는 '역할극, 친구들과 협동, 선생님께 질문하여 모르는 것을 알게 되고', '말을 많이 하게 되고', '재미있었다', '직접하니까 이해도 잘되고 사회실력이 향상되었다', '많은 것을 했고 알았다' 등의 반응이 나타났다. 나빴던 점 또는 힘들었던 점으로, '숙제 또는 과제가 많았다', '과제 활동 중에 친구들과 다툼이 일어나기도 했다', '말이 너무 많아 수업시간 낭비', '연습시간이 짧았다', '모르는 게 많았다', '많이 해보지 못했다', '좀 귀찮았다' 등의 응답도 있었다.

 플립러닝의 수업 후 과제활동에서, 학생들에 의해 기획 수행된 과제활동이 스스로에게 도전이 되었을 뿐만 아니라, 이러한 과제해결에 있어서 웹자료, 동료, 교사 안내를 적극적으로 활용한 것으로 보인다. 그러나 일부이기는 하지만 플립러닝 수업에 부정적이거나 팀 활동에 어려움을 보인 학생의 경우에 이에 대한 별도의 전략이 필요한 것으로 보인다.

 학습자들은 각자가 선호하는 학습스타일이 다양하며 이를 고려한 학습콘텐츠 제작이 요구된다. 또한 팀을 구성할 적에 학생들의 성향, 교과 성취도를 고려하여 고르게 조직할 필요가 있다. 플립러닝 수업에서는 또래간의 상호 작용이 빈번히 발생하기 때문에 적대적인 관계에 있는 학생을 한 팀으로 조직한다거나 교과 성취도가 상향에 있거나 그 반대로 하향으로 조직하다보면 오히려 역효과가 발생될 수가 있다. 무엇보다 학생들 간의 원활한 소통과 협력을 통한 창의적인 문제해결력 과정을 중요시 되는 만큼 협동학습을 위한 사전 기초학습훈련이 반드시 필요하다.

향후 과제와 전망

플립러닝은 학습자 중심 수업 모형으로 학생들의 흥미를 유발하고 적극적인 참여를 유도할 수 있으며, 초등 고학년 대상으로 효과적인 수업을 할 수 있을 것 같다. 학교의 역할과 교수·학습에 대해 다시금 생각해 보는 계기가 되었으며 스마트기기와 수업을 효과적으로 접목시키는 법을 알게 되었다.

모둠 구성의 효율적인 방법에 대해 고민하게 되었다. 문제해결 방법과 과제제시 방법에 대해 생각하게 되었다. 플립러닝에서 수준별 수업이 가능하다는 것과 수업 시간을 효율적으로 활용하는 법을 알게 되었다. 수업에 대한 발상의 전환의 필요성을 느끼고 있었지만 구체적인 방법이 필요했었는데 아주 구체적인 방법을 알게 되어서 실제적 자기주도적인 학습 적용이 가능할 것 같다.

또한 시대의 흐름에 맞는 콘텐츠를 활용해야 함을 인식하게 되었다. 개인별 수준격차가 큰 수학과목에 적합할 것 같다. 과학과 동기유발 자료 제작에도 적합, 예습과제 제시를 통해 수업에 흥미를 갖고 참여할 수 있는 방법을 알게 된 것 같다.

학생이 지식을 습득해 가는 모든 과정에서 교사의 지속적이고 다각적인 모니터링과 평가가 필요하다. 플립러닝 수업은 학생들이 교사가 친절하게 제작한 동영상 강의를 듣고 나서 그 내용을 바탕으로 창의적인 문제해결을 위한 학습자 참여 중심의 다양한 활동을 교실에서 전개한다. 그 중요한 특징 중의 하나는 많은 부분 학생의 책임이 증가함과 동시에, 이들의 진전 과정에 대한 교사의 적극적인 지원이 필요하다. 자칫 잘못하여 학생들이 활동으로 수업을 시작해 활동으로 마무리를 짓다보면 자신이 무엇을 알게 되었고 모르는 것이 무엇인가에 대해서 스스로 점검하지 못하게 되어 평가시 낮은 학업성취도를 나타내 보이는 사례가 드물게 있었다.

즉, 교사의 적극적인 개입(질의 및 응답, 피드백 활동)을 위한 전략을 세웠음에도 학업성취에 변화가 없다는 것은, 과제해결을 위한 교사-학생 피드백과 상호작용뿐만 아니라, 학생들이 전 과정에 걸쳐 무엇을 알고 있고 모르고 있는지 그 성장과정을 다각적으로 평가하여 학습결손을 개별 처치 할 필요가 있음을 시사한다.

아울러 플립러닝 수업에서는 대부분 학습자 과제수행과 지원전략에 대한 설명이 주를 이루고 있는데, 학생 진전과정에 대한 교사의 모니터링 및 평가 전략을 포함하여 교수자-학습자 활동을 구체적으로 모듈화 한 개선된 모델이 필요하다.

플립러닝 수업을 하고난 뒤, 학생들의 진전과정에 대한 지속적인 모니터링으로 말미암아 수업시간 교사가 많이 분주해졌다. 예전에는 모둠활동은 학생들에게 던져 놓고 바쁜 일들을 처리하는 경우가 있었는데 플립러닝 적용이후 학생들이 선생님을 더 자주 찾는 일이 벌어지고 학생들의 활동을 모니터링하고 달라진 수업방법으로 인한 수행평가 전략도 다양하게 되어 학생들의 산출물에 대한 피드백을 위한 적합한 모듈을 궁리하기 시작했다. 그런데 혼자서는 힘들다. 좋은 수업을 위한 동료교사들 간의 '소통과 협업'을 통한 다양한 수업활동 및 평가에 대한 아이디어가 필요로 하다. 그래서 본교 4학년 아이들을 지도하면서 동학년 선생님과 수업활동에 대한 생각을 함께 공유하면서 학생참여 중심의 수업을 구현하고 있다.

학생들의 학습양식 및 특성에 따라 지원되는 학습 자료가 보다 다양화될 필요가 있다. 학생대상 플립러닝 수업에 대한 인식 조사 결과, 수업 전 동영상 강의와 수업 중 노트를 대신한 테크놀로지(아이패드)의 활용이 일부 학생에게는 유용하지 못했던 것으로 드러났다. 읽기 자료, 음성 파일, 그림 자료 등 다양한 학습 자료와 테크놀로지의 활용이 학생 특성에 맞게 개별화 될 필요가 있다.
이를 위해 iBooks Author(Mac기반)를 활용해 학습자 특성에 맞게 개별화된 콘텐츠를 제작하여 iBooks로 다운받아 수업교재로 사용해 본 경우도 있었다. 동영상만으로 학습콘텐츠로 제공했을 적보다 학생들의 반응이 매우 긍정적이었다.

 학생들의 팀 학습 활동 시 원만한 의사소통과 적극적 활동 참여를 위해 학생들에게 협동학습 기법을 숙지시킬 필요가 있다. 플립러닝 수업이 또래 간 의사소통의 증가를 특징으로 하기 때문에 학생들을 대상으로 한 인식조사에서도 대부분의 학생들이 이에 대한 긍정적인 답변을 하였다. 그러나 여전히 일부 학생들이 부끄러워하거나 의견이 맞지 않다는 이유로 적극적으로 참여하지 않은 것으로 드러났다.

 따라서 플립러닝 수업 초기에 수업안내와 함께 이에 대한 훈련을 미리 기획한다면 또래 간 보다 효과적인 상호작용을 이끌어 낼 수 있을 것이다. 협동학습을 위한 훈련에는 팀 빌딩 하는 방법, 팀 역할 분담하는 방법, 팀 과제 수행하는 방법, 발표하는 방법, 궁금한 내용을 서로 간에 질문하고 답변하는 방법 등 사전에 학생들이 숙지함으로써 모둠 협동학습이 원활하게 진행되었다.

 학생들 간 수준 차이가 많고 가르칠 내용이 많은 교과에 플립러닝 수업을 확대 적용해 보고자 한다. 플립러닝 수업, 처음에는 학생들이 제일 싫어하는 과목을 재미있게 가르쳐보기 위해서 사회교과목을 선택하여 강의 동영상을 제작하고 수업 활동 아이디어를 구상하여 적용했었다. 그 결과 학생들에게 제일 재미있는 교과목이 사회과가 되었다. 학생들 간 수준 차이가 많고 가르칠 내용이 많은 교과에 플립러닝 수업을 확대 적용해 보고자 한다. 또한 선생님이 설명해 주는 동영상 강의보다 또래 전문가가 설명해주는 동영상 강의를 직접 제작해 보게 하여 전반적으로 학생 주도의 플립러닝 수업과정을 실행해 보고자 한다.

 플립러닝 수업에서 한 단원이 끝날 무렵 학생과 학생 간, 학생과 교사 간에 '이 단원을 통해 알게 된 내용'을 바탕으로 서로 질문하고 답변하는 지식 배틀(knowledge battle)을 해보고자 한다. 이 배틀 과정에서 우승한 학생에게는 또래전문가 자격을 부여하고 향후 강의동영상을 직접 제작하고 또래 학생 배움을 조력하는 기회를 제공하고 싶다.

학생과 교사가 함께 성장하는
실패와 과정이 있는 플립러닝

김해 대청중학교 홍성일 선생님

능력 있고 올곧은 사람으로 키우는 대청중학교

 과거 학교들은 자연 속에 있었다. 그러나 산업화와 도시화가 되면서 이제 학교는 아파트 밀림 속에 갇혔다. 도시의 학교들 중에서 주변에 큰 하천이 흐르는 학교가 얼마나 있을까?

 대청중학교는 32학급, 1128명의 학생들이 다니는 큰 규모의 학교다. 학교 뒤편으로 대청천이 흐른다. 대청교육의 비전은 魂(혼), 創(창), 通(통)이다. 학생들에게 삶의 목표를 정해 포기하지 않고 노력하는 생활력이 강한 학생을 키우는데 교육력을 집중하고 있다. 이와 함께 자기 주도적 학습력 신장을 통한 학력향상과 글로벌 시대에 적응할 수 있는 의사소통중심의 생활영어교육을 강화하고 있는 학교다.

<학교 뒤편 대청천, 학생과 교사의 리코더 수업>

플립러닝을 만나다

'여기서 나는 무엇을 하지?' '나는 교실에서?'

 지금의 학생들은 교실에서 무엇을 해야 지를 잘 모른다. 교사의 설명을 잘 듣고, 이해하면 좋은 학생이다. 그러나 교실에서 학습을 하고 있는 것일까? 이런 의문이 오래 전부터 들었다. 수업을 하면 할수록 의문은 커져만 갔다. 아무리 설명을 잘 해도 학생들의 표정은 달라지지 않았다. 학생들의 무표정한 모습과 성적은 변화지 않았다. 교실에서의 주인공은 학생이 아니라 교사였다. 학생에게 학습권을 돌려주고 싶었다.
 진도, 평가, 인성 지도에 대한 부담감은 대부분의 교사들에게는 다양한 학습 방법을 학생들에게 제공하는 것을 어렵게 하고 있다. 그래서 대부분은 교사들은 설명식 또는 주입식 수업을 선택한다. 교실에서 학생들의 무표정하고 생기 없는 얼굴은 무엇 때문일까?
 2013년 초에 조나단 버그만(Jonathan Bergmann)과 아론 샘즈(Aaron Sams)의 공저인 "FLIP YOUR CLASSROOM"을 통해 플립러닝을 처음 만났다. 2014년 3월 대청중학교로 옮기면서, 그 동안 조금씩 적용해 왔던 플립러닝(Flipped Classroom)[1]을 본격적으로 실행해 옮길 계획을 세웠다.

플립러닝을 준비하다

1. 교육과정을 재구성하다

 플립러닝을 준비하기 위해 가장 먼저 한 일은 교육과정을 분석하고 재구성하는 일이었다. 특히, 3학년 학생들에게 적용되고 있는 핵심 성취 기준과 성취 수준을 확인했다. 그리고 이것을 어떻게 중3학생들에게 가르칠 것이며, 수업을 어떻게 설계할 것인가를 고민했다. 2월 한 달을 이런 고민과 작업으로 보낸 것 같다.

---

[1] 플립러닝에 대한 다양한 용어가 사용되고 있지만, 이 글에서는 조나단 버그만과 아론 샘즈의 공저인 'FLIP YOUR CLASSROOM'에서 사용한 Flipped Classroom이라는 용어와 플립러닝이라는 용어로 통일해서 사용하고자 한다.

교육과정을 분석하고, 재구성하는 작업은 쉽지 않았다. 평소 설명식, 학습지에 익숙해져 있는 학생들에게 학습의 주권을 돌려주는 수업을 설계하는 교육과정 재구성은 어렵기만 했다. 약 2주간의 시간을 고민하다 다시 원점으로 돌아왔다. 교과서를 믿어보기로 했다. 교과서를 벗어나는 새로운 학습 활동을 만들고, 재구성하기 보다는 현재 학생들에게 익숙한 사회 교과서의 구성과 활동을 조금 변형해서 활용하기로 했다. 원점에서 다시 생각하니 2월 한 달 동안의 고민이 해결되는 것 같았다.

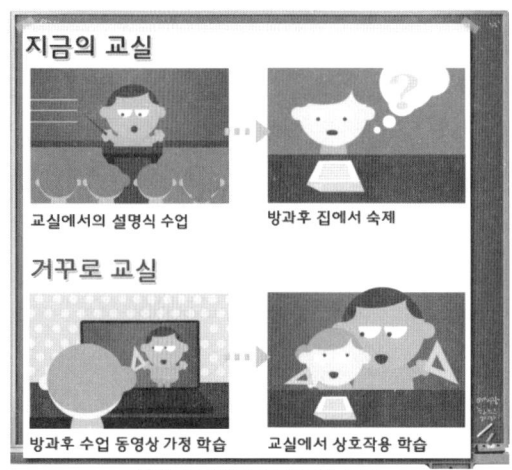

<플립러닝의 기본적인 모습>   <사회과 플립러닝의 모습>

2. 플립러닝을 안내하다

 3월 학기가 시작되고 학생들에게 플립러닝에 대한 안내를 했다. 사회과 교실에서 사회 수업을 어떻게 할 것인지를 학생들에게 상세하게 안내했다. 교실에 '플립러닝'이라는 팻말도 붙였다. 학습 규칙도 정했다. 학생들이 무엇을 준비하고, 어떻게 학습 활동에 참여해야 하는지를 상세하게 설명을 했다. 준비물은 스마트폰, 포스트잇, 교과서, 필기구, 그리고 주변의 선생님들과 교감 선생님에게도 플립러닝을 적용한다는 것을 충분히 설명했다.[2]

---

2) 플립러닝을 적용하고 많은 선생님들이 관심을 가져주셨다. 직접 오셔서 수업을 참관하시기도 했다. 특히 교감 선생님께서도 여러 차례 오셔서 학생들이 실제적인 학습 활동을 하고 있는 모습을 보시고는 나와 학생들에게 의미 있는 말씀을 해 주시기도 했다.

3. 교육과정을 재구성하고 Think Level Up 1234를 만들다

 2014학년도 1학기 3학년 사회의 학습 범위는 6단원(정치)부터 9단원(경제)까지 모두 4개의 대단원이다. 정치 2개 대단원, 경제 2개 대단원으로 단원을 재구성하기에는 조금 수월했다. 정치 단원 2개는 1차 고사 범위까지, 경제 2개 단원은 2차 고사 범위까지로 설정했다.

 교과서 재구성의 단계는 1단계 '기본 개념 이해하기', 2단계 '개념과 지식을 내 것으로 만들기', 3단계 '지식 찾기', 4단계 '지식 만들기'로 재구성을 했다. 이런 재구성은 2013년도에 플립러닝을 일부 적용하고 나서 만든 수업 모델에 따른 것이다.

 2013학년도에 플립러닝을 일부 적용하면서 힘들었던 것은 수업 영상을 만들거나, 학생들이 수업 영상을 보고 오게 하는 일이 아니었다.

'그럼, 수업 시간에 무엇을 준비하지?'

'매 수업 시간 어떤 수업을 하지?'

'또 색다른 수업을 만들어야 하나?'

 올 해는 이런 고민을 해결하기 위해 작년의 경험을 바탕으로 플립러닝 수업에 적용할 수업 모델인 'Think Level Up 1234'를 만들어 적용했다. 수업 시간에 공개 수업이나 연구 수업과 같은 수업을 3학년 10개 반에 매주 2시간씩 만들어 적용한다는 것은 불가능하다. 그렇게 적용하다보면 결국 플립러닝은 일회성 연구 수업이나 공개 수업이 될 것 같았다.

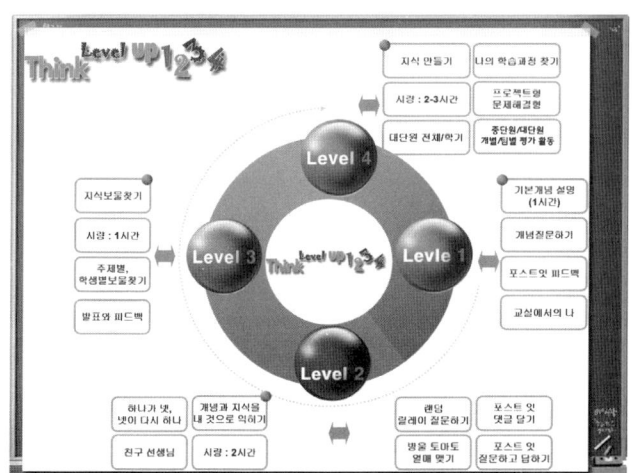

<플립러닝 수업 모델인 Think Level Up 1234>

4. 플립러닝을 시작하면서 학생들과 학습 규칙을 정하다.[3]

3학년 담임교사들과 교과교사들에게 플립러닝에 대한 안내와 협조를 구했다. 학생들이 수업 시간에 스마트폰을 자주 사용을 했기 때문에 담임교사의 협조가 필요했다. 또한 다른 교실보다 학생들의 학습 활동이 역동적이다 보니 소란스럽게 보여 질 수가 있다. 이 소란스러움이 학습활동이 한 과정이라는 것을 이해시킬 필요가 있었다.

학습 규칙은 간단했다. 준비물을 꼭 챙겨오기. 동영상을 꼭 시청하기. Check List에 질문 적기. 수업 시작 전 포스트잇에 질문을 적어 붙이기. 동영상을 시청 못했을 경우 수업 시작과 동시에 복도에서 수업 범위 안에서 5분 동안 교과서 읽고 답하기 등이다. 학생들이 학습 규칙에 적응하는데 시간이 다소 걸렸다. 그러나 지금은 대부분의 학생들이 이 규칙을 지키려고 노력하고 있다.

5. 수업 동영상 학생들에게 제공하기

학생들에게 제공된 동영상은 여러 가지 형태로 제공해 보았다.

첫 번째 방법은 동영상은 아니지만, 중단원 학습 과정(3차시분)을 학생들에게 직접 교수의 방법으로 1차시 수업을 하고, 2차시분은 학습 활동 중심의 수업을 했다.

두 번째 방법은 동영상 제작의 부담을 덜기 위해 EBS 동영상을 다운로드해서 10분 내외의 시청 구간을 설정하고 학생들에게 학습하도록 하는 방법도 사용해 보았다.

세 번째 방법은 교사가 직접 수업 영상을 일반 교실에서 촬영하고 10분 내외의 영상을 제공했다.[4] 동영상 제작 도구는 'explain everything'이라는 태블릿 전용 어플리케이션을 이용해서 교사의 음성과 학습 자료를 제공하는 영상을 제

---

[3] 중등학교에서 플립러닝을 적용하기에 가장 효율적인 학교의 형태는 교과교실이다. 교과교실이 아닌 일반 학교와 학급에서는 교사가 매번 교실을 이동하면서 수업을 해야 하기 때문에 학생들의 학습 경험과 과정을 지속적으로 지도하기가 어려울 수가 있다. 또한 플립러닝의 하나의 목적인 개별화 교육을 적용하기에도 효과적이다.

[4] 교사가 직접 제작한 수업 영상들 중에서도 교사의 목소리만 나오기 보다는 거칠고 편집이 덜 된 영상이지만 교사의 모습이 나오는 수업 영상에 학생들의 반응이 좋았다. 학생들은 자신들을 가르치는 교사의 모습이 직접 나오는 영상을 더 선호했다. 동영상의 길이는 7분 내외가 가장 적당했다. 5분 내외는 내용을 담기에 부족하고, 10분이 넘어가면 학생들의 집중도가 많이 떨어졌다.

공하는 방법과 'New Swivl'5)로 교실에서 수업 영상을 직접 녹화를 하기도 했다. 동영상은 유튜브에 탑재하고, 학교 컴퓨터실(40대)에 저장하여 학생들이 점심시간과 방과 후에 활용할 수 있도록 했다.6)

6. 학생들 수업 동영상으로 공부하다

 학생들은 동영상을 시청하기 전에 1차시 분량의 교과서 범위를 꼭 읽도록 지도했다.7) 그리고 최소한 수업 전날까지 동영상을 시청하도록 했다. 동영상을 시청하면서 Check List에 한 두 개의 질문을 꼭 작성하도록 했다. 만일 동영상을 시청하지 못했을 경우에는 점심시간과 아침 자습 시간(또는 방과 후 시간)에 동영상을 시청할 수 있도록 컴퓨터실을 개방했다.

 학생들이 동영상을 가정에서 학습하고 오는 비율이 생각했던 것보다 많이 낮다는데 실망하지 말아야 한다. 3학년 학생들과 함께 플립러닝을 시작했을 때도 학생들의 동영상 시청 비율이 50%를 넘지 않았다. 이유는 다양했다.

 이것을 관심과 설득, 동영상 시청 Checklist와 Question Board, 그리고 컴퓨터실 개방을 통해 어느 정도 극복할 수 있었다. '플립러닝을 적용하는 초기에 동영상 사전 학습을 해오지 않은 30%~40%의 학생들을 동영상 사전 학습을 어떻게 시킬 것인가?'가 과제였다.

---

5) 이 때 사용된 도구는 교사가 소유하고 있는 스마트폰과 태블릿을 활용했다.

6) 학생들이 동영상을 시청할 수 있는 환경조사를 실시했다. 약 90%의 학생들이 스마트폰을 갖고 있었다. 한 학급 당 약 2~4명의 학생들이 스마트폰과 가정에 컴퓨터가 없거나 고장 나서 동영상을 볼 수 없는 환경 이였다. 동영상 학습 환경 소외 학생들을 위해 학교 컴퓨터실의 컴퓨터 40대를 수리하고, 동영상을 시청할 수 있는 환경으로 재단장을 했다.

7) 중학교 사회 교육 과정은 상당히 많은 내용을 담고 있기 때문에 동영상과 교실에서의 학습 활동만으로는 부족하다. 체계적인 지식의 구조화를 위해서는 교과서 읽기와 같은 과정이 꼭 필요한 것 같다. 학교와 학생들은 학습의 가장 기본적인 도구인 교과서를 너무 소홀히 하는 경향이 있다.

<동영상을 보지 못한 학생들이 점심시간과 방과 후 컴퓨터실에서 공부를 하고 있다.>

3학년 사회과 플립러닝 문을 열다

'3학년 사회과 플립러닝' 문을 열었다.

플립러닝에서 적용한 수업 설계 키워드는 '실패와 과정'이다. 학생들이 학습 경험을 두려움 없이 할 수 있도록 하는 것과 실제적인 학습의 과정이 누적될 수 있도록 하는 것이 목표였다. 플립러닝에서 학생들은 모두 다섯 가지 형태의 학습 모형에 참가한다.

첫 번째는 1인 형태의 자기주도 학습형으로 학생 개인 과제 해결형이다.

두 번째 학습 형태는 2인 상호 협업형으로 친구와 함께 과제를 해결하는 학습 형태다.

세 번째 학습 형태는 4인~6인 모둠형으로 과제 해결형, 의사소통형, 문제해결형, 지식구성형, 프로젝트형, 단원평가활동의 학습 형태이다.

네 번째는 4개 모둠형으로 8명~10명 단위로 구성되며 집단 토론, 문제해결형, 가치형성, 프로젝트형 학습 활동을 한다.

마지막 학습 형태는 학급 전체형으로 집단토론과 같은 학습 활동을 한다.

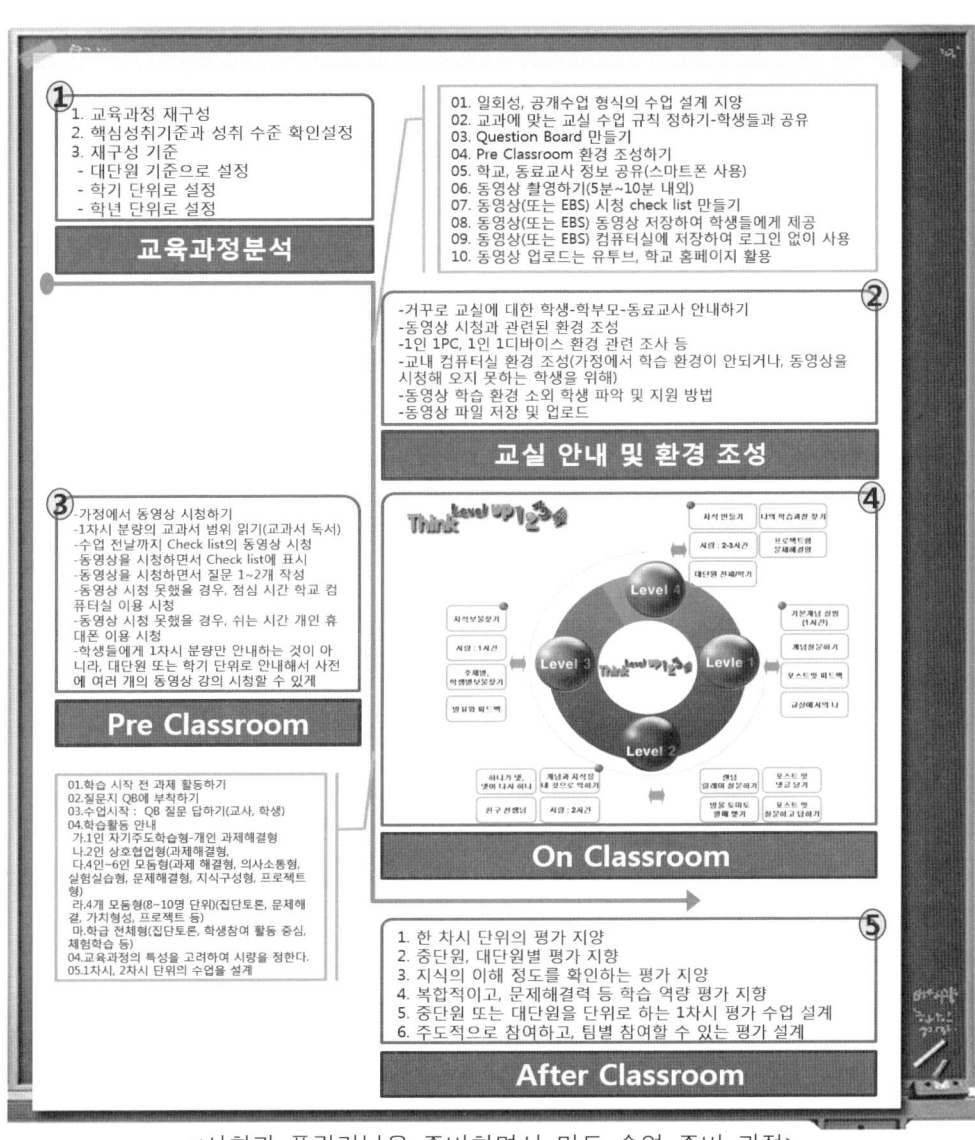

<사회과 플립러닝을 준비하면서 만든 수업 준비 과정>

1. Question Board에 출석과 질문을 하다

 플립러닝 수업이 시작되기 전, 쉬는 시간에 학생들은 수업 동영상을 보면서 작성한 질문 포스트잇을 Question Board 자기 번호에 부착한다. 교사는 쉬는 시간에 학생들의 포스트잇들을 문제 유형별로 확인한다. 자연스럽게 학생들의 동영상 시청과 출석을 확인할 수 있다.[8] 수업이 시작되면 질문들 중에서 공통적인 질문과 중요한 질문들에 대한 설명을 해준다. Question Board 활동에 학생들도 참여시키기 위해 질문에 대한 설명을 교사가 혼자 하지 않고, 학생들의 참여를 유도한다. 친구의 질문에 친구가 설명을 한다.

 Question Board 시간이 끝나고 나면 기본 개념 질문을 이해하고 있는 지를 확인하는 개별 학습시간을 갖는다. 이 때 활용하는 것은 학습지와 포스트잇이다. 1인 학습 시간도 혼자서 학습 활동을 하는 것이 아니다. 학급의 친구들과 함께 항상 피드백을 할 수 있도록 수업을 설계했다.

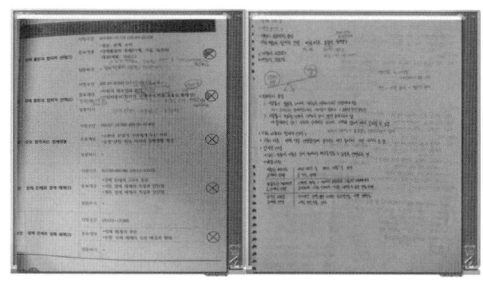

<학생들이 Question Board에 질문 포스트잇을 붙이고 있다.>

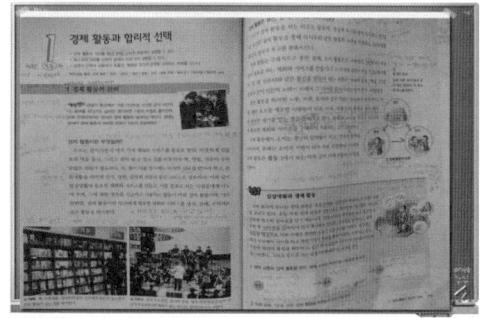

<학생들이 동영상을 보면서 Check List, 정리 노트, 교과서 등에 학습 내용을 정리한다.>

---

8) 중학교에서 학생들 출석을 모두 부르게 되면 최소 2분에서 최대 5분 정도가 소요된다. 매번 출석으로 45분 수업 중 최대 5분의 수업 시간을 사용하게 된다.

[Level 1단계]에서는 사회 교과의 가장 기본적인 개념을 이해하는 것을 목표로 수업을 진행한다.

'기본 개념 이해하기', '개념 질문하기', '포스트잇 피드백하기', '교실에서의 나'9)와 같은 학습 활동을 하게 된다. 학생들에게 개념과 교과서 자료를 참고하여 질문을 한다. 질문에 학생들이 간단하게 내용을 정리한다. 학생이 작성한 것은 옆의 학생들에게 전달되고 전달받은 포스트잇에 내용 평가를 하도록 한다.

이런 활동을 통해 자신의 학습 활동에 대한 다른 친구들의 피드백을 상시 받을 수 있게 된다.

이 때 잘못된 내용이나 이해가 되지 않을 경우 손을 들면 교사가 가서 추가 설명을 하고 도와준다.

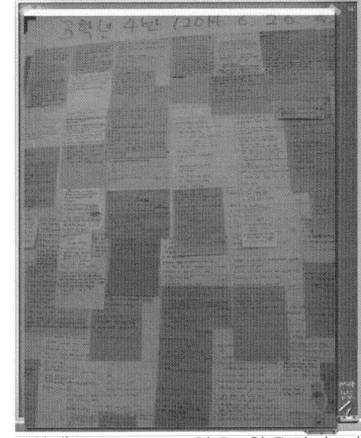

<학생들은 포스트잇을 활용하여 기본 개념을 이해하고, 피드백 하는 활동을 한다.>

[Level 2단계]에서는 교과에 필요한 기본적인 지식과 개념을 확장시키는 단계이다.

'랜덤 질문하기', '친구 선생님', '포스트잇 댓글 달기', '방울토마토 열매 맺기', '포스트잇 질문하고 답하기', '하나가 넷, 넷이 하나'와 같은 학습 활동을 하게 된다.

친구들이 정리한 것을 살펴보고, 피드백 한다. 친구들이 정리한 것들에 대해 추가 또는 부연 설명한다. 한 개 소단원 전체의 내용을 정리할 수 있는 질문에 대답한다. 정리하고 작성한 내용에 대한 자신의 생각, 의견, 판단 등을 적는다.

주제와 연관 있는 내용에 관한 질문을 만들어 보기도 한다.

이 때 질문에 대한 대답은 자신이 하지 않고 다른 친구들이 한다.

---

9) 학생들의 모든 학습 과정에는 학번, 이름, 날짜가 기록된다. 플립러닝에서 학생들은 스스로 당당하게 드러내고 말하게 한다. 또한 날짜가 기록되어 3월부터 7월까지의 학습 과정이 누적되어 스스로 학습 과정과 성장을 확인할 수 있다.

<학생들이 혼자가 아니라 함께 도우면서 학습 활동을 하고 있다.>

[Level 3단계]에서는 보물찾기 활동을 한다. 그 동안 학생들의 학습 활동 포스트잇들을 활용한다. 복습의 의미가 강하다. 학생들에게 이렇게 질문한다.
"000학생의 000주제의 포스트잇을 찾으세요."
학생은 자신이 찾은 포스트잇을 친구들 앞에서 크게 읽는다. 찾은 포스트잇에 적힌 질문을 문제 형식으로 학생들에게 읽어주고, 문제에 답하게 한다. 찾은 학생과 문제를 맞힌 학생에게는 간단한 상품을 제공한다.

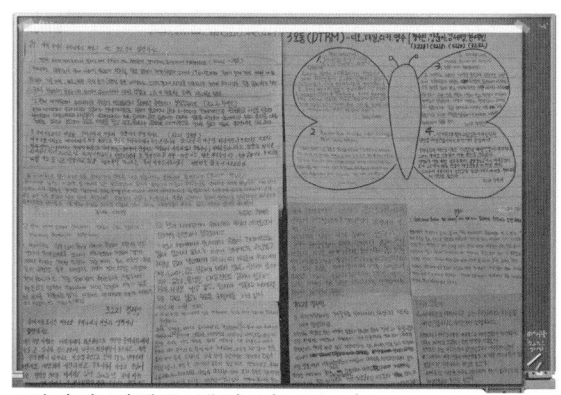

<하나의 과제를 넷이 나누고,
넷의 과제 활동을 모아 하나의 과제를 해결하는
'하나가 넷, 넷이 하나'의 학생 활동 결과물>

[Level 4단계] 중단원 또는 대단원을 대상으로 '지식 만들기', '나의 학습 과정 찾기', '프로젝트 활동', '문제해결형 과제 활동' 그리고 '단원 평가 활동'을 하게 된다.

이 단계에서 학생들은 과제를 자신과 주변의 문제에 적용해 보면서 학습 활동을 하게 된다. 문제에 대한 창의적인 생각과 접근을 할 수 있다.

<단원 학습이 마친 뒤에 모둠별로 문제 만들기와 다른 반 학생들이 만든 문제를 풀이하는 활동을 하고 있다.>

2. 교실 밖에서 단원평가 활동을 하다

교실에서는 형성평가나 단원평가를 잘 하지 않는다. 진도와 시험이 우선이기 때문에 더 많은 지식을 설명하고 전달하기에 바쁘다.

한 개의 대단원을 2차시의 평가 활동으로 수업을 설계했다. 4명이 1개의 모둠이 되어 모두 3단계의 평가 과제를[10] 수행한다. 평가 문항은 QR코드로 만들어 야외에서 실시했다.

교실 밖에서 평가 수업을 한다고 하니, 학생들은 평가에 대한 막연한 두려움을 가지지 않았던 것 같았다. 또한 단계를 설정하고 하위 단계의 평가 활동을 완결해야 다음 단계의 평가 활동으로 올라 갈 수 있다는 말에 학생들은 적극적으로

---

10) 평가 활동 단계를 3단계로 구분하고, 1단계는 기본적인 개념을 묻는 10개의 문항의 답을 찾는 활동이고, 2단계는 기본적인 개념을 이해하고 설명하는 5개의 서술형 과제를 해결하는 활동, 3단계는 사회과 기본 개념을 활용해서 주변의 문제를 해결하는 2개의 복합적인 문제 해결형 과제였다.

평가활동에 참여를 했다. 평가를 마치 게임을 하듯이 참여도는 높았다.

 다만 힘들었던 점은 야외에서 평가 활동을 하다 보니 QR코드 200여장을 펼치고 했는데, 쉬는 시간 잠시 자리를 비운 사이 1~2학년 학생들이 신기했는지 주워가버렸다. 방송을 하고 가져오라고 했지만, 회수된 것은 10여장에 불과했다. 점심시간에 학생들 도움을 받아 부랴부랴 다시 만들어 오후 평가 수업을 겨우 할 수 있었다.

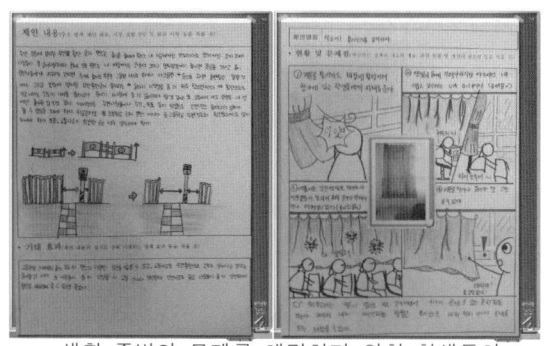
<생활 주변의 문제를 해결하기 위한 학생들의 정책 제안서들>

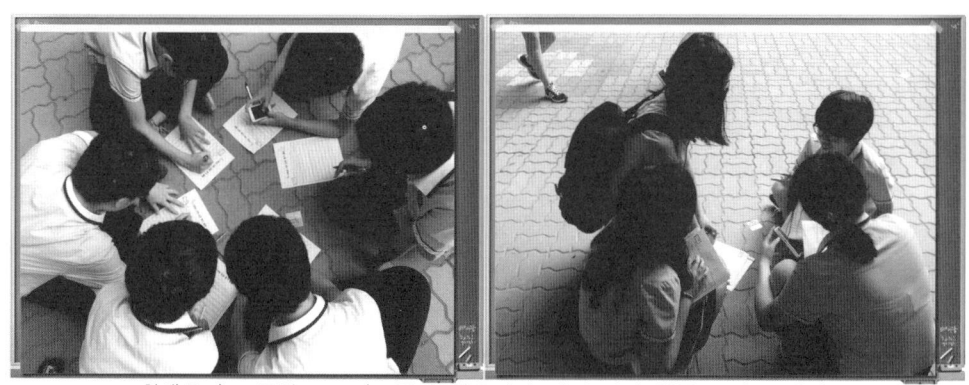
<학생들이 모둠별로 스마트폰을 활용하여 단원 평가 활동을 하고 있다.>

3. 평가 결과를 기다리다

 평가 대상은 3학년 10개 반 354명의 학생들이였다. 4월에 실시된 1차 고사 결과만으로는 플립러닝의 효과를 해석하기는 힘들었다. 의미 있는 결과는 있다. 10개 반 선택형 문항에서 학년 평균과 학급별 격차가 그리 크지 않았다. 학급별 격차가 크지 않다는 것은 플립러닝의 학습 효과가 어느 정도 반영되고 있다는 반증으로 해석할 수 있었다. 그러나 아쉬운 것은 서술형 평가의 점수가 남학생 학급과 여학생 학급의 격차가 예상보다는 많이 났다는 것이다.

 3월에 플립러닝을 적용하고 그 효과를 비교 확인할 수 있는 2차 고사 결과가 나오기를 기다렸다. 2차 고사는 1차 고사 때보다는 학생들에게 다소 어렵게 느껴진다. 1차 고사 때보다는 시험 범위와 시험 과목들이 늘어나기 때문이다. 또한 플립러닝의 효과를 조금 더 객관적으로 검증하기 위해 1차 고사 때보다는 문항 난이도를 조금 높였다.

 사회 시험이 끝난 날 복도에서 만난 학생들의 표정이 다소 밝아 보였다. 한 여학생은 '선생님! 시험이 쉬웠어요.' 그런데 이렇게 말한 여학생의 1차 고사 성적은 50점대였다. 그리고 성적이 나왔다. 며칠 전 복도에서 만난 그 여학생의 성적은 100점이였다. 그 여학생뿐만이 아니라 3학년 354명 중에서 276명(78%)의 학생들의 성적이 향상되었다.

 157명의 학생들이 10점 이상 성적이 향상되었다. 전체 학생의 44%에 해당된다. 69명의 학생들은 20점 이상 성적이 향상되었고, 20명의 학생들은 30점 이상 성적이 향상되었다. 중하위권 학생들의 성적 향상 폭이 높았다. 특히, 3명의 학생들은 40점 이상의 성적이 향상되었다. 이 3명의 학생들은 지난 1차 고사에서 50점대 점수를 받았던 학생들로 이번 2차 고사에서 91점에서 100점을 받았다. 성적이 하위권에서 상위권으로 급상승을 했다. 이 세 명의 학생들은 교실 수업에서 유독 열심히 참여했던 모습들이 기억난다. 평소에 질문을 하지 않던 학생들이 질문을 시작했고, 자신이 모른다는 사실을 부끄러워하지 않았다.

실패와 과정이 있는 교실

 사회과 플립러닝에선 학생들은 더 이상 두려움을 가지고 있지 않다. 누구나 말하고, 표현한다. 누구도 친구의 발표와 내용에 대해 비난하지 않는다. 학생들은 두려움을 가지고 있다. 완벽한 지식을 갖추고 있는 교사, 그리고 자기보다 뛰어난 지식을 지닌 소수의 모범생들로 인해 수업에 참여하거나 질문을 하는 것을 두려워한다.

 지금의 교실은 실패와 과정보다는 결과를 우선시하기 때문에 학생들의 머릿속에 지식이 갖추어지지 않은 상황에서는 질문이나 발표를 꺼려한다. 학생들에게 실패하고, 경험하고, 연습할 수 있는 시간과 기회를 줄 수 있는 사회과 플립러닝에선 학생들은 즐거워했다. 그리고 몰입했다. 더 이상 두렵지 않기 때문이다. 아니 교사인 나 스스로가 이제는 더 이상 두려움을 갖지 않게 된 것이 플립러닝의 가장 큰 소득인 것 같다.

<플립러닝에서는 남학생들의 학습 참여도가 이전과 다르게 높아졌다.>

 1학기 사회과 플립러닝을 마감하면서 기억에 남는 인상적인 피드백 두 가지가 있다. 하나는 학생이, 또 하나는 교감선생님께서 수업을 보시고 학생들 앞에서 해 주신 피드백이다.

 "선생님! 뭔가 배우는 것 같아요."
 "야! 우리 이것은 까먹지 않겠다."
 "여러분들은 OOO선생님으로부터 배운다는 것이 얼마나 큰 행운인지 아나요?"

2학기 플립러닝을 준비하다

 1학기 사회과 플립러닝을 적용하면서 부족했던 부분들이 많았다. 특히, 아쉬웠던 점은 남학생반과 여학생반의 특성을 고려한 학습 방법들을 제공하지 못했다는 것이다. 남학생과 여학생은 학습 방법을 같게 제공하다보니 여학생들의 성적이 상대적으로 높았다. 여학생과 남학생의 학습 방법이 다르다는 사실을 교사인 내가 몸으로 직접 경험한 시간이었다.

 또한 개별화 학습을 위한 구체적인 준비를 할 계획이다. 1학기 플립러닝에선 스스로도 준비가 많이 부족했기 때문에 학생들의 개별 특성을 파악하기가 어려웠다. 그러다보니 학생들의 부족한 부분을 채워줄 수 있는 꼼꼼한 학습 지도가 어려웠던 것 같다. 2학기엔 플립러닝의 두 가지 이론적 배경인 구성주의와 완전학습에 도전해 볼 생각이다.

 주변의 교사들과 함께 플립러닝의 문을 함께 열어볼 생각이다. 학생을 위해서가 아니라 교사를 위해서이다. 많은 교사들이 두려움을 가지고 교실로 들어간다. 학생들 앞에서 완벽해야 하고, 모든 지식을 교사가 다 가르쳐야 한다는 두려움을 안고 수업을 하고 있다. 교실에서 교사는 '무대 위의 현자(Sage on the Stage)'가 아니라 학생들의 학습을 도와주는 '객석의 안내자(Guide on the Side)'로서의 역할을 할 때 유의미한 수업을 설계하고 학습 방법을 제공할 수 있을 것이다. 교사가 무엇을 가르쳤는가보다는 학생이 무엇을 배웠는가가 중요하다. 삶을 충실하고 행복하게 준비할 수 있는 역량을 길러줄 수 있는 그런 교실을 주변의 교사들과 함께 만들어 가고 싶다.

3부 플립러닝 성공전략

Bottom-Up 전략

 플립러닝, 갑자기 하늘에서 떨어진 게 아니라 기존에 하던 것을 거꾸로 뒤집어서 새롭게 접근해본다는 측면에서 시도해야 할 것이다.
 따라서 그 시행도 과거와 같은 Top-Down이 아닌 현장 학교 중심으로 돼야 할 것이다. 기존에 하듯이 상명하달식으로만 가면 실패가 불 보듯 뻔하다.

 그래서 플립러닝은 말 그대로 거꾸로 Bottom-Up 방식으로 갈 때 그 가치가 더욱 빛날 것이다. 그동안 정부주도로 교육정보화 정책이 10년 이상 시행되어 일선 학교에 인터넷망 구축 및 ICT 활용교육을 위한 기반이 잘 갖추어진데다 에듀넷 및 사이버학습, EBS 인터넷강의와 EDRB 구축 등 자료가 무궁무진하게 많으므로 이제부터는 정부주도의 새로운 교육정보화 정책시행보다 기존 자료를 재활용하여 학습효과를 높이는데 치중하여야 할 것이다.

교실 비우기부터

"플립러닝"의 성공은 우선 기존 공장식 지식전달 수업방식부터 바꾸는데서 출발해야 할 것이다. 기존 1대 다수 방식의 근대적 학교수업 분위기에서 첨단 IT기술이나 단말기, 고가의 장비를 활용한 방식은 비용만 많이 들었지 실패할 것이 불 보듯 뻔하다.

"플립러닝"이라는 말 그대로 교실환경을 우선 거꾸로 뒤집어 바꿔 놓은 다음에 마음을 비운 상태에서 학생들이 공부의 말문을 트게 하는 것이 "플립러닝의 마법"을 푸는 열쇠다. 즉, 교육 패러다임의 전환부터 시작되어야 한다는 말이다. 교사의 인식전환 없이 플립러닝은 성공하기 힘들다.

<김기표> 맞습니다. 너무 거창하게 LMS등을 도입하는 등의 방식은 시작조차 어려울 수 있습니다. 참고로 WSQ(Watch-Summary-Question) 정도면 훌륭한 것 같습니다.
※ WSQ는 미국 고등학교 수학 교사(Crystal Kirch)가 수업 전(before-class) 환경에서 학생들이 수행해야할 것을 단계별로 정의한 것이다. 학생들은 먼저 강좌를 보고(Watch) 이를 요약(Summary)하고 질문(Question)을 준비하도록 하는 것이다(발음상 '위스키[wisk]'전략이라고 부른다).

<오미라> '플립러닝'은 처음 들어보는 개념이지만 학교공부, 교육, 정치, 경제, 문화, 모두 다 거꾸로 뒤집어 보는 것, 생각해볼만한 시사점인 것 같습니다.

짜릿한 주관적 경험

"플립러닝"에서 가장 눈길을 끄는 것은 학생들이 공부에 재미를 붙이는 것이다. 학생들이 교실수업에 적극 참여해 자신의 입으로 말하기 시작할 때 몰입과 함께 성취감도 느끼게 되니 충분히 그럴 만하다.

서강대학교 최진석 교수의 '인간이 그리는 무늬'라는 책에도 이런 주관적 경험이 행복의 지름길이라고 말한 것처럼 학생들이 "인생"의 참맛을 느끼게 됐으니 이 얼마나 보람된 일인가?

실제 부산 동평중학교 학생이 인터뷰에서 "플립러닝 수업은 인생"이라는 말을 하는 것을 보고 소름이 돋기까지 했다.

참여수업의 짜릿한 경험으로 삶이 즐거워지고 행복한 학교생활이 된다면 "플립러닝" 해볼 만하지 않은가?

루브릭 평가

플립러닝을 하게 되면 자연스레 기존의 시험성적위주 평가에 변화가 올 것이다.

단순히 성적으로 줄 세우는 방식보다는 협력학습태도와 창의력, 문제해결력 등이 중요한 이슈로 드러날 것이기에 전인교육 지향에 걸맞은 루브릭(rubric) 모델과 같은 다면평가가 활성화될 것이다.

특히 학교수업은 수행평가제도에 의해 좌우되는 경향이 크므로 교육정책 차원에서 평가제도의 개선이 시급히 요구된다.

이렇듯 평가제도 개선으로 선진교육시스템으로의 업그레이드가 마련될 것이기에 향후 교육정책 차원에서 평가제도의 개선을 신중히 검토해봐야 할 것이다.

<안남섭> 공감합니다.
<조용인> 이미 체육교육에 루브릭평가가 상당히 발달되어 있습니다.

저공비행 전략

 꽃이 저마다 피는 시기가 다르듯이 우리의 아이들도 각자 뇌회로 작동기제가 달라 공부도 개인별 맞춤형으로 해야 한다.

 '저마다의 공부 비법으로 행복한 변화', 일명 "저공비행"이란 개념이 플립러닝에도 여전히 유효할 것이기에, 학년별 과목별 지역별 성향별 그룹별 특성에 맞게 개별화 방향으로 설계돼야 성공할 가능성이 높다.

<김광묵> 아이들의 이해력도 꽃처럼 다양하죠.
<박수용> 플립러닝과 효율적인 학습법은 바늘과 실의 관계처럼 조화를 이루면 시너지 효과가 크다고 생각합니다.

수업의 질 획기적으로 높이기

사람 교육시키는 걸 종종 나무 키우는 것에 비유하곤 하는데, 식목일에 북한산을 오르며 KERIS 이승진팀장과 플립러닝에 대해 많은 이야기를 나눴는데, 이게 수업의 질을 획기적으로 높이는데 크게 기여할 것이라는 점에 의견을 같이 했다.

학생들의 눈높이로 학생들끼리 모둠학습을 통해 떠들면서 공부한다는 것이 얼마나 중요한 것인지 KBS 방송을 통해 새삼 공감하면서, 아무리 좋은 선생의 훌륭한 강의도 학생들한테 맞춰지지 않으면 효과가 반감되니 이제부터라도 수업 패러다임에 변화가 생겼으면 좋겠다.

정말 절실한 이슈이기에 이번 참에 지혜를 모아 우리 교육이 수업의 질을 향상시키는 선진시스템으로 도약하는 계기가 되었으면 좋겠다.

<이상구> 학부모의 한 사람으로서 정말 간절합니다.
<안남섭> 간절히 원하면 이루어집니다.

교육정보화의 완성

교육부 국장과 과장을 차례로 만나 플립러닝에 대해 이야기 나눠봤다. 한 분은 EBS 수능 인터넷방송을 주도했고, 또 한 분은 인프라구축에 오랫동안 일해 우리나라 교육정보화의 역사라 해도 과언이 아니다.

플립러닝에 대해 이야기했더니 약간 온도차가 있긴 했지만 그간의 우리나라 교육정보화 공과가 쌓여 이제 플립러닝으로 활짝 꽃피울 수가 있으니 그 분들의 교육정보화에 대한 노하우를 적극 살려 나가야 할 것이다.

교육정보화정책 20년간 학교에는 많은 변화가 있었다. 학내망 구축사업으로 학교에 인터넷이 깔리고 사이버학습 및 EBS 수능 인터넷방송이 전국적으로 가능해짐에 따라 지역·계층 간 교육격차 해소에 기여한 공로가 적지 않다. 반면 현장교사로 하여금 첨단 정보통신기술과 단말기에 대한 거부감과 개혁 피로감이 쌓이게 한 측면도 있어 속도조절이 필요하다는 목소리가 높다.

 따라서 이제부터는 지금까지 쌓아놓은 인프라를 바탕으로 현장학교 중심의 Bottom-Up전략이 강화되어 교육정보화가 완성의 단계로 접어들기를 기대해본다.

다양한 사례 접하기

 자연의 생태계가 다양하듯이 플립러닝도 주변상황에 걸맞게 여러 가지 모습으로 학생들과 상호작용하는 과정에서 제대로 꽃필 수 있을 것이기에 많은 경험과 사례공유가 필요하다.

 경험이 최고의 스승이듯 플립러닝도 수많은 시행착오 끝에 활짝 꽃피리라 믿기에 그동안의 수많은 교육정보화 및 인터넷 활용교육 수업자료를 사례연구 차원에서 잘 활용하는 것이 필요하다.

 이런 재활용 및 재매개화, 재개념화 과정이 오롯이 체화되어 학습 및 지식디자인 자료가 되어 학생들은 학습과정에서 그 자양분을 먹고 무럭무럭 성장할 것이다.

함께 공부하는 소셜러닝 방식으로

굳이 SNS등을 사용하지 않더라도 플립러닝에서 학습자들끼리 자유롭게 토론하고 발표하는 방식을 교실뿐만 아니라 온라인을 통해서도 이를 활성화시키면 훨씬 효과를 높일 수 있다. 왜냐하면 또래 친구들끼리 하면 공부가 더 잘 되니까 이를 온라인과 오프라인 공히 활용할 필요가 있다. 같은 반 친구들과의 충분한 소통 그 자체만으로도 교육적 효과가 클 수 있으니 함께 공부하는 소셜러닝(Social Learning)방식을 도입한다면 교사와 학생 모두에게 큰 도움이 될 것이다.

또한 플립러닝에서는 특정 단말기에 상관없이 어떤 교육매체이든지 이를 효과적으로 잘 사용해 또래 학습자들끼리 상호작용을 촉진시키는 선진학습법을 지향하므로 더욱 효과가 높아질 수밖에 없다.

사전 온라인 공부, 학교에선 익힘 학습을 하는 플립러닝을 하게 되면 학생들 학습효과는 분명히 높아질 것이다. 왜냐하면 공부를 제대로 하는 환경을 만들어주고 또한 효과적으로 학습하게 되는 거의 "완전학습"을 지향하기 때문에 성적이 올라갈 수밖에 없다.

그런데, 이에 대한 준비는 어떻게 해야 될까? 플립러닝으로 혜택을 받을 학생들은 분명 좋아할 것 같은데, 구체적으로 선생님들이 무엇을 어떻게 준비해야 할지 처음에는 막막할 것 같다.

따라서 지금부터 플립러닝으로 학습효과를 높이는 구체적인 방법을 하나씩 하나씩 준비해야 할 것이다.

열정과 신념

 부산 동의대학교 정주영 교수는 교육대학원 수업을 플립러닝으로 해보니 학생들 반응이 너무 좋다면서 본인도 신이 나고 확신이 생겼단다.

 KBS 파노라마 방송에 소개된 부산의 서명초등학교와 동평중학교 선생님들도 마찬가지로 수업개선 효과에 열정과 신념을 가진 것으로 보여 플립러닝에 점점 더 믿음이 간다.

 앞으로 아니 조만간 플립러닝을 한번 맛보면 수업하는 재미에 푹 빠지는 분들이 더 많이 늘어날 것으로 예상된다.

쉽고 편하게

 "플립러닝"이 성공하려면 쉽고 편하게 접근할 수 있어야 한다.

 기존 이러닝도 그렇고 스마트 교육도 어렵고 불편해 교사나 학생들로부터 외면받기 일쑤이니 제발 '쉽게 쉽게' 가야 할 것이다. 초창기 이러닝 도입기에도 어려울 수밖에 없었으나 수많은 시행착오를 거치면서 차츰 학습자 중심으로 개선되고 있다. 10년 이상의 이러닝 역사를 바탕으로 편이성이 높아졌기에 최근 플립러닝 활성화를 계기로 교육본연의 가치에 충실해 이러닝은 보조적 수단으로 더욱 쉽고 편하게 접근할 수 있어야 할 것이다.

 손바닥 뒤집듯 손쉽게 할 수 있도록 사전 온라인 교육을 잘 설계하는 것이 교수자들의 임무이며 관련 종사자들의 책임이라고 할 만큼 편이성은 이러닝의 중요한 가치라 할만하다.

선생님의 짤강

 학생들은 선생님의 얼굴이 나온 동영상을 좋아 한다. 그것도 10분 내외의 짧은 동영상, 일명 "짤강"을 친근한 선생님의 예습콘텐츠로 살갑게 받아들일 것이다. 100% 온라인으로 수업하는 사이버대학 학생들도 교수자의 직접 강의방식을 선호하는 것을 보면 삭막한 사이버공간에서 친숙한 선생님의 얼굴이 얼마나 큰 믿음을 주는지 알 수 있다.

 더구나 어린 학생들의 경우 선생님의 강의 장면은 큰 동기부여가 되고 교실에서 어색한 관계도 새롭게 온라인에서 회복될 수도 있다. 대신 수업내용을 장황하게 설명하는 것이 아니라 쉽고 간단하게 표현할 수 있어야 한다.

 이처럼 선생님의 짤강이 학생들에게 학습동기를 유발하니 직접 동영상을 제작해 보는 훈련을 해보고 점차 익숙해지면 점점 살아있는 강의를 할 수 있을 것이다. 쉽게는 본인이 가지고 있는 스마트폰으로 5~10분 영상을 셀카 형태로 촬영 해보고 자신이 붙으면 동료 선생님이나 가족들에게 요청해 동영상을 찍어 YouTube나 facebook에 업로드하는 연습부터 해보자.

 그 후 점점 자신감이 붙으면 파워포인트 같은 자료화면도 동시에 띄워보고 저작툴을 활용해 이 같은 동영상과 자료화면을 동기화시켜 멋지게 제작할 수도 있다. 대신 강의는 가급적 짧게 만들어 학생들이 지루하지 않도록 해야 할 것이다. 민간교육업체도 요즘 짤강이 대세이다.

단말기가 아닌 사람 중심

 스마트교육이 스마트폰 및 태블릿PC와 같은 단말기중심으로 인식되어 거부감이 있어 그 확산이 더딘 측면이 있다고 한다. 특히 국내에서는 스마트폰의 보급 확대와 더불어 갑자기 스마트교육, 스마트러닝이라는 용어가 생겨나 '기기중심'이라는 부정적 인식이 차츰 확산되어 현장 교사들의 반발이 심했다.

 교육은 단말기의 문제가 아니라 교사와 학생의 소통과 교감을 바탕으로 이뤄지는데, 급격한 스마트폰 보급과 함께 스마트교육이 Top-Down 방식으로 던져지니 교사가 소외되는 측면이 강해져 용어자체에 대한 거부감마저 생겨 결국에는 이를 주도한 정부에서도 외면하는 웃지 못 할 상황이 벌어지기도 했다.

 그런 측면에서 플립러닝은 수업방식 바꾸기가 핵심이기에 교사와 학생 및 교실의 수업환경 개선에 초점을 맞춰 접근하고 있어 스마트교육과 같은 거부감을 없앨 수 있을 것으로 보인다.

 따라서 플립러닝을 계기로 단말기가 아닌 교육본연의 철학과 가치에 충실해 사람과 내용 중심으로 학교와 교사, 학생들의 임무와 역할, 수업환경에 대해 성찰해보고 대한민국 교육이 새롭게 재도약 할 수 있기를 바란다.

수업 재설계부터

강의는 온라인으로 교실에선 교감하는 시간으로
 학교에서 공부 가르치는 걸 빼고 이를 집에서 온라인으로 하는 점에서 플립러닝이 출발하기에 이를 잘 하기 위해선 수업설계를 새롭게 잘 해야 한다.

 교사가 강의대신 수업설계를 잘 하는 디자이너가 되고 멘토 및 컨설턴트가 돼야 하는데 한국적 현실에서 이게 잘 될까?

질문에서 시작
 플립러닝 도입학교 사례를 보면 도입초기에 바뀐 환경이 어색한지 질문이 엄청 많다고 한다.

 궁금한 점이 많아 그렇기도 하겠지만 본능적인 상호작용의 갈구이니 이때 잘 호응을 해줘야 한다.

 스타일의 변화에 따른 질문공세를 귀차니즘때문에 무시해버린다면 교실혁명은 물 건너 가버린다.

교수자의 인식전환
 교육의 질은 교사에 달려 있다는 오랜 진리가 역시 플립러닝 수업에도 적용될 것이니 교사가 마음을 어떻게 가지느냐가 관건일 것이다.

 교사가 수업시간에 학생들한테 훈육하기를 멈추는 그 순간부터 교실은 봄바람이 불지 않을까?

 물론 이 또한 교사 혼자만의 문제가 아니기에 주위에서 도와줘야 함은 두 말하면 잔소리이다.

* 교사의 새로운 방식의 수업디자인 능력이 아주 중요해진다.
(인천 장도초등학교 여정민 선생님 <교원신문에 투고>, 네이버블로거:하양샘)

소통은 필요충분조건
 플립러닝이 제대로 되려면 사전에 그 취지를 충분히 설명하고 동의가 이뤄져야 한다.

 비단 학생뿐만 아니라 학부모 및 동료교사들까지도 충분한 교감이 이뤄져야 현장에 뿌리를 내릴 수 있을 텐데 이게 보통일이 아닐 것이다. 그렇지만 MP3와 전화기 및 각종 멀티미디어 기능의 융합을 통한 스마트폰의 혁신으로 세상이 조금씩 바뀌듯 플립러닝에 맛을 들이면 즐거운 교실, 재미난 세상을 교감할 수 있을 것이다. 이미 성공한 국내외 사례가 그 효과를 보여주고 있다.

역설의 미학
 집에서 미리 온라인으로 공부하고 학교에서 워크숍형태로 상호작용하는 방식의 수업을 하면 성적 올리기는 참 쉬워 보인다.

 그런데 이게 말만 쉽지 현실에선 참으로 어려운 일이다. 그동안의 오랜 습성 때문에 교사나 학생 모두 이것을 단번에 바꾸기란 여간 어려운 게 아니다.

 특히 온라인으로 사전 공부하는 것을 쉽게 할 수 있도록 하는 것이 어려운 일인데 동기부여를 잘해서 온라인으로 공부하는 습관을 들이면 학교에서는 익힘과 숙달 중심으로 효율적인 시간배분을 통해 학습효과를 높일 수 있어 권해볼 만하다.

 플립러닝이 선진적인 교육으로 자리매김하고 있으니 역설의 미학이라 할만하다. 기존 사고방식을 거꾸로 뒤집어 집에서 미리 온라인으로 공부해오고 학교에서는 상호작용 중심으로의 수업체제 변화는 그래서 더욱 의미가 큰 것 같다.

사전 ICT 활용능력

 플립러닝의 중요한 한 축인 사전 온라인 강의를 위해 IT기반의 뉴미디어활용 능력이 반드시 필요하다.

 새로운 미디어에 익숙해져 한번만 온라인 사전 강의를 잘 만들어 놓으면 예전처럼 똑같은 강의를 앵무새처럼 반마다 돌아다니며 목 아프게 할 필요가 없이 학생들 익힘 수업만 잘 관리해주면 되지 않을까?!~

 중고등학교 교사의 경우 훨씬 효율적으로 편하게 수업을 할 수 있어 일거양득이지 않을까 싶다. 물론 처음 시도하기에는 쉽지 않겠지만 한번 문턱만 넘으면 질 높은 선진교육이 가능해질 것이다.

 이미 성공한 국내외 사례가 많으니 조금만 관심을 갖고 살펴보면 좋은 자료가 풍부하니 조금씩 ICT활용능력 향상에 투자해볼 일이다.

이러닝이 제대로 돼야

 "플립러닝"은 학교수업 시간에 옛날처럼 강의를 안 하고 활발한 "상호작용"을 해야 하기에 학생들이 EBS나 KMOOC등을 통해 미리 온라인으로 공부를 해야 성공할 수 있다. (그렇지 않으면 말짱 꽝!)

 따라서 제대로 된 이러닝이 완벽하게 갖춰져야 플립러닝이 성공할 수 있기에 기존 이러닝도 플립러닝의 완성을 위한 사전준비 학습체제로 변해야 한다.

 예전처럼 부실해선 안 되고 개인별 수준별 맞춤학습이 튜터링과 함께 완벽하게 구현돼야 한다. 또한 플립러닝이 성공적으로 정착되려면 IT기술 지원이 뒤따라야 한다. 따라서 사전온라인 학습과 교실 오프라인 피드백수업을 통합관리해줄 FLMS(Flipped Learning Management System)등도 함께 준비돼야 할 것이다. 플립러닝이 섬세한 부분까지 수용하려면 완벽한 IT기술지원이 필수적이다. 대신 기술은 가급적 안보이게 하고 학습자가 쉽고 편하게 공부할 수 있도록 편이성 중심으로 설계돼야 함은 아무리 강조해도 지나치지 않다.

아울러 이러닝 과정은 쉽고 짧게 만들어야 한다. 사전 이러닝은 가급적 20분 이내로 짧고 쉽게 만들어야 학습자가 부담 없이 즐길 수 있을 것이다. 기존 차시개념으로 50분씩 딱딱하게 하면 학습자들로부터 외면당하기 일쑤이다. 플립러닝의 성공을 위해 이러닝도 새롭게 거듭나야 할 것이다. 이참에 이러닝의 핵심가치도 재조명해서 학습자들 중심으로 재편되어야 할 것이다.

아기가 뒤집기 하듯 스스로의 힘으로

 Top-Down 방식으로 억지로 시켜서 하는 것이 아니라 애기가 자연발생적인 생명력으로 뒤집기 하듯 "수업 바꾸기"가 될 때 플립러닝이 완전한 성공이 될 것이다. 그러기위해선 아이의 힘뿐만 아니라 부모의 지극한 보살핌이 있어야하겠다.

소셜 큐레이터(Social Curator) 역할 강화

 스마트미디어 환경에서 학습효과를 높이는데 있어 디지털 리터러시(Digital Literacy)에 능통하고 학습자들의 동기부여를 잘 조율하는 소셜큐레이팅(Social Curating)능력이 핵심적인 역할을 할 것이다.

 우리 이러닝지도사의 역할이 소셜큐레이팅에도 초점을 맞추어야 하는 이유도 여기에 있다.

달리 생각해보고 뒤집어 보기

 본디 학습은 밭갈이처럼 한번 굳어진 땅을 뒤집듯이 다르게 접근해볼 때 뇌 인지력이 늘어난다고 한다. "플립(Flip)"의 말뜻을 살려 기존 학습방식에 변화를 주는 것이 첫출발이 아닌가 싶다.

다양한 자료의 효과적 활용

요즘은 유무선 인터넷의 활성화 및 YouTube, TED, 세상을 바꾸는 시간 15분 등 양질의 무료 콘텐츠가 많으므로 이런 자료들을 교육에 잘 활용하는 것이 큰 능력이다.

더구나 앞으로 디지털교과서등이 활성화되면 좋은 교육 자료를 학습목적에 잘 맞게 링크시켜 주는 것만 해도 큰 도움이 될 것이다.

불교 화엄경(華嚴經)에 나오는 "일체유심조(一切唯心造)(모든 것은 오로지 마음이 지어내는 것)"라는 말처럼 마음먹기 따라서 얼마든지 좋은 무료 콘텐츠를 활용할 수 있기에 이제는 Know-Where가 중요한 시대이다.

자기주도적 학습 환경 연출

요즘 주목받고 있는 플립러닝이 현장에 성공적으로 자리 잡기 위해서는 어떻게 해야 할까?

우선 스스로 공부할 수 있는 환경을 만드는 것이 가장 중요할 듯싶다. 무엇보다 자기주도적인 학습자세가 중요하기에 초반에 이런 분위기를 연출하는 게 급선무라 할 것이다. 학생들이 스스로 공부하는 자세만 갖춰지면 공부에 재미가 붙을 것이고 그러면 점점 공부하는 시간이 길어지니 자연스레 성적이 오를 수 밖에 없을 것이다.

특히 학생들이 미리 온라인으로 사전공부를 하고 학교에 온 상태라면 친구들과 토론 및 발표하는 과정에서 그 지식은 오롯이 체화되어 자기 것으로 머릿속에 남아있게 된다. 그러면서 학교생활에 재미가 붙으면 또 다른 상승효과가 발생해 학생들은 더 신나는 학교문화를 즐기면서 성장해 나갈 것 이다.

선생님의 일방적인 강의보다 이런 자기주도적 학습 환경을 만들어주는데 더욱 노력하는 것이 플립러닝을 통해 바뀐 풍속도가 될 것이다.

공감연출 훈련 필요

 패션디자이너가 그렇듯이 지식에도 시대정신과 학습자의 기호에 끝없이 부응하려는 적극적인 노력이 필요하다. 자기혼자만 알고 있을 바에야 굳이 돈 들여가며 남에게 이러닝을 강요할 필요도 없지 않은가? 이러닝의 동기부여 전략 중 가장 앞서는 것이 "주의집중"임을 감안컨대, 주의집중을 잘 하는데 있어서도 학습자의 공감을 얻어 내는 것이 핵심이다.

 가수나 시인이 대중들로부터 사랑을 받는 것이 '공감'을 잘 얻어 그런 것처럼 플립러닝 전문가도 타인으로부터 공감을 얻는 훈련을 부단히 해 나가야 할 것이다. 현재 운영 중인 이러닝을 자세히 살펴보면 과연 학습자들로부터 공감을 얻을 준비가 돼 있는지 의심이 드는 경우가 많다. 고용노동부 인터넷통신훈련 및 제도권 교육틀 안에 안주해서 그런지 학습자들의 공감을 얻으려는 노력은 미미해 보인다. 냉정하게 한번 평가해보자. 과연 지금 하고 있는 이러닝에 직접 내가 돈을 내고 할 만한지!

지식의 시청각화에 대한 진지한 고민

 이러닝은 지식을 웹 화면 혹은 동영상 또는 플래시로 재가공해 올린다는 측면에서 상당히 많은 노력을 기울여야 한다. 쉽게 말하면 글로 된 지식을 시청각 이미지로 재가공해 수요자들에게 전달하는 과정이기 때문에 여러 가지 상황을 감안해야 한다는 것이다. 똑같은 내용이라도 미디어에 따라 전혀 다른 분위기를 연출하므로 매체환경에 대한 고민이 필요하다. 책에 실린 지식과 웹에 올랐을 때 혹은 동영상으로 전해지는 느낌이 전혀 다르게 와 닿을 수 있으므로 이에 대한 사전 준비가 철저해야 할 것이다. 왜 특정매체를 활용해야 하는지, 해당 콘텐츠가 꼭 특정매체에 필요한지 등을 냉정하게 분석하고 실행에 옮겨야 예산낭비를 줄일 수 있다.

 아울러 내용전문가의 콘텐츠 혹은 원천지식을 단순히 동영상으로 할 것인지, 동영상과 파워포인트 형식을 결합한 것으로 할 것인지, 100% 플래시로 처리할 것인지, 성우를 활용할 것인지 등 여러 가지 선택대안을 바탕으로 종합적으로 판단해야 할 것이다.

시나리오가 핵심

 학습수요자를 위해 지식을 어떻게 잘 기획하는가가 플립러닝 전문가의 가장 중요한 임무일 것이다. 따라서 시나리오를 잘 짜는 능력이 으뜸이다. 철저한 사전 수요조사, 치밀한 콘텐츠 기획, 최적운영 전략 등 온갖 지혜를 다 짜내 사전 시나리오를 잘 만드는 것이 플립러닝 전문가의 핵심역량이다. 옛날 같으면 대충 만들어도 처음이라는 신선함 때문에 먹혀들었지만 이젠 수요자들 입맛이 까다로워져 치밀한 시나리오가 없다면 엄두도 못내는 실정이다. 만들기만 잘해서도 안 되고 입소문 및 마케팅까지도 감안해야 하니 기획자들 머리 터질 지경이다.

 그러나 어떡하겠는가? 살아남으려면 또 지혜를 짜 내야지. 요즘은 지식정보화를 넘어 감성시대에 도달한 만큼, 단순히 지식전달 차원을 넘어 섬세한 감성터치를 가미한 디자인 관점에서 기획하고 설계해야 성공할 가능성이 높다. 지식디자인은 이런 이유 때문에 필요한 것일지도 모른다.

구체적인 기대효과 제시

 요즘은 수요자들이 실질적인 효과를 제공해야 움직이기 때문에 이러닝에서도 학습 후 어떤 성과가 있다는 점을 구체적으로 제시해야 한다. 막연히 좋을 것이란 생각 때문에 학습자들이 공부를 할 것이란 추측은 금물이다. 실제로 성과가 얼마나 오르고 성적이 몇 점이나 향상될 것이라는 구체적인 효과를 제공할 수 있을 때 학습자들이 움직인다는 점을 명심해야 할 것이다. 가능하면 수치로 나타낼 수 있도록 하고 성공사례를 제시할 수 있으면 더욱 좋겠다.

 이제 사람들은 뭘 하던지 충분히 사전 지식과 정보를 갖고 행동에 옮기므로 구체적인 효과나 기대 수익이 뭔가를 제시해야 동참을 유도할 수 있다. "세상에 공짜란 없다"는 말처럼 지금 세상에선 뭔가 하나라도 줄 수 없다면 원하는 방향으로 사람들을 움직이기 어렵다.

 학습은 고통스런 두뇌회전이 필요하여 대개의 경우 꺼려하기 때문에 구체적인 성과물 제시가 기본이다. 그 위에 다양한 학습내용과 서비스가 제공돼야 학습자들은 움직인다.

문제 해결사 되기

플립러닝 전문가는 해결사 역할을 할 수 있어야 한다. 어떠한 난관에도 이를 뚫고 나가는 추진력과 문제해결력이 요구된다. '디자인은 솔루션이다'는 말처럼 플립러닝 전문가도 문제해결 중심의 사고와 행동으로 학습자들을 어루만져 주면 크게 성공할 수 있을 것이다. 세상 살다보면 현실과 이상의 차이가 엄청나게 크다는 것쯤은 모를 리 없다.

대신 이러한 간격을 줄이고 각종 문제를 해결할 수 있는 능력이 바로 플립러닝 전문가의 역량일 것이다. 따라서 문제해결력을 키우기 위한 눈물겨운 노력이 필요할 것이고 그에 따른 성과도 오롯이 플립러닝 전문가의 몫이다. 무에서 유를 창조하고 맨땅에 헤딩하듯 척박한 환경을 스스로 개척하는 능력이 기획자의 역할일진대 참으로 어려운 일이긴 하나 보람도 클 것이다.

마이더스의 손

그리스신화에 손만 닿으면 황금으로 변하는 "마이더스의 손"이 있듯이 플립러닝 전문가가 작업을 했다하면 명품 지식 콘텐츠가 쏟아져 나올 정도가 됐으면 좋겠다. 물론 이런 고급인력을 옆에 두려면 엄청난 대가를 지불해야 하겠지만 그만큼 이러닝 산업의 규모가 커지면 합당한 보상을 주저할 이유가 없을 것이다. 플립러닝 전문가가 만든 이러닝 콘텐츠가 대박도 터지고 개인과 조직의 행복한 변화에도 기여한다면 우린 그를 "마이더스의 손"이라고 칭송할 것이다. 플립러닝에도 이런 걸출한 인물들이 많이 나왔으면 좋겠다.

블루오션 창출

인간의 인지구조상 새로운 자극 요소가 주입될 때 학습효과가 높아지므로 지식습득에 있어서도 블루오션 창출은 항상 염두에 두어야 할 과제다. 블루오션 전략이 각광을 받기 시작한데는 지식정보화사회라는 시대적 흐름이 있기 때문에 가능했다. 교육 및 학습도 지식정보화의 거대한 물결을 거스를 수 없기에 학습자들에게 뭔가 새로운 것을 제공하지 못하면 눈길을 끌 수 없다.

 따라서 이러닝도 부단히 새로운 영역을 개발해 학습자들에게 서비스해야 살아남을 수 있으므로 플립러닝 전문가는 날마다 새로워진다는 각오로 임해야 할 것이다.

리더십도 키워야
 플립러닝의 특성상 여러 분야를 두루 섭렵해야하고 관련된 사람들과의 이해관계 또한 잘 조정해야하기에 플립러닝 전문가는 리더십 역량 또한 키워 나가야 한다. 따라서 시중에 나오는 리더십 관련 책을 읽고 요즘에 화두가 되는 리더십에 대한 공부도 곁들여 나가기를 바란다. 플립러닝 전문가는 관련된 사람들을 잘 다독거려 원하는 작업을 정해진 시간 내에 완수하는 능력을 보여줘야 하기 때문에 반드시 리더십을 갖고 있어야 한다. 사회의 발전단계상 지금은 지식의 통합조정능력이 리더십의 관건인 것처럼 플립러닝 전문가도 관련된 여러 분야의 경계를 넘나들며 새로운 이슈를 끊임없이 만들어 낼 줄 알아야 할 것이다.

커뮤니케이션 스킬 키우기
 사람간의 대화와 토론은 지식의 창출과 공유 및 확산에 있어 가장 기본이 되는 행위이다. 따라서 지식디자인을 잘하기 위해선 대화와 토론을 즐길 줄 알아야 할 것이다. 예전 그리스 철학자들이 지성을 쌓기 위하여 아크로폴리스에서 대화와 토론을 즐기듯 플립러닝 전문가들도 사람들과의 지적인 만남을 적극 활용해야 할 것이다. 많은 대화와 토론을 통해 커뮤니케이션 능력도 키워야 디자인의 질도 높일 수 있다. "일의 절반은 커뮤니케이션에 달려 있다."는 말처럼 지식산업 분야에서는 사람들 간의 커뮤니케이션 역량이 아주 중요한 역할을 한다. "말 한마디에 천 냥 빚을 갚는다."는 속담과 같이 순간순간 이해 관계자와 원활하게 소통해 소기의 성과를 올릴 수 있도록 대화의 기술을 잘 구사하도록 하자. 이게 말처럼 쉽진 않겠지만 끊임없이 노력하고 또 노력하는 수밖에 없다.

인식의 싸움

 지식습득은 두뇌의 인지활동 과정이므로 사람들에게 어떻게 인식되는가가 관건이다. 로렌츠(Konrad Lorenz) 박사의 각인효과(Imprinting Effect)가 말해주듯 처음 인식하는 것이 향후에도 큰 영향을 미치므로 지식산업 혹은 이러닝에도 첫인상은 똑같이 중요하다. 인간의 기억에 어떻게 오래 혹은 강하게 남아 있도록 하는 것이 관건인 만큼 교수설계 과정에서 이런 부분은 치열하게 고민해야 할 것이다.

 통상적으로 인간의 단기기억은 7개 단어 이상을 한꺼번에 기억하기 힘들다는 점과 감성적인 우뇌의 도움을 받을 때 훨씬 효과적으로 인지가 가능하다는 점 등 인지심리학적 요소를 충분히 감안해 교수설계를 하도록 하자. 사람의 단기기억은 통상적으로 20초 범위 내에서 유지 가능하고 그 다음에 새로운 자극이 들어오면 대체되거나 장기기억으로 옮겨가는 점 등 기억과 두뇌활동을 감안한 인식의 제반 여건을 충분히 지식설계에 담아 낼 수 있도록 하자.

 아울러 플립러닝 전문가는 사람들의 인식수준과 늘 호흡을 같이 해야 하므로 너무 앞서가도 안 되고 또한 뒤쳐지는 일이 없도록 부단히 노력해야 한다.

그림 그리기 훈련

 지식정보화시대에는 조화와 통합의 능력이 중요하다. 조화의 능력을 키우는데 있어 그림 그리는 것이 많은 도움이 된다고 하니 플립러닝 전문가는 수시로 그림 그리는 연습을 하면 정서순화에도 좋고 업무와도 관련되니 일거양득이다. 자기얼굴이든 가족 얼굴이든 다른 물건이든 짬나는 대로 종이 위에 그림을 그리는 연습을 해보자. 그림을 그리다 보면 사물의 관계도 자세히 살펴보게 되고 조화의 미덕도 익히게 된다니 잘 그리든 못 그리든 그림 그리기를 습관화시키도록 하자.

 이렇듯 그림 그리기는 자연스레 상상력 확대와 연결되니 종이 위에 그림 그리는 것과 아울러 수시로 상상의 날개를 펼쳐 인식의 지평을 넓히도록 두뇌 훈련을 해 나가는 것도 유익하다.

쉽게 설명할 수 있어야

지식 전달의 핵심은 학습자들에게 쉽게 전달할 수 있는데 맞춰져야 할 것이다. 아인슈타인이 어려운 과학이론도 할머니가 알아들을 수 있도록 쉽게 설명되어야 한다고 말한 것처럼 플립러닝 전문가는 자신이 충분히 알고 이를 학습자들에게 쉽게 전달할 수 있어야 한다. 자신도 잘 모르면서 면대면도 아닌 이러닝 콘텐츠로 지식을 전달한다는 것은 어불성설이다.

따라서 플립러닝 전문가는 어렵겠지만 충분히 학습내용을 이해하고 이를 학습자들에게 최대한 쉽게 전달할 수 있도록 설계를 해야 할 것이다. 쉽게 설명해 가족들도 알아들을 수 있게 했는지 항상 되물어 볼 일이다.

브랜드 구축 및 값어치 올리기

앞으로는 이러닝도 개인의 브랜드로 먹고 사는 시대가 올 것이다. 따라서 교수설계자도 패션디자이너처럼 자기 브랜드를 쌓아 가는데 투자를 게을리 하지 말아야 할 것이다. 개인적인 프로젝트 참가 실적도 꾸준히 쌓고 포트폴리오 관리도 잘하는 등 착실히 자신의 이름값을 높여 나가야 할 것이다. 직장인들이 자기 몸값인 연봉을 올리기 위해 노력하는 것도 일종의 브랜드 관리이므로 어디서 일하든 자기 이름 걸고 일하는 자세가 필요하다.

플립러닝 전문가로 자기 브랜드 값어치를 높여 나가는 것은 전체 이러닝 발전을 위해서도 아주 의미 있는 일이다. 개인 교수설계자의 브랜드 구축 노력이 전체 이러닝 콘텐츠의 질 향상으로 연결될 수 있기에 적극 권장할 만한 일이다. 물론 고급 플립러닝 전문가에게는 그에 합당한 대가도 지불될 것이다. 이러닝 매출 확대의 큰 공을 세웠기 때문에 보상은 지극히 당연하다. 플립러닝 전문가들의 브랜드 전략이 그래서 필요하다.

연결하고 조합하는데 관심을

생물학자 S. J. Singer는 인간의 뇌 구조와 관련해 '나는 연결되어 있다. 고로 존재한다.'라는 말을 했다. 뇌가 신경세포간의 연결로 작동하고 의식은 정신활동에 참여하는 회로가 대량으로 연결되어 있는 집합체의 움직임이라는 의미에서 '연결'의 중요성을 강조해 이런 말이 나왔다. 또한 연결로 인해 여러 가지 복잡 다양한 '조합'이 생성된다. 이처럼 세상은 복잡한 '연결과 조합'으로 움직인다고 해도 과언이 아니다. 따라서 플립러닝 전문가는 세상의 "연결과 조합"에 관심을 갖고 이를 바탕으로 새로운 그림을 그릴 줄 알아야 하겠다.

아울러 이러한 '연결과 조합'을 잘하기 위해 심리학, 사회학, 미학 등의 인문과학 기초지식도 풍부하게 쌓아 두면 더욱 시각이 넓어질 수 있을 것이다. 남보다 잘 연결하고 조합하면 성공할 수 있을 것이란 믿음을 갖고 오늘도 열심히 새로운 조합을 위해 이것저것 꿰맞추는 훈련을 거듭하길 바란다.

유연하게 대응하자

세상에 절대 진리란 그리 흔한 것이 아니다. 따라서 항상 유연하게 대응하는 자세가 필요하다. 교수설계 및 기획에 있어서도 유연성이 요구된다. 학습자의 요구 및 전반적인 학습 환경에 맞춰 유연하게 설계하는 것은 플립러닝 전문가의 커다란 덕목이라 하겠다. 패션이 유행에 따라 변하듯 학습자들의 지적욕구와 성향도 수시로 변하기에 능동적인 대응방식이 필요하다. 스토리텔링이든 동영상 강의방식이든 시기와 취향에 따라 교수설계방식도 탄력적으로 적용할 줄 알아야 할 것이다.

기존 교수자 중심의 일방향식 전달만 고집할 것이 아니라 학습자 환경에 맞춘 유연한 전략이 필요하다. 변화하는 시대에 민감하게 대응할 줄 아는 것은 플립러닝 전문가의 기본이다.

스타일 연출

 패션디자이너처럼 플립러닝에서의 지식디자인도 학습자들의 스타일을 감안해 교수설계 및 기획을 하여야 한다. 물론 본인의 독특한 스타일도 가미되면 더욱 좋음은 두말할 나위가 없다. 지금까지 교수 설계된 과정을 보면 차별화된 자기만의 스타일이 보이지 않는다. 그래서 플립러닝도 실명제를 도입해 콘텐츠마다 플립러닝 전문가의 이름을 넣게 하면 어떨까? 그렇게 되면 자기 이름값을 높이기 위해서라도 자연스레 질 관리가 될 듯싶다.

 요즘은 그 어느 때보다 개성이 강조되는 시기이기에 학습자의 요구에 맞춘 지식스타일을 제공하고 플립러닝 전문가 본인도 자기만의 매력을 풍길 수 있는 독특한 디자인 스타일을 가질 필요가 있다. 이러닝도 지식서비스 산업인 만큼 자신만의 매력으로 남과 다른 경쟁력을 키워 나가야 성공할 수 있을 것이다.

동기부여 잘하면 훨씬 수월

 공부는 어차피 학습자의 몫이 크다. 따라서 학습자가 스스로 공부할 수 있도록 만들어주면 큰 어려움 없이 소기의 성과를 달성할 수 있다. 플립러닝 전문가가 다른 건 좀 못해도 동기부여만 잘해도 결과적으로 성공한 이러닝이 될 수 있다. 그만큼 학습자의 참여가 중요하다는 반증이기도 하다. 플립러닝 전문가가 제공한 멋진 문구나 메시지하나가 학습자로 하여금 깊은 공감을 하게해 스스로 공부를 한다면 얼마나 보람 있는 일인가? 30초 TV광고 한편에 나온 CM송 하나라도 사람들의 심금을 울려 변화를 하게 만들었다면 그 또한 엄청난 학습효과를 올린 셈이다.

 플립러닝이 광고나 책과 다른 것은 일정한 학습내용을 가지고 지속적인 학습동기 부여가 이뤄져야하는 것으로 차별화된 전략이 가미되어야 한다. 통상적으로 Keller의 ARCS모델을 적용해서 교수설계를 하고 있으나 실상 이를 창조적으로 적용하기란 쉽지 않다. 따라서 비록 거창한 동기부여 이론을 적용하지 않더라도 바로 내 가족이나 친구가 자극되어 공부할 수 있는 내용을 하나 정도라도 넣어 기획을 하는 훈련이 필요하다.

수업을 디자인하라

인간의 뇌에는 도파민이라는 욕망자극 호르몬이 분비될 때 만족감이 높아진다고 한다. 인류 역사이래로 사람은 욕구충족을 위해 의식적 혹은 무의식적으로 움직인다고 한다. 따라서 플립러닝 전문가 또한 인간의 욕구충족을 위해 도파민 호르몬이 잘 분비될 수 있도록 지식을 효과적으로 디자인 할 때 크게 성공할 수 있을 것이다.

특히 매슬로우(A. H. Maslow)의 욕구 5단계(Maslow's hierarchy of Needs)11) 중 최상위에 있는 "자아실현 욕구"는 플립러닝 전문가가 가장 주목해야 할 것이다. 자기실현을 위해 혹은 지적욕구를 충족시키기 위해 인간은 잠재적으로 공부를 할 준비가 되어 있기에 플립러닝 전문가가 이를 잘 북돋워주기만 하면 절반의 성공을 한 셈이다. 처음 적절히 동기부여를 해줘 스스로 지식을 습득하게 하고 이후 적절한 평가와 피드백이 이뤄지도록 지적욕구를 잘 어루만져 주는 것이 플립러닝 전문가의 임무다.

만능 엔터테이너 되어 보기

플립러닝 전문가는 여러 가지 분야에 관심을 가지고 공부하는 자세가 필요하다. 때에 따라서는 교사가 되기도 하고 때에 따라서는 영화감독, 혹은 컨설턴트 등 상황에 따라 여러 가지 모습을 연출할 수 있는 능력을 지닐 때 플립러닝 전문가의 몸값을 높일 수 있을 것이다. 더구나 요즘은 통합논술 능력이 요구되는 시기이기에 '잡학다식' 또한 플립러닝 전문가의 주요한 덕목 중 하나이다. 쉽지는 않겠지만 여러 분야에 관심을 갖고 생각하는 자세가 몸에 베이면 플립러닝 전문가의 업무 처리 능력도 크게 향상될 것이다. 많이 알면 알수록 디자인을 잘 할 수 있기에 플립러닝 전문가는 다양한 세상사에 두루두루 관심을 가져 보길 권한다.

---

11) 생리의 욕구(Physiological), 안전의 욕구(Safety), 소속·애정의 욕구(Belonging/Love), 존경의 욕구(Esteem), 자아실현 욕구(Self-actualization)

지식추출능력

영화나 드라마에서 감독이 배우의 잠재력을 최대한 발휘토록 하는 것처럼 이러닝 콘텐츠 개발에서도 내용 전문가의 지식을 최대한 잘 추출해 내는 것이 플립러닝 전문가의 중요한 능력이기도 하다. 어차피 계약을 통해 내용전문가와의 일처리가 주요하게 이뤄지긴 하겠지만 여기에도 눈에 보이지 않는 미묘한 사람과의 관계가 큰 변수로 작용하기에 플립러닝 전문가가 이를 잘 리드해 나갈 줄 알아야 한다. 이런 노하우가 단숨에 만들어지기 어려우므로 시간이 오래 걸리겠지만 가능하면 플립러닝 전문가가 주도할 수 있도록 상황을 잘 연출해야 할 것이다.

이러닝의 장점을 최대한 살려 객체화된 콘텐츠만으로도 얼마든지 교육이 이뤄지게 하도록 플립러닝 전문가가 내용전문가로부터 가급적 많은 지식을 추출하는 것이 본연의 임무인지라 이에 따른 다양한 노하우를 터득하는 것도 플립러닝 전문가의 몫이다.

디자인 벤치마킹

플립러닝 전문가로 성공하고 싶다면 타 분야를 잘 보고 벤치마킹할 필요가 있다. 생뚱맞게 보일지 모르겠지만 루이뷔통 등 유명브랜드의 패션쇼를 잘 살펴 이러닝에도 적용할 수 있도록 사고의 지평을 넓혀 보자. 패션쇼나 전시회 등을 벤치마킹하면 시대적 감각을 배울 수 있다. 1년 뒤의 유행을 미리 내다보고 패션쇼를 준비하는 그들로부터 통찰력과 감성을 배울 필요가 있다. 패션디자인뿐만 아니라 인테리어 디자인, 건축 디자인, 게임 등 여타 분야의 디자인을 수시로 관심 있게 쳐다봐서 배울 것은 배우는 자세를 갖춰야 한다.

새로운 미래의 6가지 키워드

다니엘 핑크(Daniel. H. Pink)의 "새로운 미래가 온다.(A Whole New Mind)"라는 책은 플립러닝 전문가가 꼭 읽어 보면 좋겠다. 이 책에 언급된 6가지 키워드 "스토리, 디자인, 의미, 놀이, 공감, 조화"는 모두 새겨들을 만하다.

플립러닝 전문가는 디자인에 대한 기본 소양과 아울러 스토리와 의미, 놀이, 공감, 조화에 대해서도 깊은 이해와 실천을 게을리 하지 말아야 할 것이다.

미래는 이성과 감성의 조화, 물질과 정신의 통일, 남자와 여자의 공존 등 '다른 것과의 어울림'을 강조한 "조화"의 열쇠말이 핵심으로 될 것이다. 따라서 "조화"는 플립러닝 전문가가 꼭 간직해야 할 덕목이다.

지혜를 사랑하는 마음

플립러닝 전문가는 업무상 지식과 정보 처리에 대한 남다른 애정을 갖고 있어야 훨씬 재밌게 일을 할 수 있을 것이다. 지식으로 남을 행복하게 해주겠다는 거창한 철학은 차치하고라도 지혜를 통해 뭔가 이득을 보게 해줄 때 플립러닝 전문가의 역할이 더욱 빛이 난다.

딱딱한 공부하기를 좋아하는 사람은 별로 없겠지만 하루하루 생활 속에서 조금이나마 쓸모 있는 지식을 몸으로 배우는 것은 또 다른 즐거움일 것이다. 그렇게 배운 지혜가 빛을 발할 때 그 기쁨은 말로 표현할 수 없을 정도로 클 수 있으니 플립러닝 전문가는 학습자들에게 이런 가능성을 제공한다는 보람으로 이러닝을 하면 좋겠다. 지혜를 사랑하는 마음으로 학습자들에게 지적인 만족감을 충족시켜주는 플립러닝 전문가가 많이 나와 주길 바란다.

목적과 목표가 뚜렷해야

교수설계든 디자인이든 목적과 목표를 위해 이뤄지는 일이기에 '목적과 목표'를 정확히 설정하는 것이 지식디자인의 기본이다. 사전을 찾아보면 설계 혹은 디자인이 본디 "목적을 위한 의도된 활동"이기에 목적과 목표는 아무리 강조해도 지나치지 않을 것이다. 목적과 목표가 정해지면 전략과 전술이 나올 것이고 그에 따른 구체적인 방안 제시를 통해 지식을 습득하는 것이 곧 학습의 과정이다.

아울러 이러한 목적과 목표가 뚜렷하게 나타나도록 제목과 카피를 잘 선정해야 한다. 요즘은 특히 제목이 중요하므로 단어 하나하나 선택에 심혈을 기울여야 할 것이다. 인터넷 시대에 제목이 좋지 않으면 애초에 관심조차 끌 수 없는 게 현실이다. 목적과 목표에 맞는 적절한 제목과 부제의 선택, 이 또한 플립러닝 전문가의 몫이다.

유혹의 기술

학습자가 공부에 매진하도록 유혹을 잘하는 것도 플립러닝 전문가의 몫이다. 한마디로 플립러닝 전문가는 공부에 푹 빠지게 할 줄 알아야 한다는 것이다. 좋은 콘텐츠 개발 외에 사탕을 하나 더 주든지 칭찬을 해주든지 등 어떻게 해서라도 학습자가 공부를 하게 만드는 것은 플립러닝 전문가의 보이지 않는 능력이다. 로버트 그린(Robert Greene)의 책 "유혹의 기술(The Art of Seduction)"을 이러닝에 적용해 학습자를 잘 끌어들여 지속적으로 공부하게 만드는 능력을 발휘해보자.

지금은 UCC시대이고 하니 플립러닝 전문가 또한 학습자의 자발적인 참여를 높이는 데 더욱 신경을 많이 써야 할 것이다. 학습자를 유혹해 공부하게 만들어 결국 좋은 성과를 낫는다면 이 또한 보람이 아니겠는가? 상대방을 유혹하려면 연구를 많이 해야 하듯이 학습자가 무엇을 좋아하고 최근 무엇에 관심을 두는지 애정을 갖고 분석하는 것은 "유혹의 기술" 첫 번째 수칙일 것이다. 두 번째 세 번째 이어지는 다양한 기술은 이 글을 보는 플립러닝 전문가들과 함께 만들어 가보자.

히트작품 개발

플립러닝 전문가도 많은 사람이 알 만한 히트작품 하나 정도는 가지고 있어야 할 것이다. 그렇게 했을 때 인지도도 높아질 것이고 덩달아 몸값도 올라간다. "고기도 먹어 본 사람이 맛을 안다"는 말처럼 이러닝도 성공한 경험을 갖고 있는 사람이 훨씬 유리하다. 대박 영화나 베스트셀러 도서는 아니더라도 주위 사람들이 알 만한 성공사례를 하나씩 갖도록 하자. 물론 히트를 치기란 쉽지 않다. 수많은 실패와 좌절의 과정에서 성공의 달콤한 열매를 딸 수 있을 것이다. 플립러닝 전문가도 여러 번의 실패와 좌절을 딛고 히트상품을 개발하는 훈련을 부지런히 하자.

메모하고 글 쓰는 습관

그림을 잘 그리려면 우선 스케치를 잘해야 하는 것과 마찬가지로 플립러닝 전문가도 아이디어가 생각날 때마다 메모하는 습관을 길러 두면 좋다. 급한 대로 간단히 메모지에 남겨둬도 좋고 조금 여유가 있을 때는 컴퓨터나 노트에 짧게 짧게라도 글쓰기를 생활화하자. 사람의 기억력은 한계가 있기 때문에 순간순간 떠오른 생각을 메모해 두는 습관을 익히면 유익하다.

플립러닝 기획도 다를 바 없다. 걷거나 차를 타고 움직이거나 자기 전에도 아이디어가 떠오를 때면 언제든 메모할 준비를 갖춰두자. 언제 어떤 상황에서 백만 불짜리 아이디어가 떠오를 줄 모르니 수시로 메모하는 습관을 들이도록 하자. 수시로 떠오른 아이디어를 스케치하듯 메모하고 이를 살려 나간다면 다른 일에도 덩달아 좋은 일이 생길 것이다.

브랜드 관리

 플립러닝 전문가는 수요와 공급의 원리를 잘 파악할 뿐만 아니라 평소 자기 관리도 철저히 해서 자신의 몸값을 최대한 올려야 할 것이다. 유명 패션 디자이너처럼 자신의 이름이 곧 브랜드라는 생각으로 하나하나의 작품에 심혈을 기울이도록 하자. 이젠 교수설계자도 프리랜서로 많이 나서는 시대이니 만큼, 자신의 이름 걸고 프로젝트를 수행하고 냉정하게 평가 받는 풍토가 조성되고 있으니 현명한 플립러닝 전문가라면 이에 대한 준비도 서서히 해나가야 할 것이다.

 자신의 이름값을 높이려 하고 자기가 한 일에 책임지는 자세가 곧 브랜드 관리이니 교수설계자들이 자기가 개발한 콘텐츠에 이름을 넣어 빛을 낼 수 있도록 해줘야 한다.

무의식을 자극하자

 사람들은 의식적으로만 살지 않기에 플립러닝 전문가도 이러닝 콘텐츠 개발 시에 무의식을 자극하는 기술을 적극 활용해야 한다. 의식적으로 하는 데는 일정정도 한계가 있으니 무의식까지 총동원하기를 바란다. 그렇게 해서 '한번 보고 두 번보고 자꾸만 보고 싶네!'라는 말이 나올 정도로 끌리게 하자. 학습은 의식적으로만 한다는 고정관념을 버리고 무의식적으로 공부를 하게끔 지혜를 짜낼 때 성공가능성이 높다. 학습자가 무의식적으로 선호하는 색깔과 이미지, 키워드 등을 분석하여 콘텐츠 개발에 반영하면 공부에 훨씬 많은 도움이 될 것이다.

트렌드 파악

 패션 디자이너처럼 플립러닝 전문가도 유행에 민감해야 한다. 따라서 지식 및 교육 혹은 플립러닝의 최근 동향에 대해 남보다 잘 알고 있어야 할 것이다. 간단한 지식 트렌드는 신문과 방송을 잘만 봐도 충분히 알 수 있을 것이다. 그보다 좀 더 깊이 알고자 하면 책, 인터넷, 주간지, 경제연구소 사이트를 수시로 들러 보면 감이 온다. 한두 개 정도라도 좋아하는 매체를 골라 이를 통해 핫이슈 및 유행하는 키워드를 잘 감지토록 해야 할 것이다.

마음먹고 책 서평만 봐도 대충의 내용은 알 수 있다. 깊이 있게 연구하려면 책을 사보고 그렇지 않으면 간단한 내용은 인터넷으로도 얼마든지 트렌드를 파악할 수 있을 것이다.

 트렌드 파악은 퍼즐 맞추기 방식이 좋다고 존 나이스비트(John Naisbitt)는 그의 책 "마인드 세트(Mind Set)"에서 강조한다. 즉, 조각조각 트렌드와 관련된 지식과 정보를 잘 맞춰 퍼즐을 구성한다는 생각으로 흐름을 읽어 내기를 권하고 있다.

컨설턴트가 되자

 플립러닝 전문가는 이러닝 분야의 컨설팅 능력까지 갖출 때 더욱 힘이 실릴 수 있다. 따라서 다양한 현장경험을 바탕으로 클라이언트의 이러닝 도입과 콘텐츠 구축 및 운영을 위한 컨설팅까지 해 줄 수 있을 정도의 능력을 키우도록 하자. 어떤 분야이든지 컨설팅할 능력이 되려면 평균 10년 정도의 경력을 갖춰야 한다고 하니 플립러닝 전문가 또한 제대로 컨설팅 하려면 10년 경력에 상응하는 노하우와 이러닝 지식을 갖춰야 할 것이다. 그러자면 공부를 많이 하는 것은 기본이고 전문가로 인정받을 만한 공적도 꾸준히 쌓아 나가도록 하자.

 오랜 경험과 노하우 및 지식이 최고의 자산임은 아무리 강조해도 지나치지 않는다. 컨설턴트 중에서도 석·박사 학위를 받아두면 더욱 좋고 관련 분야 자격증도 소지하면 훨씬 유리할 것이다. 해당분야 지식과 정보를 모아 책을 한권씩 발행하는 것도 전문성을 인정받는데 큰 도움이 된다. 특히 플립러닝 전문가는 업무 특성상 지식생태계를 구축하고 원활한 운영을 지원하는 컨설턴트가 된다면 몸값을 더욱 높일 수 있을 것이다.

지능적인 학습이 이뤄지도록

 이러닝 콘텐츠 개발도 이젠 지능적이어야 한다. 막무가내씩 주입형 지식전달이 아니라 학습자의 두뇌 인지 역량을 감안한 지능형 지식서비스가 되도록 콘텐츠 개발도 이뤄져야 할 것이다. 특히 사회 전반적으로 개인화 추세인 만큼 학습에 있어서도 개인별 맞춤형 서비스가 제공될 수 있도록 최대한 배려토록 하자.

 요즘은 하나의 메시지를 전달할 경우에도 세련되고 은유적인 표현을 많이 사용해 학습효과를 높일 수 있도록 세심하게 신경을 쓰는 등 공을 많이 들여야 하는 시대이니 교수설계에도 이런 점이 감안돼야 한다.

감사하는 마음

교수설계과정에서 플립러닝 전문가는 여러 사람들과 함께 작업을 해야 하기 때문에 항상 겸손하고 감사하는 마음을 가져야 한다. 그래야만 이해관계자를 잘 다독거려 일을 무사히 처리해 낼 수 있다. 독불장군으로 일처리하려다간 망치기 일쑤다. 동학사상의 '인내천(人乃天)'에서 말하는 것처럼 사람들은 저마다 독창적인 자기 세계를 가지고 있으므로 플립러닝 전문가는 이를 존중하고 아껴주는 자세가 필요하다.

그래서 항상 자기를 도와주고 혹은 앞으로 도와줄 사람한테 '감사하는 마음'을 가지고 지내기를 바란다. '감사하는 마음'은 사람들과의 관계에서 긍정적인 에너지를 분출하게 한다. 그러므로 유능한 플립러닝 전문가라면 주위 사람들에게 사소한 일 하나에도 고마워하고 감사하는 마음으로 일한다면 훨씬 더 생산성이 높아질 것이다.

과학적 접근 필요

플립러닝은 새로운 교육패러다임 창출을 위해서도 이성적인 측면을 감안해야 하기 때문에 항상 "왜?"라는 의문을 갖고 분석하는 습관이 필요하다. 또한, 실용성을 지녀야하기에 너무 이론에 치우쳐 말장난에 그쳐서는 안 되고 감성적인 측면을 고려하되 일회성으로 끝나지 않게 하기 위해 끊임없이 "왜?"라는 질문을 던지며 교육과정 설계가 이뤄져야 할 것이다.

인터넷과 학습관리 시스템을 활용하여 학습자들의 참여도 및 진도율, 만족도 등을 지속적으로 체크하고 더 나은 서비스를 제공하기 위해 부단히 노력하여야 한다. 교육의 특성상 반복학습이 중요하기에 효과적인 반복 수업을 위한 IT프로그램을 도입하는 것도 필요하다.

특히 학습고객관리 측면에서라도 CRM(Customer Relationship Management), SOA(Service On Architecture), 데이터 마이닝(Data Mining)과 빅 데이터(Big Data) 기술 등도 적극 활용하여야 할 것이다. 유능한 플립러닝 전문가라면 이런 첨단 정보통신기술의 개념 정도는 알고 있어야 하며 이를 현실적으로 이러닝에 어떻게 적용할지 끊임없이 고민해야 한다.

 요즘은 마음만 먹으면 상상한 것이 현실화되는 과학기술시대이프로 각종 매체를 적절히 활용해 지식서비스 경쟁력 향상에 기여할 수 있도록 온갖 지혜를 다 모아야 하겠다. 국가적인 차원에서 "서비스의 과학화"를 부르짖기까지 하니 이러닝 서비스도 이런 추세에 발맞추도록 하자.

심리학 공부도 많이 해야
 이러닝의 여러 인접학문 중 가장 연관성이 높은 것은 심리학이라는 얘기를 종종 듣곤 한다. 학습은 고도의 두뇌작용 및 인지활동의 산물이므로 심리학에 관심을 갖게 되는 것은 어쩌면 당연한 이치일 것이다.

 따라서 플립러닝 전문가 또한 고차원 단계에 이르기 위해선 심리학적 지식도 많이 쌓아 두어야 할 것이다. 특히 요즘에는 심리학이 인지과학과 연관된 두뇌활동 연구 단계에까지 진화하고 있으므로 틈틈이 이쪽 분야 지식도 공부를 해 둬야 한다.

 지식기반 사회에서는 인간의 심리기제가 점점 중요한 변수로 작용하기에 이에 대한 관심과 연구 정도가 성공의 관건이 되므로 이러닝도 심리학과 더욱 친해져야 할 것이다.

지식생태계의 주역
 한양대학교 유영만 교수는 '지식의 창출과 유통이 자연의 생태계처럼 조성되어야 한다.'며 지식생태계의 중요성을 강조해왔다. 한때 지식경영이 크게 유행했으나 차츰 생명력을 잃고 있어 자발적이고 창의적인 지식생태계가 실제 조직에서 더욱 의미가 있을 것이라는 점에서 유영만 교수의 주장은 충분히 설득력이 있어 보인다.
 이렇듯 각급 조직의 지식생태계 구축에 있어 핵심적인 역할을 하는 사람이 바로 플립러닝 전문가일 것이다.

유영만 교수는 '지식생태계의 정원사 역할을 플립러닝 전문가가 해야 한다.'고 말한 바, 향후 플립러닝 전문가의 역할이 점차 커질 것으로 기대된다. 이제는 특정인이 지식을 생산하고 유통하는 단계에서 벗어나 누구나 언제 어디서나 자유롭게 지식을 창출하고 소비하는 "지식생태계" 속에 사는 시대이므로 이를 잘 조정하고 편집하는 플립러닝 전문가가 주역으로 부상할 것이라는 유영만 교수의 지적이 현실화되고 있다. 따라서 플립러닝 전문가가 제 역할을 다할 수 있도록 지식생태계의 구성원들이 더욱 힘을 실어 줘야 할 것이다.

---

* 플립러닝 성공을 위한 생활수칙 10계명 *

1. 경험이 안주인이다.
2. 생각의 물구나무를 서라.
3. 미쳐야 미친다.
4. 깊게 파면서 동시에 넓게 확장하라.
5. 두 가지 이상을 융복합시켜라.
6. 욕망을 디자인하면 꿈이 실현 된다.
7. 대상에 대한 관심과 애정으로 열정을 북돋우라.
8. 이성은 감성에 봉사하기 위해 태어난 것이다. 감성을 중시하라.
9. 생각하지 말고 상상하라.
10. 문제의식에 집요함을 더해라.

<"이러닝 최적화 세미나" 한양대 유영만 교수 발표자료 중에서>

* 세계적인 광고회사 덴츠(電通,Dentsu)社의 디자이너 용맹 10원칙 *

1. 일은 스스로 만든다. 결코 주어지는 것이 아니다.
2. 선수를 쳐라. 결코 수동적으로 일하지 마라.
3. 큰일을 저질러라. 작은 일은 자신을 작게 만든다.
4. 어려운 일을 하라. 그것을 해내야만 진전이 있다.
5. 시작하면 물러서지 마라. 완수하기까지 결코 포기해서는 안 된다.
6. 사람을 이끌어라. 이끄는 것과 이끌리는 것은 엄청난 차이가 있다.
7. 계획을 세우라. 계획은 인내와 지혜, 노력과 희망을 낳는다.
8. 자신을 가져라. 자신 없이는 박력도 끈기도 깊이도 없다.
9. 항상 다양한 면에 관심을 갖고 빈틈을 보이지 마라
10. 마찰을 두려워 말라. 마찰은 진보의 어머니요, 적극성의 비료다.
    이를 이기지 못할 때 비굴하고 미련한 사람이 된다.

* 지식요리법 *

 목적의식 두 스푼을 수집된 자료(Data)에 집어넣어서 따뜻한 관심과 애정의 물을 붓고 문제의식 한 스푼을 집어넣어 구조화된 정보(Information)를 만들고 다시 여기에 집요함 두 숟갈을 집어넣어 반죽을 한 다음 고통체험과 깨달음의 양념을 추가시켜 지식(Knowledge)을 만든다.

 이렇게 탄생한 지식을 커다란 용기 한 그릇과 열정과 헌신이라는 불꽃으로 끓인 다음 사랑과 옮음이라는 촉매제를 집어넣어서 육감과 혜안을 가져오는 지혜(Wisdom)를 잉태시킨다. 여기서 플립러닝 전문가는 지식을 맛있게 만드는 요리사다.

<"이러닝 최적화 세미나" 한양대 유영만 교수 발표자료 중에서>

플립러닝으로 "행복한 변화" 추구

 많은 사람들이 "행복"을 인생 최고의 목적으로 생각하곤 한다. "행복"이란 개인적으로 느끼는 "만족과 기쁨"으로 정의될 수 있는데, 학습 또한 행복을 추구하고자 하는 인간의 기본적인 욕망에 부합할 때 그 가치가 높아질 수 있다. 행복이 너무 개인적이고 추상적이라고 평가절하 할 수도 있겠지만 궁극적으로 개인의 행복추구 혹은 적절한 보상이 이뤄질 때 적극적인 참여가 이뤄질 수 있다.

 따라서 플립러닝으로 행복추구에 기여하기 위해서라도 철저하게 학습자의 인지 과학적 만족감을 높이는 쪽으로 기획하고 설계가 이뤄져야 할 것이다. 미국의 자기계발 전문가 존 템플턴(John Templeton)은 그의 책 "행복한 변화로 이끄는 삶의 기관차, 열정(Discovering the laws of life)"에서 '인생은 변화 그 자체이고 변화하는 것이 바로 인생'이라며 어차피 변할 인생이라면 행복하게 변화를 받아들이고 또한 변화를 즐기라고 충고했다.

일을 즐겨라
 '천재는 노력하는 사람을 이기기 힘들고 노력하는 사람은 즐기는 사람을 이기기 어렵다.'는 말처럼 지식디자인에서도 이 직업을 좋아하고 천직으로 여기는 사람을 당해낼 재간이 없다. 디자인을 즐기고 디자인과 놀고 디자인을 꿈꿀 정도면 플립러닝 전문가로서의 자격이 충분하다. 일상생활 속에서 사소한 이슈라도 지식으로 가공하고 편집하고 재구성하는 것이 즐거운 놀이의 일부가 될 수 있도록 지식디자인을 늘 가까이 있게 하면 언젠가는 성공할 수 있을 것이다. 누군가가 말했다. '아무 이유 없이 그냥 즐겨라! 그러면 복이 올 것이다.'

지식여행

 틈나는 대로 특정 주제에 대해 생각해보고 해당 분야 책을 읽고 관련 자료를 찾아 웹서핑도 하고 신문스크랩도 해보고 전문가와 대화를 나누기도 하고 때에 따라선 직접 방문해 눈으로 살펴보고 체험도 해보는 등 자유롭게 지식여행을 떠나자. 그러다보면 어느새 해당 이슈를 이해하게 되고 아울러 '알면 사랑하게 되고 사랑하면 실천에 옮기는 선순환'의 흐름을 탈 수 있다.

 가벼운 마음으로 지식여행을 떠나는 훈련을 해보자. 흥겨운 콧노래를 부르며 지식여행 계획도 세우면서 기다리고 준비하는 즐거움을 만끽하자. 그러다보면 가랑비에 옷이 젖듯 자연스레 전문가가 돼있을 것이다.

 여유가 되면 아니 지식여행의 여운이 진하게 남으면 그 감동을 글로 써보고 그게 많이 모이면 책으로도 만들어 보자. 그렇게 해서 전문가로 인정을 받으면 세미나 발표도 해보고 나중에 대학 강단에도 서 볼 기회가 생길 것이다. 지식여행으로 이처럼 달콤한 열매를 맺을 수 있다면 이 또한 행복이 아니겠는가?

학습자는 지식탐험을 하게끔

 학습자가 즐거운 마음으로 지식탐험을 다닐 수 있게끔 유도해야 학습의 효과 또한 클 것이다. 왜냐하면 학습자는 뚜렷한 목적의식을 가지고 필요에 따라 움직이는 경향이 농후하기 때문에 함께 여행을 떠나는 것보다 탐험이 훨씬 호소력이 강하다. 학습자들은 명쾌하게 '놀 때 놀고 일할 때 일하기'를 오히려 좋아하기에 도전의식을 갖고 탐험하는 쪽을 택하는 것이 현실적이다. 학습자들은 '비타민보다 아스피린'을 원하기 때문에 그들의 이해와 요구에 맞춰 탐험을 잘 설계해줘야 할 것이다.

 반면 학습자의 연령대별로 기호와 심리상태를 잘 파악해 그들이 원하는 방향을 담아낼 수 있도록 끊임없이 연구를 거듭해야 할 것이다. 특히 급변하는 디지털환경에서 학습자의 인지적 변화가 그 어느 때보다 큰 만큼 학습자들의 현재적 욕구와 심리상태를 수시로 파악해 유연하게 대처할 수 있어야 한다. 이를 위해서 수시로 학습자들과의 인터뷰 및 편안한 대화를 가져야 함은 기본이다.

* 지식의 속성 *

앨빈 토플러(Alvin Toffler) "부의 미래(Revolutionary Wealth)"

플립러닝 전문가는 이 같은 지식의 속성을 잘 활용할 줄 알아야 할 것이다.

1. 지식은 비경쟁적이다.

    지식은 수백만 명이 사용하더라도 감소되지 않으며 수많은 사람이 똑같이 사용할 수 있다.

2. 지식은 형태가 없다.

    손으로 만지거나 잡을 수 없다. 다만 조정할 수 있다.

3. 지식은 직선적이지 않다.

    작은 통찰력 하나로 거대한 결과를 낳을 수 있다.

4. 지식은 관계적이다.

    개별적인 지식의 조각은 문맥을 제공하는 다른 조각들과 관계를 맺을 때 비로소 의미를 갖는다.

5. 지식은 다른 지식과 어우러진다.

    지식이 많을수록 보다 무차별적인 혼합이 가능하고 무수히 많은 쓸모 있는 결합을 할 수 있다.

6. 지식은 어떤 상품보다 이동이 편리하다.

    0과 1이라는 디지털 데이터로 변환되면 세계 어디나 자유롭게 이동이 가능하다.

7. 지식은 상징이나 추상적인 개념으로 압축할 수 있다.

    언어라는 형태로 다양한 변형이 가능하다.

8. 지식은 점점 더 작은 공간에 저장할 수 있다.

    디지털 저장기술의 발달로 메모리 용량을 비약적으로 늘림과 아울러 더욱 줄어든 공간에 담는 것이 가능하다.

9. 지식은 명시적일 수도 있고 암시적일 수도 있다.

    지식은 무한대로 표현가능하고 타인과 공유할 수도 있고 아닐 수도 있다.
    하지만 다른 물건은 마음속에 담을 수 있다.

10. 지식은 밀봉하기 어렵다.

    따라서 무한대로 펴져 나갈 수 있다.

광고에서 배운다

 학습용 콘텐츠 개발에 대한 아이디어를 TV광고에서 얻는다는 이야기를 종종 듣는다. 광고를 통해 제품에 호감을 갖도록 만든다는 점에서 이러닝 또한 학습자들의 동기유발을 촉진하는 흡인력을 광고에서 배운다는 의미일 것이다.

 가장 먼저 학습 수요자들이 이러닝에 끌리게끔 매력을 느껴야 공부를 시작하게 되므로 플립러닝 전문가는 수시로 광고를 벤치마킹해야 할 것이다. 특히 메시지가 강한 캠페인 광고나 정치 광고 등은 이러닝 쪽에서 유심히 봐야할 대목이다. 다른 것도 마찬가지겠지만 광고에서 배우는 자세가 필요하다.
(참고로 EBS의 지식채널 광고는 이러닝 종사자 특히 플립러닝 전문가들이 꼭 한 번씩 볼만하다고 한양대학교 유영만 교수가 추천한다.)

공부가 일

 플립러닝 전문가는 "배우고 익히는 것"이 일이라 생각하고 늘 새로운 것을 학습하는 자세가 필요하다. 학습자 입장에서 어떻게 하면 공부에 흥미를 갖게 되는지 알려면 평소에 꾸준히 공부하는 훈련을 쌓는 것이 지름길일 것이다.

 유아, 청소년부터 성인에 이르기까지 다양한 연령대를 오가며 어떤 공부가 필요하고 또 어떤 방법으로 공부하는 것이 좋은지 제대로 이해하려면 몸소 체험하는 것이 가장 효과적인 방법이다. 학습자들의 생애주기와 그들의 애환을 가장 잘 알아야 좋은 이러닝 디자인이 나오는 건 당연한 일이다.

따라서 책과 각종 강좌는 항상 옆에 끼고 사는 것을 플립러닝 전문가의 운명쯤으로 여겨야 할 것이다.

무용지식 버리기

 앨빈 토플러(Alvin Toffler)는 그의 책 "부의 미래(Revolutionary Wealth)"에서 쓸데없는 낡은 지식을 과감히 버릴 것을 주장했다. 지식정보의 홍수 속에 쓰레기 같은 지식(Obsoledge)이 넘쳐나고 있어 미래의 발전에 걸림돌이 된다며 쓸모없는 지식을 용기 있게 버리라고 말했다.

 쓸모없는 지식을 걸러내는 능력이 미래의 부를 창조하는데 있어 중요한 역할을 할 것이라고 하니 이제는 불필요한 무용지식을 버리는 능력 또한 경쟁력으로 작용할 것으로 보인다. 지식과잉에 의한 정보혼란은 결국 지식부재와 다를 것 없으니 "비우고 버리는 훈련" 또한 게을리 하지 말아야 한다. 플립러닝 전문가 또한 그동안 쌓여 있는 관행이나 낡은 생각을 수시로 버리고 새 지식을 받아들일 준비를 갖춰 놓아야 할 것이다.

관심법

 '관심을 갖고 보면 세상이 달리 보인다.'는 말처럼 플립러닝 전문가는 연구할 대상에 대해 깊은 관심과 애정을 갖고 대해야 할 것이다. 대충했다가는 안 하니만 못하니 사전에 충분한 검토가 있어야 한다. 이성적인 판단을 내린 뒤 실천하는 것도 좋겠지만 요즘은 감성시대인 만큼 차가운 이성과 함께 마음이 동반될 때 더욱 효과가 커다.

 누군가 말했듯이 어떤 일을 하기 전 조용히 가슴에 손을 얹어 심장이 뛰는지 확인하고 결정하는 자세가 필요하다. 즉, 단순한 호기심 차원을 뛰어 넘어 몸과 마음이 함께 움직이게끔 관심을 쏟을 정도가 되어야 한다는 이야기다.

Real World처럼

 실감나고 현장감 있는 학습이 진행될 때 몰입의 효과가 크다고 한다. 이는 사이버 세계, 가상의 공간에서도 똑같이 적용된다. 현실과 유사하게 사이버세계가 연출될 때 사람들은 더욱 호감을 갖게 된다. 미국에서 큰 인기를 끌고 있는 "Second Life"도 마찬가지다. 현실을 박진감 있게 묘사할 때 사람들은 공감한다. 하워드 가드너(Howard Gardner)의 "Changing Mind"라는 책에서도 변화의 7가지 지렛대 중 하나로 "Real World"를 강조한 것처럼 현실세계와 연계하거나 혹은 현실처럼 생동감 있게 서비스를 제공할 수 있어야 학습자들의 만족도를 높일 수 있을 것이다.

자기계발 가이드(1)

플립러닝 전문가는 누구보다 자기 계발을 몸소 실천하고 또한 끊임없는 변화 발전으로 항상 신선한 아이디어를 분출하기 위해 노력해야 할 것이다. 그래서 자기계발에 대한 여러 가지 내용을 다루고자 하니 자신에게 맞는 것을 골라 고루고루 섭취하길 바란다.

1. 걷기

오래 지식디자인을 하고자 한다면 "걸으면서 상상하고 대화하고 디자인 하는 습관"을 기르도록 하자. SBS스페셜 "걷기 대혁명" 방송에서 '걷는 것이 인간의 생존에 가장 유익한 건강 프로그램'이라 말하며 걷기로 생각하는 능력의 심화, 인생의 조망, 건강 회복 등 긍정적인 여러 사례를 소개했다.

이런 영향을 받아 그런지 사무실이 밀집한 여의도에는 공원과 한강변을 중심으로 점심시간을 이용해 산책하는 사람들이 부쩍 늘었다. 회사 임원진끼리 걸으면서 자연스럽게 회의하는 모습도 보이고 동료들과 담소를 나누며 산책하거나 혼자서 사색을 즐기며 걷는 사람, 건강을 위해 속보로 전신을 움직이며 걷는 사람 등 실로 다양한 걷기 행사가 이뤄진다.

2. 자기계발비용

"나는 1년에 얼마정도를 자기계발을 위해 투자하고 있는가?" 이런 질문을 스스로에게 한 번씩 던져 보면 과연 미래를 위한 투자가 어느 정도인지 파악해볼 수 있을 것이다

설문조사에서 직장인들의 자기계발 비용은 한 달 평균 10~20만원 사이가 가장 많았다. 기초생활비로 허리가 휘긴 하겠지만 미래를 위한 준비의 일환으로 자기계발 비용은 과감히 투자할 수 있어야 할 것이다.

비용도 비용이거니와 요즘은 무료가 많으니 자기계발을 위한 관심과 '시간투자'가 무엇보다 중요하다. 하루가 1,140분이라고 하니 자기계발을 위한 '시간투자'가 얼마나 되는지도 짚어 보기 바란다.

3. 직장인의 자기 계발 10계명

1. 저질러라	6. 눈에 보이는 멘토를 찾아라
2. 시작은 책부터	7. 지갑보다 두터운 인맥을 만들어라
3. 자투리 시간을 활용하라	8. 주말에 제대로 쉬어라
4. 세미나나 강연회를 활용하라	9. 수첩을 사랑하라
5. 다시 캠퍼스를 찾아라	10. 미래를 꿈꿔라

<출처: 휴넷 커뮤니티>

4. 자기계발 책 읽기

'배려', '용기', '마시멜로 이야기', '핑', '펄떡이는 물고기처럼' 등 스토리가 있는 자기계발 책 읽기도 권장할 만하다. 플립러닝 전문가의 자기계발이기에 딱딱한 책보다 스토리텔링이 가미된 책이 훨씬 도움이 될 것이다. 또한 '열정', '아침형 인간', '긍정의 힘' 등 '메시지 북' 읽기도 좋다. 수시로 교보문고나 YES24 같은 대형서점이나 온라인서점을 들러 자기계발 도서를 쇼핑해보기 바란다. 이외에도 마케팅, 심리학 관련 서적 등도 플립러닝 전문가를 위한 자기계발 도서로 활용할 만하다.

5. 자기계발 1순위는?

많은 사람들이 자기계발 1순위를 꼽으라면 흔히 영어를 꼽곤 하는데, 본인은 어떤지 곰곰이 되짚어 볼 일이다. 남들이 영어한다고 굳이 따라 할 필요는 없겠지만 대세가 그러니 고려해 봄직하고 영어 외에도 일본어, 중국어 등 외국어 1~2개는 해두는 것도 좋을 법하다. 플립러닝 전문가의 경우 외국어 외에도 지적인 감각을 키우기 위해 관련 분야 세미나나 이러닝 강좌를 정기적으로 듣는 것도 아주 유익할 것이다.

6. CEO의 자기계발 의식 참고

플립러닝 전문가의 자기계발을 하는 데 있어 기업체 CEO들의 자기계발 인식조사 결과가 참고가 될 것 같아 소개한다.

한국능률협회가 조사한 자료에 의하면 국내 500대기업 CEO 110명을 상대로 한 설문조사에서 응답자의 94%가 '자기계발을 하고 있다'고 답했다.

또한 자기계발에 활용하는 시간은 '업무 중 틈틈이'라는 응답이 28%로 가장 많았고, '퇴근 후 저녁시간'(23%), '출근 전 새벽시간'(21%) 등의 순으로 나타났다. 자기계발 빈도는 '주 3~4회'(40%), '주 1~2회'(31%), '거의 매일'(27%) 등으로 집계됐다고 한다.

자기계발 분야는 '경영지식'(40%), '전문지식'(24%), '교양'(17%), '외국어'(15%) 등으로 조사됐고 가장 선호하는 자기계발 방법으로는 '독서'(38%), '경영자 조찬 모임이나 커뮤니티 활동'(18%), 'CEO 정규 교육과정'(14%) 순이었다고 한다.

또한 자기계발에 노력하는 목적은 '경영자로서 리더십 발휘'(32%), '지식습득'(23%), '업계트렌드 파악'(21%), '미래준비'(19%) 등이 꼽혔다.

디자인 프로세스 연구

미디어디자인 전문가 우세철 박사는 "지식도 이해하기 쉽게 전달되기 위해서는 디자인 프로세스를 밟을 필요가 있다."며 플립러닝 전문가의 역할에 큰 관심을 보였다. 또한 그는 "인간의 뇌 구조상 그림으로 인식되고 기억되는 것이 훨씬 효과가 높다."며 그림과 디자인을 지식유통 및 교육에 적극 활용할 것을 강조했다. 디자인 프로세스를 익히기 위해 우세철 박사는 "어릴 적 했던 것처럼 잘 그리든 못 그리든 손으로 쓱쓱 스케치하듯 그림을 그리는 훈련을 자주 하고 미술이나 영화 등 영상 예술을 자주 접하라."고 주문했다.

기존에 문자 위주로 이해하고 소통하던 방식에서 그림과 이미지 중심으로 의사소통하는 법을 익히는데 중요한 암시가 될 듯하다. 인간이 언어를 배우기 이전부터 눈짓 몸짓으로 먼저 소통하려 했던 것도 그렇고 성장하고 나서도 문자화된 글보다 말과 이미지 그리고 오감을 통한 커뮤니케이션에 더욱 많이 공감함을 알 수 있다. 따라서 유능한 플립러닝 전문가가 되고 싶다면 앞으로 "그림으로 이해하고 그림으로 표현"하는 것을 몸소 익히길 바란다.

혁신 또 혁신

한양대학교 유영만 교수는 그의 책 "길거리 학습특강"에서 '학습은 밭 갈기'라며 수시로 새롭게 지식을 갈아엎어야 기억 속에 오래 남는다며 끊임없는 혁신을 강조했다. 사람의 뇌인지 구조상 새로운 것을 보고 느낄 때 학습효과가 있기에 플립러닝 전문가 또한 부단히 새로움을 추구해야 할 것이다. 플립러닝 전문가는 아침에 눈을 뜰 때마다 "오늘 하루도 새롭게"라는 주문을 외우고 새로운 나날을 끊임없이 디자인 해나가면 삶도 재미있을테고 현재 '하는 일'도 더욱 잘 하지 않겠는가? 변화와 혁신은 밭 갈기처럼 인간을 풍요롭게 할 뿐만 아니라 학습에도 큰 영향을 미친다.

따라서 플립러닝 전문가는 즐거운 마음으로 '밭 갈기'와 같은 혁신을 계속 해 나가고 그 밭에서 일군 성과물을 학습자들에게 나눠주는 기쁨을 누릴 줄 알아야 할 것이다.

맥킨지(McKinsey)식 문제해결법을 익히자!

플립러닝 전문가는 어떤 문제든 직접 나서서 풀고자 하는 문제 '해결사'의 자세가 필요하다. "맥킨지 문제해결의 기술(Problem Solving Approach)"에 나온 다섯 가지 기본 사항을 참고 바란다.

1. 문제가 무엇인지 파악부터 한다.
우선 '문제가 무엇인가?'에 대해 정확히 알아야 한다. 어떤 일이든지 해결을 하기 위해서는 문제가 무엇인지 파악하는 것이 기본이다. 또한 모든 문제를 대할 때는 무엇이든지 세부적인 것에서 파고 들어가는 것이 아니라 전체를 이해하는 것이 매우 중요하다. 전체를 머릿속에 그린 뒤에 세부적인 것으로 나아가는 것이 이해하기 쉽기 때문이다.

2. 문제를 둘러싸고 있는 환경을 이해하는 것이다.
이것은 문제 해결을 위해서 무엇을 알아야 하는가를 의미한다. 확실하게 분석하는 방법을 배우지 못한 사람들에게는 자신이 알고 싶은 것을 처음부터 조사하려는 경우가 많다. 그러나 그렇게 해서는 문제가 쉽게 해결되지 않는다. 따라서 문제를 해결하려면 '~을 알아야 ~이 이해된다'거나, 혹은 '큰 것(전체)에서 작은 것(세부)으로 내려가면서 어떤 것들을 생각하면 되는가'와 같은 사고의 프로세스와 방법을 터득해야 할 것이다.

3. 효과적인 정보 수집 방법을 배워야 한다.
요컨대 정보를 수집하려면 어떻게 해야 하는가에 관한 방법론의 문제이다. 딱히 정해진 방법은 없겠지만 주어진 상황에 맞게 교수설계 및 기획, 혹은 컨설팅을 위해 효과적으로 정보를 수집하는 방법을 개발하도록 하자.

4. 데이터를 차트화 하는 것이다.
이것은 단지 데이터를 차트로 만들어 멋있게 보이려는 것만이 아니라 차트화를 통해서 생각을 정리한다는 점을 배우기 바란다. 요컨대 비주얼화 함으로써 이해를 도울 수 있다는 것이다.

5. 프레임워크를 완벽하게 구사하는 것이다.
프레임워크를 번역하면 '틀'이다. 지식정보가 넘쳐나는 요즘 시기에는 수집된 정보와 데이터가 너무 많아서, 혹은 그 가운데서 찾아낸 것이 너무나 막연해서 의미를 파악하기 어려운 상황이 자주 발생한다. 그럴 경우에는 어떤 방법으로 이해를 진전시키면 좋을까? 해결책은 상자에 집어넣는 것, 즉 틀을 만들어서 그것에 적용시키면 유용하다.

또한 이 책에는 "문제 해결 기술"을 익히기 위해 필수적인 3가지 원칙을 제시하고 있다. 첫째, 모든 문제는 해결이 가능하다는 신념을 가져야 한다. 둘째, 항상 'What, If?', 즉 상황이 이렇게 된다면 어떻게 해야 할까? 라는 질문을 던져야 한다. 셋째, 본질적인 원인과 나타난 현상을 혼동해서는 안 된다 등의 원칙을 강조하고 있으니 유념해 두길 바란다.

살롱 화법

 조선일보 조용헌 살롱 칼럼에 원만한 대인관계를 위한 "살롱 화법(話法)"이 소개된 바, 플립러닝 전문가가 익혀 두면 도움이 될 것 같아 옮겨 적는다. "살롱 화법"은 다음과 같다.

 첫째, 공통분모를 찾아내라. 다른 사람과 이야기 나누려면 공통분모가 되는 화제가 무엇보다 중요하다. 또한 이야기 도중에 곁가지로 흐르는 것을 주의하라.

 둘째, 상대방의 자존심을 건드리면 폭발하니 조심하라. 실수로 자존심을 건드렸으면 빨리 시인하고 사과하는 것이 중요하다. 선진국에 예방의학이 발달하였듯이 초기 대응이 중요하다. 대화에서도 마찬가지로 적용된다. 자기가 실수하였다고 판단되면 얼른 "그 말 잘못했다. 내가 실수한 것 같다!"고 말을 해야 한다. 이게 늦어지면 나중에 문제가 더욱 커진다.

 셋째, 상대방의 장점을 자주 인정해 주어야 한다. "당신은 그 점이 참 대단해! 어떻게 그처럼 대단한 일을 할 수가 있어!"라고 두세 번씩 반복한다. 이를 일명 '고무찬양 화법'이라고 한다. 고무찬양 화법에 휘말리고 나서 기분 나쁜 사람은 없다.

 넷째, 유머. 유머는 대화의 윤활유다. 부드럽게 사람과 관계를 맺기 위해서는 유머를 잘 활용하라. 살롱화법을 터득하여 플립러닝 전문가 모두 즐겁고 행복하게 살기를 바란다.

존재실현 디자인

 플립러닝 전문가는 인간의 존재욕구를 디자인 한다는 자부심을 가져야 할 것이다. 매슬로우의 욕구 5단계인 생존, 안전, 소속, 존경, 자아실현에 대한 욕구가 인간 존재의 보편적인 지향점임을 감안해 플립러닝 전문가는 이러한 인간의 존재적 욕구를 기획하고 설계한다는 자존감을 가져야 한다. 특히 플립러닝 전문가는 이 같은 욕구 5단계 중 최고 정점에 있는 "자아실현 욕구"를 디자인한다는 사명감으로 일할 때 더욱 질 높은 교수설계가 나오지 않을까 싶다.

즉, 플립러닝 전문가는 인간의 꿈과 희망을 디자인 해준다는 비전과 사명감을 갖고 일한다는 자부심이 필요하다. 그렇게 할 때 플립러닝 전문가도 최고의 지식을 설계하고 학습자 또한 멋지게 설계된 콘텐츠로 배워 삶의 질도 높아질 수 있다.

해당분야 내용이해 철저해야

디자인에 있어 기본이 제품의 기능파악 이듯이 지식디자인 또한 해당 분야 '내용파악 및 충분한 이해'가 가장 우선시 돼야 할 것이다. 자동차 디자인을 위해 자동차 공학을 배워야 하고 패션디자인을 위해 옷을 알아야 하듯이 플립러닝 전문가도 해당 분야 공부를 많이 해야 제대로 된 교수설계 및 기획을 할 수 있다. 그동안 이러닝 콘텐츠 설계 해온 것을 보면 교수설계자가 해당 분야 지식을 제대로 알고 설계를 할 수 없는 구조이다 보니 전반적으로 질이 떨어졌다. 교수설계자 이력도 그렇지만 너무 짧은 시간에 콘텐츠를 만들어내야 하니 제대로 된 설계가 나올 수 없다. 해당 분야 전문가는 아니더라도 올바른 교수설계를 위해 최소한 6개월 공부할 수 있는 시간을 줘야 할 것이다. 준전문가가 되어 충분히 내용을 파악한 뒤 교수설계가 이뤄져야 학습자들도 지식이 충분히 섭취될 수 있을 것이므로 앞으로 플립러닝 전문가에게 해당 분야를 사전에 숙지할 수 있는 시간을 배려해주는 시스템이 마련돼야 할 것이다.

그러고 보면 그동안 학습은 이런 기본적인 사항이 제대로 지켜지지 못한 점을 깊이 반성해야 할 것이다. 교수설계자들이 아무런 사전 지식 없이 내용도 모른 채 기계적으로 템플릿에 끼워 넣어 붕어빵 찍어 내듯이 콘텐츠를 개발했으니 학습자들이 이러닝을 좋아할 턱이 있겠는가? 장기적으로 플립러닝 전문가는 해당 분야 컨설턴트가 될 수 있을 만큼 내용에 대한 충분한 이해가 선행되고 나서 설계에 들어가는 것이 기본이다.

나아가 자기 콘텐츠를 생산해 세상에 내놓을 수 있도록 함으로써 더욱 확실한 전문가의 비전을 가질 수 있을 것이다. 패션디자이너처럼 독자적인 브랜드를 갖고 자신만의 정체성을 가져 나갈 수 있을 때 플립러닝 콘텐츠 개발도 한층 더 업그레이드 될 수 있다.

생각 잘하기

플립러닝 전문가는 창의적인 생각과 디자인으로 자신의 가치를 높이고자 노력해야 한다. 그래서 기본적으로 "생각 잘하기"가 아주 중요하다. 생각 잘 하기를 위한 지침으로 "생각의 탄생(Sparks of Genius)"(Robert Root-Bernstein)이라는 책에 다뤄진 "13가지 생각의 도구"를 참고하기 바란다.

이 책의 마지막 부분에 루트번스타인은 '상상하면서 분석하고 화가인 동시에 과학자가 되라!'며 창조적인 생각을 하려면 열린 마음과 포용의 자세를 가질 것을 강조한 바, 플립러닝 전문가가 꼭 명심해야 할 대목이다.

또한 아이디어 발상법으로 SCAMPER기법도 있다.
SCAMPER는 S(Substitute:대체), C(Converse:바꾸기), A(Adapt:적응), M(Modify:수정), P(Put to others:치환), E(Erase:지우기), R(Rearrangement:재배열)을 떠올리며 창의적인 생각을 도출하는 방법이다.

---

* 13가지 생각의 도구 *

① 관찰 – 수동적인 보기가 아니라 적극적인 관찰이 필요
② 형상화 – 그림으로 혹은 이미지로 연상하며 세계를 재창조
③ 추상화 – 주요한 특징을 잡아내 단순하게 표현하기
④ 패턴인식 – 전체적인 흐름 혹은 일정한 질서 읽기
⑤ 패턴형성 – 패턴인식을 바탕으로 새롭게 패턴 창조
⑥ 유추 – 비유와 상징을 통해 상상하기
⑦ 몸으로 생각하기 – 머리로 혹은 눈으로만 판단할 것이 아니라 온 몸으로 느끼기
⑧ 감정이입 – 다른 사람 혹은 다른 존재가 되어 보기
⑨ 차원적 사고 – 일차원, 이차원, 삼차원 등 다차원적으로 접근해 보기
⑩ 모형 만들기 – 세계를 완전히 이해하려면 모형을 만들어 보기
⑪ 놀이 – 창조적인 통찰은 놀이에서 나옴
⑫ 변형 – 바꿔 보기
⑬ 통합 – 생각의 본질은 감각의 지평을 넓히는 것

구체적인 한 개인을 위한 이러닝 디자인

 MP3 디자인으로 유명한 이노디자인의 김영세 대표는 한 강연회에서 "나(Me)를 위한 디자인을 하라!"고 강조해 눈길을 끌었다. 그는 "지금의 소비자들은 개인의 모습과 느낌이 전부다. 디자인은 항상 있어 왔지만 개인이 중심이 된 것은 최근의 트렌드다."라며 구체적인 한 사람 한 사람의 감성을 중요시했다. 또한 그는 "많은 사람에게 묻는다고 히트상품이 나오는 것은 아니며 오히려 구체적인 '어느 한 사람'에 대해 모든 것을 이해하면 그와 똑같은 여러 사람들에게 적용할 수 있다"고 덧붙였다.

 이는 플립러닝에도 시사 하는바가 크다. 온라인 학습도 구체적인 개인의 필요와 취향에 맞춰 설계되어야 함을 배워야 할 것이다. 따라서 플립러닝 전문가도 불특정 다수를 대상으로 막연하게 수요조사를 한 후 교수설계 할 것이 아니라 구체적인 한 개인의 학습목표와 내용에 충실하게끔 디자인해야 할 것이다.

관행 깨기

 창의적인 일을 하기 위해서는 기존의 관행을 깨나갈 줄 알아야 한다. 지식디자인을 통한 학습도 기존의 관행을 깨는 과정에서 인지효과도 높일 수 있기에 변화를 주저해선 안 될 것이다. 교수설계과정에서 관행을 따르기 쉽고 한번 만들어 놓은 템플릿을 계속 가져가고 싶어 하는 경향이 강하므로 플립러닝 전문가는 이 점에 유념해야 한다. 학습자들은 익숙해진 화면에 싫증내기 십상이므로 학습동기를 유발하려면 새로운 시도가 늘 뒤따라야 한다.

 변화와 발전은 기존 '관행'을 깨고 '벽'을 부수고 '우물'을 박차고 나오는데서 시작되므로 플립러닝전문가는 '날마다 새로워지는 훈련'을 거듭해야 할 것이다. 성공한 플립러닝 전문가가 되고자 한다면 "왜 안 되지?"(Why not)를 자신 및 주위 사람들에게 끊임없이 되물어 보면서 관행을 깨는데 적극적이어야 한다.

문화마인드 함양

 21세기는 문화의 시대라는 말이 이젠 꽤나 대중화 되었다. 이러닝에도 이렇듯 문화마인드가 많이 가미되어야 학습자들로부터 사랑을 받을 수 있기에 플립러닝 전문가도 문화에 대한 마인드를 키워야 할 것이다. 감성적인 접근과 아울러 다양한 문화적 시도를 이러닝에 접목시키는 노력도 병행해야 할 것이다. 문화는 인간의 대중적 정서와 인식이 묻어 있기에 지식디자인 작업을 할 때 빠트리지 않고 담아내야할 요소이다.

 따라서 문화적 소양을 가지고 이러닝 콘텐츠 기획에 임해야하기에 평소에 시대정서를 읽어내는 능력을 길러야 할 것이다. 그러므로 플립러닝 전문가 문화역량 강화차원에서 최소한 한 달에 한번 이상씩은 영화를 보러가거나 유행하는 드라마 혹은 책을 읽을 수 있도록 시간을 투자해야 한다. 문화적 공감대를 형성하지 못하고선 이러닝의 대중적 확산은 기대하기 힘듦으로 플립러닝 전문가로 크게 성공하고 싶다면 문화적 소양이 몸에 배도록 해야 하겠다.

쿵푸 파이팅

 공부의 중국말을 빌어 제목부터 특이하게 만든 "호모 쿵푸스"(고미숙)라는 책은 기존의 공부에 대한 편견을 깨고 새롭게 공부에 대한 의미를 제공한다. 이 책을 통해 작자는 "공부란 단순히 머리로 하는 것이 아니라 온몸으로 배우고 암송과 구술을 통해 여러 사람과 함께 할 때 더욱 효과가 있다."며 다른 무엇보다 배움의 열정이 중요하다고 강조한다.

 플립러닝 전문가는 늘 새롭게 자신과 학습자를 가꾸어야하고 공부는 타고난 운명쯤으로 여기고 즐거운 마음으로 배움에 임해야 하기에 "호모 쿵푸스"에서 말한 것처럼 다양한 학습법을 시도해봐야 할 것이다. 또한 공부를 통한 성공사례 발굴 및 효과적인 학습모델 개발에도 짬짬이 투자를 해서 성공에 대한 자신감을 가져야 하겠다. 한 마디로 "공부 잘해 행복하게 잘 살았다."는 성공 스토리 하나쯤 만들면 좋겠다는 애기다.

명상 훈련

 우리 사회에선 공부가 경쟁력인 관계로 "공부 잘하는 법"은 시대를 막론하고 세간의 관심을 끌기에 충분하다. 최근에는 집중력 향상 차원에서 명상을 통한 공부법이 관심을 끌고 있기에 플립러닝 전문가는 이를 이러닝에 어떻게 접목시킬지에 대해 고민해봄직 하다.

 다른 걸 떠나서 우선 "뇌를 쉬게 하고 자기 통제력을 높이기 위해 공부하기 전에 명상을 하면 좋다"고 하니 하루에 한번 이상 명상을 하는 습관을 기르는 것도 좋을 것 같다. 시간은 길지 않아도 좋다. 틈나는 대로 5분간 아니 1분간이라도 짬짬이 명상하는 습관을 기르도록 하자. 학습에 큰 도움이 된다.

표현력의 기술

 알고 있는 지식과 정보를 학습자들에게 잘 전달하는데 있어 어떻게 잘 표현할 것인가가 관건이다. 특히 어려운 교육 혹은 지식전달을 위해 쉽게 설명하는 능력, 그리고 풍부한 사례를 들어 생동감 있게 표현하는 능력, 또한 이해를 돕기 위한 비유와 상징 능력은 아주 중요하다. 히라노 히데노리의 책 "표현력의 마법"에는 멋진 표현을 위해 "감동과 색깔, 그리고 스토리와 비전"을 담을 것을 주문했는데, 플립러닝 전문가도 이 같은 요소를 감안해 표현을 어떻게 잘할 것인가에 대해 끊임없이 고민하고 또 대안을 만들기 위해 노력해야 할 것이다.

 또 하나 플립러닝 전문가가 유념해야 할 것은 가르치려 들지 말고 마음을 움직일 만한 좋은 말씀을 멋지게 디자인해서 선물을 한다는 마음으로 설계를 해야 한다는 점이다. 우리 스스로도 경험하지 않았는가? 말하지도 않았는데 거들먹거리며 안답시고 가르치려 드는 꼴불견이 밥맛이라는 것.

교수설계 잘하는 법

 교수학습 설계를 잘하는 것은 플립러닝 전문가의 최고 희망사항일 것이다. 교수설계를 잘 하는 법에 대해 몇몇 사람들에게 물어보니 '기본적으로 파워포인트로 자료 잘 만드는 방법을 익히고 핵심개념을 잘 끌어내며 상호작용으로 학습자들의 관심을 유도할 만한 요소를 중간 중간에 잘 끼워 넣고 매체활용에 대한 풍부한 경험 쌓고 해당 교육과정에 대해 깊이 이해할 것, 또한 꾸준히 교수설계 실전 훈련을 해나갈 것' 등을 주문했다.

 공부에 왕도가 없듯이 교수설계 잘하는 법도 완벽한 정답이 없겠지만 그래도 "교수학습 설계 잘하는 법"은 플립러닝 전문가들에게 있어 영원한 숙제일 것이다. 늘 교수설계 잘하는 법에 대해 고민하고 또 고민하는 플립러닝 전문가들께 던지는 질문 하나, "지금 한마디로 교수설계 잘하는 법을 사자성어로 표현하라면 뭐가 좋을까요?"

액션이 가능하게 설계

 모든 배움은 실천을 전제로 할 때 그 가치가 빛난다. 실천 없는 지식은 빈껍데기요 공허한 메아리에 불과하므로 배움은 항상 실천이 뒤따라야 제 값을 한다. 이러닝도 실천이 뒤따르게끔 설계를 하는 것이 이러닝의 진면목을 보여주기 위해서라도 Learning by doing이 필요하다. 그러므로 플립러닝 전문가는 교육과정 설계에 있어서도 액션러닝(Action Learning)에 대한 요소를 충분히 감안해야 할 것이다.

 한양대학교 유영만 교수는 "액션 러닝은 경영차원의 핵심사안인 CBI(Critical Business Issue)를 해결하기 위하여 4~8명이 퍼실리테이터(facilitator)의 도움으로 일정기간 전개되는 팀 학습활동"으로 정의한 바, 추후 이러닝이 액션러닝에도 활용될 수 있도록 사전에 액션이 뒤따를 요소를 적절히 배치해두는 것이 필요하다.

실천을 전제로 한 액션러닝이 궁극적으로 인적자원개발(HRD)의 귀결점이 되기에 이러닝 설계에도 액션러닝적 요소를 염두에 둬야 한다는 것이다. 이러닝의 완성도를 높이기 위해 액션러닝까지도 커버해야 한다는 점에서 플립러닝 전문가가 염두에 둬야할 사항이다. 교육과정 기획시에 액션러닝까지 포함할 때 더욱 부가가치를 높일 수 있을 것이기에 액션러닝도 공부를 해놓도록 하자.

역사 기반의 디자인

TV 인터뷰에서 한 소설가가 "역사는 최고의 스토리"라고 하는 말을 들은 적이 있다. 역사야말로 최고의 이야기 소재라는 말뜻 정도로 이해했는데, 영어로 역사가 "Hi-Story"라 덧붙이며 역사가 스토리 중 최고라는 논리까지 펼쳐 강조한 탓에 그 기억이 오래 남았다. 장구한 역사를 거치면서 화제가 될 만한 이야기꺼리가 무궁무진하다는 의미에서 역사에 관심을 가질 뿐만 아니라 '역사' 자체가 사람들의 공동의 관심을 불러일으키기 최고로 좋은 스토리라는 해석이 아주 인상적이었다.

학습만화로 인기를 끈 "마법 천자문"도 "서유기"의 콘셉트를 활용했다는 점과 리더십 강좌에 "삼국지"와 "손자병법"이 자주 활용되는 데에서도 쉽게 그 사례를 찾을 수 있다. 대중적 공감대 확보를 위해서 이러닝 콘텐츠를 설계할 때도 역사를 십분 활용해야 할 것이다. 사람들은 기본적으로 역사에 대해 공감을 하기 쉽고 또한 역사적 전통이 있는 요소에 대해 인정을 해주는 경향이 강하므로 역사에 대한 깊은 인식이 이러닝에도 유효하다.

따라서 플립러닝 전문가도 역사에 대한 이해의 폭을 넓히고 역사를 이러닝 콘텐츠 설계에도 잘 활용하여야 할 것이다. 내친김에 플립러닝 전문가가 이러닝의 새로운 역사를 써간다는 각오로 임한다면 정말 뭔가를 만들어 낼 수 있지 않을까 싶다.

주인의 길을 가자

부자가 되는 길을 알려주는 책 "밀리언 달러 티켓(Million Dollar Ticket)"(리처드 파크 코독(Richard Parkes Cordock))에 의하면 부자가 되는 첫 번째 방법이 주인정신을 갖는 것이라고 했다. 플립러닝 전문가도 주인정신을 갖고 교수설계에 임해야 할 것이다. 똑같은 일을 하더라도 주인정신을 갖고 하는 것과 마지못해 하는 것은 천지차이가 있으므로 교수설계에 있어서도 자신의 책임과 권한 하에 일을 추진할 수 있도록 환경을 만들어야 할 것이다.

물론 이런 점은 조직의 최고 책임자가 어떻게 여건을 조성하는가에 따라 달려 있긴 하지만 플립러닝 전문가가 어떤 입장과 태도를 갖고 임하느냐도 중요하므로 주인정신을 갖고 일하는 것이 스스로를 위해서도 그렇고 조직을 위해서도 도움이 되므로 능동적인 자세로 일하도록 하자.

학습자들 또한 개인의 자주성이 발현되도록 해줄 때 더욱 많이 참여하고 학습에 집중할 수 있으므로 교육과정 기획 및 설계에도 자주성을 고양시킬 수 있도록 배려를 하면 더욱 사랑을 받을 수 있다.

자기계발 가이드(2)

> "우리나라 사람들이 21세기 들어 어떤 책을 가장 많이 읽었을까?"라고 물으면 그 답은 "자기계발"관련 책이라고 한다. 이는 한국출판마케팅연구소(소장 한기호)가 펴낸 특별 기획 단행본 '21세기 한국인은 무슨 책을 읽었나'에 광의의 자기계발 서적이 50%에 이르기 때문이다.
> 이러한 독서 경향은 IMF 이후 무한경쟁시대에 살아남기 위해 "자기계발"에 치중하기 때문이라고 한다. 특히 스티븐 코비(Steven Covey)의 <성공하는 사람들의 7가지 습관(The 7 habits of highly effective people)>과 같은 책들이 공전의 히트를 치며 "자기계발" 서적 열풍을 일으켰는데 이후 시간관리, 화법, 성공학, 인간관계, 심리학 등 광의의 처세와 능력 계발 지침서들이 뒤를 이어 거대한 트렌드를 형성할 수 있었다.
> 따라서 플립러닝 전문가들도 이러한 문화 트렌드를 읽고 이러닝 콘텐츠 개발에도 적극 반영할 수 있어야 할 것이다.

1. 성공에 가장 필요한 것은 NQ

 우리나라 직장인들은 NQ(Network Quotient,인맥/공존 지수)를 사회에서 성공하기 위해 가장 필요한 덕목으로 생각하는 것으로 나타났다.
 직장인 대상 설문조사 실시
 결과, 32.9%가 NQ라고 답했으며, 다음으로는 SQ(사회성 지수) 27.4%, PQ(열정 지수) 15.5%, CQ(창조성 지수) 9.3%등의 순이다.

2. 질문으로 업그레이드

 <누가 내치즈를 옮겼을까?>로 유명한 스펜서 존슨(Spencer Johnson)의 "선택"이라는 책에 의하면 "성공을 위해 끊임없이 좋은 질문을 던지고 답하는 훈련을 해야 한다."며 "매 시기 선택의 순간에 스스로에게나 주위 사람들에게 질문을 던지라!"는 메시지를 남겼다.
 "도로시 리즈(Dorothy Leeds)"는 그의 책에서 "왜 질문이 중요한가?"라는 물음에 "질문은 보다 나은 방향을 제시한다. 또한 질문은 새로운 방향을 제시한다. 그리고 질문은 대답이다."라는 말을 했다.
 새겨 봄 직한 말이다. 아울러 그는 "질문의 7가지 힘"에 대해 다음과 같이 덧붙였다.

1. 질문을 하면 답이 나온다.
   - 질문을 받으면 대답을 하지 않을 수 없다.
   - 이러한 의무감을 응답반사라 한다.
2. 질문은 생각을 자극한다.
   - 질문은 질문을 하는 사람과 질문을 받는 사람의 사고를 자극한다.
3. 질문을 하면 정보를 얻는다.
   - 적절한 질문을 하면 원하고 필요로 하는 정보를 얻을 수 있다.
4. 질문을 하면 통제가 된다.
   - 모든 사람은 스스로 상황을 통제하고 있을 때 편안하고 안전하게 느낀다.
   - 질문은 대답을 요구하므로 질문을 하는 사람이 유리한 입장에 서게 된다.
5. 질문은 마음을 열게 한다.
   - 사람들은 자신의 사연, 의견, 관점에 대한 질문을 받으면 우쭐해진다.
   - 질문을 하는 것은 상대방과 그의 이야기에 관심을 보여주는 것이므로
     과묵한 사람이라도 자신의 생각과 감정을 드러낸다.
6. 질문은 귀를 기울이게 한다.
   - 적절하게 질문을 하는 능력을 향상시키면 보다 적절하고 분명한 대답을
     듣게 되고, 중요한 일에 집중하기 쉬워진다.
7. 질문에 답하면 스스로 설득이 된다.
   - 사람들은 누가 해주는 말보다 자기가 하는 말을 믿는다.
   - 사람들은 자신이 생각해낸 것을 좀 더 쉽게 믿으며, 질문을 요령 있게
     하면 사람들의 마음을 특정한 방향으로 움직일 수 있다.

커뮤니케이션 계발 가이드

HR 관련 카페를 통해 소개된 자기계발 가이드에 대한 글을 옮겨 싣는 바, 플립러닝 전문가가 기본소양을 쌓는데 참고가 되길 바란다.

- 잘 모르는 사람들과도 접촉하고 비공식적인 소개 모임(예: 점심식사, 커피 브레이크 등)을 가짐으로써 다른 집단과의 관계를 발전시켜라.
- 거래에선 key-man들과 지속적인 신뢰 관계를 형성 유지하고, 고객의 비즈니스에 중요한 영향을 미치는 정보나 방안에 대해 허심탄회하게 대화함으로써 그들과의 장기적인 신뢰관계를 형성하라.
- 경쟁조직의 담당자와 정보교류 면담을 수시로 갖고 적극적으로 참여하라. 그리고 결과를 팀 구성원들과 공유하라.
- 교육에 참여하거나 회사 안팎의 전문가들과 접촉함으로써(기업, 협회 등) 개인적인 네트워크를 형성하라.
- 방법론과 절차를 개발하는 팀(예: STAR/CORE, CORE/JUMP지원팀, 마케팅 등)과 효과적으로 커뮤니케이션 하라.
- 브레인스토밍, 스토리보딩, 마인드맵핑 등과 같은 혁신 기술을 익히고 정보원천이나 정보의 정리/축적에 활용하라.
- '커뮤니케이션 단절'에 관해 동료들과 또는 다른 부서 사람들과 그 원인에 대해 대화하라. 그것을 방지하기 위한 방법을 고안하고 적극 실천하라.
- 점심식사와 같은 비공식적인 회합을 활용하여 회사 내 네트워크를 형성하는 계기로 삼아라.
- 거래에선 key-man들과 사업 가치/원칙과 리더십에 대한 커뮤니케이션 방안을 수립하고, 교류함으로써 진지한 사업 Partner임을 인식시켜라.
- 자원, 비용, 예산, 결과, 피드백 등을 고려하면서 최근의 업무 일부를 검토해 본다. 그런 다음 그 업무의 비용 효과성을 분석한다.
- 직장에서나 여가시간에 정보 수집, 분석을 포함하고 있는 연구나 조사에 참여하여 추천할 만한 것들을 제안해 본다.
- 업무상 자신과 관련된 문제를 떠올려보고, 다른 부서/회사들은 그러한 종류의 문제를 어떻게 다루는지 알아낸다. 자신의 문제를 다루는데 있어 그러한 처리방식 중 사용할 수 있는 것이 있는지 확인한다.
- 자신의 조직과 조직의 현 상황에 관련된 주요 수치와 통계표를 수집한다. 수집한 것들이 서로 어떻게 관련되어 있는가를 분석해 본다. 이러한 수치들에 효과를 미칠 수 있었던 내/외적 영향력들을 목록화 한다. 이러한 수치들을 가지고 추론할 수 있는 것들을 목록화해보고 상급자와 함께 자신의 이해의 깊이 및 이해력을 체크해 본다.
- 핵심정보를 잡아내기 위해 문서를 빠르게 훑어가는 방법을 학습한다.
- 결정을 내릴 때는 그러한 결정으로 인해 영향을 받을 수 있는 모든 사람과 결정에 도움이 될 만한 정보와 경험을 가지고 있는 사람들의 목록을 작성한다. 가능한 이런 사람들과 많이 접촉하여 그들이 말하는 것을 경청한다.

첫 이미지에 유의

 인간의 뇌인지 구조상 첫인상, 첫 느낌이 주는 효과가 아주 크기에 플립러닝 전문가는 과정 설계시 첫 이미지에 신경을 엄청 많이 써야 할 것이다. 일할 때에도 첫 단추를 잘 꿰어야 모든 일이 술술 잘 풀려가듯 학습자가 해당 콘텐츠를 처음 접할 때 호감을 줄 수 있도록 섬세하게 작업을 해야 한다. "끌리는 사람은 1%가 다르다"(이민규)라는 책에도 첫인상의 중요성을 가장 먼저 강조했는데, 모든 일에서 처음 느낌이 크게 작용한다며 심리학적인 측면에서 이를 다루기도 했다.

 먼저 사람들은 정보처리 과정에서 초기정보가 후기정보보다 훨씬 더 중요하게 작용하기 때문에 첫인상이 쉽게 바뀌지 않는다며 이를 '초두효과'(Primary Effect)라고 했다. 또한 수식을 계산할 때도 이런 유사한 현상이 일어나는데, 어떤 값을 추정할 때 먼저 떠오른 것에 근거해서 판단하는 경향이 심하다며 이를 '닻 내리기 효과'(Anchoring Effect)라고 했다. 닻을 내린 곳에 배가 머물 듯이 처음 입력된 정보가 정신적 닻으로 작용해 전체적인 판 안에 영향을 미치는 현상은 사람을 평가할 때도 똑같이 나타난다고 했다.

 아울러 처음 제시된 정보가 나중에 들어오는 정보의 처리 지침이 되고 전반적인 맥락을 제공하는 것을 첫인상의 '맥락 효과'(Context Effect)라고 한다며 한 번 형성된 첫인상은 웬만해선 바뀌지 않으므로 항상 첫인상의 위력을 명심할 것을 주문했다.

게임요소를 설계에 접목

 살면서 게임적 요소가 우리 일상 속에 깊이 스며들어 있음을 느낄 수 있을 것이다. 경쟁을 통한 생존방식에 게임적 요소가 많으므로 이미 게임은 문화의 일부라 할 만하다.

 김영세가 지은 "게임의 기술(The ART of GAME)"이란 책에서 게임은 '자기 자신이외에 누군가가 존재하며 누군가와 자신간의 전략적 상호작용에 의해 최종 결과가 실현되는 상황을 말한다.'로 정의했다. 이러닝이 상호작용을 중요시하므로 콘텐츠 설계에도 경우에 따라서 이처럼 게임요소를 접목시키면 학습효과를 더 높일 수 있을 것이다. 게임이론을 적용해 교수설계를 한다는 것은 개인의 전략 또는 행동이 초래하게 될 결과에 대한 모형을 미리 검토하는 것을 말한다. 따라서 게임이론을 접목시켜 콘텐츠를 개발할 때에는 더욱 많은 연구와 시뮬레이션이 필요하다.

브랜드 가치 높이는데 주력

 무엇이든 마찬가지이겠지만 플립러닝 전문가 또한 자신의 브랜드 가치 및 자신이 개발한 상품, 즉 이러닝 콘텐츠 및 서비스의 브랜드를 높이는 데 주력해야 할 것이다.

 옛말에 "호랑이는 죽어 가죽을 남기고 사람은 죽어 이름을 남긴다."고 했는데, 지금 시대에는 사람이 살아 있을 때 이름을 날려야 사업도 성공할 수 있고 원하는 바도 이룰 수 있을 만큼 브랜드의 가치가 중요한 척도로 작용하고 있다. 콘텐츠건 서비스건 브랜드 가치를 높이 인정받기 위해 끊임없이 노력하는 것 자체가 바로 사업에서의 성공 및 개인의 발전을 보장한다.

 따라서 플립러닝 전문가는 유명 영화감독이나 패션디자이너가 자기 이름값 높이기 위해 작품의 기획 및 설계, 개발에서부터 제작완료 단계까지 전 과정을 두루 관장하는 것처럼 이러닝 콘텐츠의 처음과 끝을 브랜드 관리 차원에서 접근해야 할 것이다. 자기 브랜드를 걸고 콘텐츠를 개발하고 그 가치를 인정받아 자기 이름값이 올라가는 선순환 구조가 이러닝 전체의 발전에도 긍정적 요소로 작용하기에 플립러닝 전문가의 브랜드 관리는 필요충분조건이다.

지식디자인에도 유행이 있다

 패션 디자인에 유행이 있듯이 지식디자인 혹은 교수설계에도 유행이 있다. 즉 이러닝에 있어서도 학습자들이 선호하는 기호와 패턴이 일정한 흐름을 타고 있다는 점을 감안하고 설계를 해야 할 것이다. 패션 디자이너가 유행을 선도하는 것처럼 플립러닝 전문가도 학습설계의 최신 유행에 호흡을 잘 맞춰야 할 것이다. 보통 패션에 있어 유행 주기가 6개월 이라고 한다면 이러닝의 교수설계 주기는 얼마나 될까? 통상적으로 콘텐츠 업데이트 주기가 대략 1년 정도라는 이야기가 있는 점을 감안하면 교수설계 주기도 이와 비슷하지 않을까 싶다.

따라서 유행에 뒤쳐지지 않도록 꾸준히 주위사람들과 소통하고 관련 세미나 및 교육에 참석하는 등 공부를 게을리 하지 않아야 할 것이다. 이러닝쪽 뉴스와 정보 입수는 기본이고 무료로 운영되는 온라인 카페 및 커뮤니티 활동에는 기본적으로 하나 이상씩은 가입토록 함과 아울러 이러닝 관련 단체에서 개최하는 세미나와 교육도 놓치지 말아야 한다.

깨달음의 기쁨을 설계

플립러닝 전문가는 학습자들로 하여금 "깨달음의 기쁨"을 느낄 수 있게 해줄 때 그 값어치가 더욱 빛날 것이다. 세상의 어떤 것보다 공부를 통한 "깨달음의 기쁨"이 크다고 성현들이 말해온 점을 굳이 강조하지 않더라도 이러닝 콘텐츠에 이런 것이 녹아 있다면 얼마나 좋겠는가? 깨달음 또한 누가 억지로 강요한 것이 아니라 자기 스스로 깨닫게 될 때 그 가치가 커지므로 콘텐츠 기획 및 설계 중간에 학습자들이 깨달음의 기쁨을 찾을 수 있는 요소를 넣어 준다면 참으로 의미 있는 일이 될 것이다.

단순히 돈 보다도 더 값진 것이 바로 이러한 깨달음의 가치일진대 이러닝에도 그런 요소들이 담겨 있을 때 학습자들로부터 오래오래 사랑을 받을 수 있을 것이다. 달리 명품이 아니라 바로 이런 점 때문에 명품으로 그 값어치를 인정받아 플립러닝 전문가의 이름을 빛낼 수 있지 않을까 싶다.

지식디자인 혹은 교수설계의 역사

어떤 것이든 나름대로 저마다의 역사와 전통이 있다. 교육공학 혹은 이러닝에도 수많은 사람들이 다녀갔기에 그들의 발자취와 역사가 있을 것이고 그 중 하나인 교수설계 분야에도 당연히 지나간 사람들의 흔적이 있다. 플립러닝 전문가는 이러한 교육공학 혹은 교수설계의 역사를 되짚어 보고 미래의 교훈을 읽어

낼 수 있어야 더욱 많은 사람들의 공감을 얻을 수 있을 것이다.

 무릇 역사와 전통이 있어야 권위가 서듯 플립러닝 전문가도 교수설계 더 나아가 교육공학 혹은 교육학의 역사를 공부하고 거기서 미래의 비전을 세우는 노력도 겸해야 할 것이다. 아울러 이 시대를 사는 플립러닝 전문가 또한 부단히 노력하다보면 나중에 혹 역사에 길이 남을 줄 누가 알겠는가?

성공하는 교수설계와 실패하는 교수설계

대체로 성공하는 교수설계자들과 실패를 거듭하는 교수설계자들 간의 차이점은 대립되는 작업방식이라 할 수 있다.

실패하는 교수설계자는 문득 아이디어 하나를 생각해 내서 한동안 머리를 굴리다가 곧장 파워포인트를 열어 스토리보딩을 시작한다. 이 교수설계자는 네모상자, 동그라미, 화살표 등 요약정리를 거듭한다. 이후 두 번, 세 번 검토에 검토를 계속하지만 큰 틀은 바뀌지 않는다. 어느 시점에 가서 자신의 스토리보드가 완벽하다고 결론을 내린 뒤 곧장 콘텐츠 제작에 들어간다.

막상 콘텐츠 제작에 들어가면 납기일에 맞춰 눈코 뜰 새 없이 버튼 만들고 배치하기 바빠 다른 것은 생각할 겨를도 없이 일사천리로 진행된다.

성공한 교수설계자들은 주로 거꾸로 된 과정을 택한다. 첫 구상부터 마지막 원고까지 6개월 만에 시나리오 및 스토리보드를 완성할 수 있다고 낙관적인 가정을 해보면 통상 6개월 중 처음의 4개월은 내내 조그만 메모카드 묶음들에 글을 쓴다. 이 메모카드에다 교수설계 기획안 및 단계별 개요를 작성한다.

각 단계별 개요

성공하는 설계자는 학습플로우를 단계별로 구성한다. 한 두 문장짜리 서술로 각 장면에서 일어나는 일과 전개되는 내용을 메모카드에 간단명료하게 묘사한다. 또한 각 메모카드 뒷면에는 이 장면이 전체 이야기 구성에서 어느 단계에 해당하는지 발단 전개 절정 등 자기의 생각 등을 적어둔다. 몇 달 동안 이런 메모카드 작업을 하다가 트리트먼트로 이동을 한다.

트리트먼트

트리트먼트(Treatment)란 단계별 개요를 다루기 위해 교수설계자가 각 장면의 서술을 한 두 문장에서 한 단락으로 늘린다. 행간을 널찍이 띄우면서 현재 시제로 매 순간을 묘사하는 형태로 작성한다.

트리트먼트에서 교수설계자는 인물들이 무슨 이야기를 하는지만 언급하고 대사는 절대 적지 않는다. 모든 인물들의 의식적, 무의식적인 생각과 감정이 다 담긴 보조 텍스트를 넣으면서 모든 행동의 매 순간을 묘사하는 것이 트리트먼트이다.

매 장면의 모든 순간이 생생하게 살아날 때까지 교수설계자는 트리트먼트를 고쳐나간다. 이 단계를 마치고 나서야 비로소 스토리보딩 작업으로 넘어간다.

빠른 길로 가려고 개요에서 곧장 시나리오로 건너뛰면 사실 그 초고는 스토리보드를 위한 시나리오가 아니라 트리트먼트 대용물이 된다. 그나마도 협소하고 검토된 바도 없고 다양한 변주도 없고 얇디얇은 트리트먼트에 지나지 않는다. 이렇게 하면 실패하기 십상이다.

시나리오

완벽한 트리트먼트를 가지고 시나리오 및 스토리보드를 쓰는 일은 기쁨이다. 날마다 단숨에 파워포인트 5장에서 10장씩 써나가게 된다. 이제 교수설계자는 트리트먼트의 묘사를 시나리오로 옮기고 대사를 더한다. 이 시점에서 쓰는 대사가 틀림없이 여태껏 쓴 대사 중 제일 훌륭할 것이다. 캐릭터들이 살아 있는 이야기를 해 나갈 것이다. 이처럼 면밀한 준비 끝에 나오는 시나리오와 스토리보드는 몰입할 만한 요소가 많다.

※ 네이버 시나리오 카페에 있는 "시나리오 학습"에 대한 내용 일부를 발췌해 이러닝 교수설계에 맞추어 수정, 편집한 글

즐거운 상상

어떤 말이나 생각을 들었을 때 시간이 지난 후에도 계속 머릿속에 맴돌 거나 관련된 일들이 계속 이어지는 경우가 있다. 더구나 그것이 좋은 일이거나 생산적인 일, 혹은 기분 좋은 일일 경우에는 다시 떠올리기만 해도 즐거운 느낌이 드는 경우가 있다. 특히 자신의 발전 및 행복을 위한 화두라면 즐거운 상상이 꼬리에 꼬리를 물어 기분 좋게 그 일을 계속 추진할 수 있다. 이러닝 콘텐츠 설계에 있어서도 이렇듯 학습자들로 하여금 즐거운 상상이 이어지도록 한다면 얼마나 좋을까?

사람들과의 관계 및 사업을 추진함에 있어서도 마찬가지다. 한번 좋은 인연을 맺어 놓으면 상대방에게 호감을 남기게 되어 다시 또 만나고 싶어진다. 자연스럽게 일도 함께 하게 될 것이고 그러다보면 즐거운 생각으로 업무능률도 높아지기 쉽다. 즉, 선순환의 흐름을 타고 긍정적 에너지 분출과 함께 즐거운 상상도 이어져 좋은 일이 계속해서 발생할 수 있다.

일상생활에서 가끔 이런 기분 좋은 경험을 해봤겠지만 유능한 플립러닝 전문가라면 이를 이러닝에 잘 접목시켜 공부하면서도 즐거운 상상이 계속 이어지게끔 감성적 설계를 곁들여 학습자들을 행복하게 해줄 수 있을 것이다. 비단 이러닝 콘텐츠 설계뿐만 아니라 다른 일에서도 꼬리에 꼬리를 물고 생각이 이어질 수 있는 아이템이나 이슈를 잘 발굴하는 것도 삶의 활력소가 되기에 충분하다.

상상력이 곧 창의력이므로 창의력을 높일 수 있게 하기 위해 즐거운 상상을 마음껏 할 수 있도록 주변 환경도 잘 가꿔야 할 것이다. 디지털시대, 상상력을 구현하기 더욱 용이하므로 플립러닝 전문가는 상상력 키우기에 주력 하자. 또한, 플립러닝 전문가 스스로도 상상력 훈련을 끊임없이 해나가야 계속 자신을 발전시킬 수 있다.

상상력 키우기

지식디자인의 힘은 풍부한 상상력에 있다. 역으로 상상력을 이끌어 내는 것이 또한 이야기이다. 이처럼 상상력과 이야기는 동전의 앞뒷면처럼 밀접한 관계를 맺고 있다.

사전적 의미로 상상은 "과거의 경험으로 얻어진 심상(心像)을 새로운 형태로 재구성하는 정신작용"이라고 정의되어 있다.

상상력은 엔진이요 실마리

상상력은 안 되는 것을 되게 하고 꿈꾸는 것을 현실로 가능하게 하는 원천이다. 또한 상상력은 문화를 이끄는 원동력이며 철학적이고, 미학적이며 종교적이기도 하다. 아울러 실마리와 단서를 가지고 끊임없이 물고 늘어져 연관성을 찾아 마침내 구슬을 꿰게 하는 것이 상상력이다.

서울대학교 이건우 교수는 '있는 그대로가 아니라 있지 않은 그 무엇을 만들어 내는 능력, 있지 않지만 있을 법한 가능성을 갖고 추구하는 가능성'이 바로 상상력이라고 하고 '과거에는 몽상으로 터부시되어 왔으나 인간의 활동에 있어 가장 주목 받고 있는 것'이 바로 상상력이라고 정의하고 있다. 또한 그는 '우리가 머릿속에 재편집하고 재구성하는 것'이 상상력이라며 상상력이 미래 성장 동력의 핵심이 될 것임을 강조했다.

잔꾀 많이 부리기

우리말 중에 "꾀"라는 말이 있다. '일을 잘 꾸며 내거나 해결해 내는 묘한 생각이나 수단'이라고 정의되어 있는데, 이 '꾀'를 잘 내는 것이 상상력의 산물이라고 할 것이다. 속된 말로 '잔머리 많이 굴린다.'는 표현도 꾀를 잘 쓴다는 뜻이다. 끊임없이 부딪히고 생각하고 이야기 나누는 과정에 창의적인 '꾀'가 떠오르듯이 매사에 애정과 관심을 갖고 임하다보면 답이 보일 것이다.

상상의 종류

상상의 종류로는 첫째, 수동적 혹은 현실 도피적 상상으로 꾸는 꿈인 백일몽(白日夢)이 있다. 허약한 사람이 천하장사를 꿈꾼다든가, 자기는 고귀한 사람의 버려진 아이 즉, 사생아(私生兒)라고 생각한다든가 하는 것을 백일몽이라고 한다.

두 번째로 상징적 상상(象徵的想像)이 있다. 아이들이 막대기에 올라타 놀면서 말을 탄 것처럼 여기거나, 길게 붙잡아 맨 줄 안에 들어가서 기차를 탔다고 생각하는 것 등이 그것이다.

세 번째는 목적적 상상이 있다. 예를 들면, 어떤 물건을 만드는 사람이 완성된 제품을 상상하면서 재료를 갖고 생각한 모델을 완성해나가는 것이다.

네 번째는 생산적 상상이다. 이것은 예술·과학·발명과 같은 새로운 문제를 해결하기 위하여 과거의 경험을 재구성하여 새로운 것을 만들어내는 창의적 상상을 말한다.

상상력 훈련

흔히 상상력을 키우는 데는 '많이 보고 듣기'와 '생각 많이 하기'가 최고라고 한다. 이를 위해서는 통상적으로 '독서'와 '대화 나누기', '다양한 문화 행사 체험' 등이 묘약이라고 한다. 물론 이러한 상상력 개발은 개인마다 특성이 다르므로 각자의 취향에 맡겨 두는 것을 우선으로 해야 할 것이다. 다른 무엇보다 상상력은 자유로운 분위기나 감성이 풍부할 때 활발해지기 쉬우므로 주변 환경 조성에 특히 신경을 많이 써야 한다.

그러나 의도적으로 상상력 개발 프로그램을 권장해야 하는 경우에는 목적의식적인 자극이 필요하다. 오래전부터 어린이들 놀이로 인기를 끌어 왔고 TV를 통해 소개돼 화제가 되기도 했던 '끝말잇기'와 같은 놀이를 통해서도 어휘적 상상력을 자극하는 훈련을 하곤 한다. 또한 '거꾸로 읽기 훈련'과 여러 가지 형태의 '그림 그리는 연습'을 통해 상상력을 향상시키는 활동도 추천할 만하다.

상상력을 높이는 것도 각자의 입맛에 맞게 자유로운 상상에 맡겨 두는 것도 좋은 방법일 것이다. 굳이 제한된 말과 형식에 구애받지 않고 상상력을 높이는 방법 또한 열려 있게 하는 것이 중요할 것이다. 이러닝에도 온갖 상상력이 다 동원 돼 학습효과를 높이고 개인과 조직의 '행복한 변화' 또한 성공적으로 이뤄지길 상상(?)해 본다.

Design is finding better ways doing the same thing

원고분석능력 중요

 오랫동안 교수설계를 해온 실무 책임자에게 "교수설계자의 역량 중 가장 중요한 게 뭐냐?"는 질문에 그는 "원고분석능력"이 최고로 중요하다고 답했다. 이러닝에서의 원고분석능력은 통상적으로 SME(내용전문가)가 작성한 원고를 잘 파악해 '어떤 것이 중요하고 어떻게 배치해야 학습맥락을 잘 살려 나갈 수 있을지'를 판단하는 기술이 뛰어나야 함을 말한다. 한마디로 학습내용에 대한 충분한 이해가 가장 기본적이면서 핵심적인 역량이라는 것이다.

 그 다음으로 SME가 준 원고를 이러닝 환경에 맞게 재구성하는 능력이다. 원고분석 능력과 재구성 능력, 이 두 가지가 교수설계자의 핵심역량이라는 것이다. 그런데 이런 능력은 하루아침에 길러지는 것이 아니라 오랜 시간동안의 경험과 노하우가 쌓여야 가능한 일이라고 한다. 즉, 이쪽분야에서의 경력이 교수설계자의 능력을 말해준다고 한다. 초보 교수설계자의 경우, SME의 원고를 요약 정리하는 과정에서 핵심적인 내용이 빠진데다 문맥도 안 맞아 무슨 말을 하려는지 전혀 파악이 안 될 때가 다반사라고 한다.

 또한 SME와의 커뮤니케이션도 제대로 안된 채 그냥 혼자서 엉터리 과제물 정리하는 수준에 그치고 말아 실패할 가능성이 크다며 숙련된 교수설계자가 되기 위해 충분한 시간과 노력이 절대적으로 필요함을 강조했다. 숙련된 교수설계자가 탁월한 원고분석능력으로 SME의 지식을 100% 살려 감각적으로 재구성하는 것이야말로 지식디자인의 묘미가 아닐까 싶다.

 따라서 플립러닝 전문가는 인내심을 갖고 원고분석능력과 재구성능력을 키우도록 SME의 원고를 치밀하게 분석하고 또한 이를 효과적으로 재구성할 수 있도록 꾸준히 훈련을 해 나가야 할 것이다.

왜 공부를 하는가?

 학습자들이 '왜 해야 되는지?'를 정확히 깨닫고 공부를 하면 훨씬 학습효과를 높일 수 있다고 한다. '공부의 기술'이란 책에 의하면 공부하는 방법보다 '왜?' 공부를 하는지에 대해 제대로 인식하면 공부를 더 잘 할 수 있다고 한다. 어차피 공부는 스스로 깨달아야 그 효과가 높기 때문에 '왜?' 하는지를 정확히 알게 하고 스스로 그 길을 찾아 나서도록 유도하는 것이 올바른 방법이라고 한다.

 따라서 플립러닝 전문가는 학습자들이 '왜 이러닝을 하는가?'에 대해 끊임없이 물어 보고 이에 대한 답변을 속 시원하게 제공할 수 있도록 콘텐츠를 설계해야 할 것이다. 자발성 및 동기부여를 높이기 위해 '왜 이것을 해야 하는가?'를 스스로 느끼게끔 해줘야 오래 기억에 남는 콘텐츠가 될 수 있다.

진정한 가치의 제공

 디자인은 '목적, 목표를 갖고 의도된 움직임을 그리는 것'으로 정의되고 또한 '무형의 서비스를 유형화시키는 것'이라고도 하므로 디자인은 수요자들에게 얼마나 가치 있는 서비스를 제공하느냐에 달려 있다고 할 수 있다. 결국 "가치의 문제"로 귀결되기에 플립러닝 전문가 또한 어떤 가치를 줄 것인가에 대해 끊임없이 고민해야 할 것이다. 이러닝을 통해 학습자들에게 어떤 가치를 줄 수 있느냐는 본질적인 물음을 갖고 콘텐츠 개발에 임한다면 새로운 길이 열리지 않을까?

 그동안 이러닝이 양적성장에 많이 치중했다면 이젠 질적인 부분을 고려해야 할 때이므로 앞으로는 가치의 문제를 최우선 과제로 삼아야 할 것이다. 제대로 된 콘텐츠 및 서비스를 제공하길 원한다면 진정성이 담보돼야 한다는 점을 명심해야 한다.

 교육과 마찬가지로 이러닝에 있어서도 진정성을 갖고 수요자들을 위한 학습을 디자인한다는 자세로 임할 때 이러닝의 수준이 한 단계 업그레이드될 뿐만 아니라 플립러닝 전문가의 값어치도 올라갈 수 있을 것이다.

학습자들은 저마다 처한 상황에 따라 다양한 가치 창출을 원한다. 예를 들면 기업의 경우 성과창출 혹은 지식전달 또는 변화, 혁신을 원하기도 할 것이고 취업준비생은 토익 등 입사를 위한 실무처리 능력, 수능 입시생은 대입성적 향상 등 교육 혹은 이러닝을 통해 가치 있는 투자가 이뤄지길 원하므로 이에 상응하는 콘텐츠 제공 및 서비스가 제공돼야 할 것이다.

무엇보다도 교육 혹은 이러닝을 통해 성과창출, 변화, 지식의 축적, 문제해결 능력 향상 등 학습자들의 연령층 및 몸담고 있는 조직의 필요에 따라 지향하는 가치가 다양할 진대, 획일적인 목표와 무의미한 교육프로그램으로는 더 이상 학습자에게 어필하기 어려운 실정이다.

따라서 플립러닝 전문가는 학습자들이 진정으로 원하는 가치가 무엇인가를 기획단계에서부터 철저히 파악해 그들의 이해와 요구를 바탕으로 콘텐츠 설계 및 개발이 이뤄지도록 올바른 지휘를 해야 한다. 그렇지 못할 경우 쓸데없이 시간과 자원을 낭비하는 것은 불 보듯 뻔하므로 이제부터라도 제대로 된 '가치부여'를 위해 심혈을 기울이도록 하자.

호기심을 자극하라
학습자의 지적 호기심을 자극하는 장치를 학습과정 곳곳에 마련해두면 '주의집중' 효과를 높일 수 있다. 인간의 뇌 구조상 이렇게 할 때 학습한 지식이 단기에서 장기기억 장치로 이전이 가능하다고 한다. 따라서 교수학습 설계 및 개발단계에서 단어 하나 이미지 하나에도 학습자들의 지적 호기심을 자극할 수 있는 장치를 마련하여 끊임없이 동기유발이 이뤄지도록 해야 할 것이다.

학습자들이 어떤 분야에 관심 있는지 혹은 무엇을 필요로 하는지 파악한 뒤, 학습맥락을 깨뜨리지 않는 범위 내에서 공감이 갈 만한 이슈나 유행어를 삽입해 호기심을 유발하고 뒤이어 상호작용까지 가능하도록 섬세하게 배려를 할 때 학습효과가 더욱 높아지기 마련이다.

마음을 얻어야

 유비쿼터스 컴퓨팅 환경 기반의 지식정보화시대에는 학습자의 마음을 얻어야 한다. 진실한 마음으로 학습자를 어루만져야 감동을 시킬 수 있고 그로 인해 학습효과를 높일 수 있을 것이다. 지식과 정보가 넘쳐흘러 단순 지식전달로는 마음을 움직일 수 없으므로 진정성을 바탕으로 학습자의 마음을 사로잡지 않으면 공염불이다.

 불교의 사상을 담은 경전 중 하나인 화엄경에 "일체유심조(一切唯心造)" 즉, '모든 것은 마음먹기에 달려 있다'는 말처럼 학습자들의 마음을 잡는 것이 중요하고 더군다나 지금의 시대적 환경이 더욱 심리적 요인이 크게 작용하는 때이므로 마음을 움직이는데 더욱 많은 투자를 하여야 할 것이다.

 학습자들의 마음을 얻기 위해서는 여러 가지 요소와 경쟁을 해야 한다. 학습자들의 관심사가 워낙 다양하다 보니 그들의 마음은 영화, 게임 등 각종 문화 활동과 집안 대소사, 업무 등에 따라 시간대별로 이리저리 옮겨 다니니 이러닝으로 마음을 잡기 위해선 이런 제반 도전요소들을 극복할 만한 꺼리를 제공해야 하기 때문에 엄청난 노력이 뒤따라야 할 것이다.

 신뢰와 가치를 바탕으로 학습자들의 마음을 잡을 경우, 일시적인 매출증대에 그치는 것이 아니라 장기적인 수익모델로 이어짐과 아울러 돈보다 더 큰 보답까지도 기대할 수 있으니 마음을 얻는데 더욱 신경을 많이 쓰도록 하자.

추억 요소 디자인

 누군가 "이러닝과 관련해 어떤 추억을 갖고 계신가요?"라고 물으면 각자 다양한 사연을 이야기 하거나 아직 뚜렷한 기억이 없다는 등 저마다 색다른 답을 할 것이다.

 교수설계자의 경우 콘텐츠 개발을 위해 기획 및 설계를 위한 작업, 내용전문가와의 만남, 제작을 위한 사전 회의 등 일과 관련된 추억을 가졌을 테고 콘텐츠 제작 이후 서비스될 때 '저건 내가 만들었다'라는 보람도 가지곤 했을 테다.

이렇듯 플립러닝 전문가는 콘텐츠를 둘러싼 직간접적 인연에 대한 추억으로 지나간 시절을 회상하기도 하겠지만 새로 개발할 콘텐츠의 기획 및 설계에도 학습자의 추억과 감성을 잘 다독거려 공감을 끌어들일 수 있어야 할 것이다.

 그렇게 하자면 우선 학습 대상자들에 대한 사전 분석이 먼저 이뤄져야 할 것이고 그들이 공감할 만한 추억거리를 찾아 콘텐츠 기획 및 설계과정에도 녹아들게 하는 센스가 필요하다.

 "태백산맥"으로 유명한 소설가 조정래씨는 TV 인터뷰에서 '인생, 뭐 별거 있습니까? 그저, 좋은 추억 많이 만들면 되는 거지!'라고 답하던 것이 깊이 인상에 남는다. 학습대상자들의 추억 요소를 잘 간파해 그들로부터 공감대를 이끌어낼 수 있는 아이템을 찾아 콘텐츠 곳곳에 묻어 낼 때 학습자들의 깊은 몰입을 유발할 수 있을 것이다.

 이런 예는 영화나 소설에서 종종 몰입의 장치로 활용되고 있는 점을 발견할 수 있는데 이러닝도 공감과 몰입을 위한 배려 차원에서도 추억이 묻어나는 포인트를 잘 배치해 학습효과를 높이도록 해야 할 것이다.

사전 분석 및 진단 중요

 교수설계의 기초라 할만한 ADDIE 모형의 처음이 "분석(Analysis)"일 정도로 학습 환경에 대한 분석과 진단은 다른 무엇보다 중요하다. 의사들도 환자의 병을 정확히 진단하는 것이 가장 핵심적인 것처럼 이러닝에서도 사전 진단은 놓쳐서는 안 될 필수작업이다.

 우리나라의 의료수준을 볼 때 의사의 오진률이 60%에 달할 것이라는 한 부장판사의 지적처럼 의사의 오진으로 인한 사회적 피해가 심각한 데서 알 수 있듯이 이러닝에서도 학습 환경에 대한 오진이 없도록 사전진단을 충분히 해야 할 것이다. 정확한 진단을 바탕으로 콘텐츠 개발에 착수하는 것이 '시작이 반'을 성공적으로 이끌 수 있는 지름길이다.

교수설계 단계에서의 사전분석에는 요구분석, 학습자 분석, 교수자 및 운영자 분석, 학습내용 및 환경 분석 등이 있다. 먼저 왜 필요한지에 대한 정확한 수요조사가 있어야 할 것이고 학습대상에 대한 학습스타일, 연령, 기호도 분석 등과 아울러 교수자 및 운영자, 학습내용에 대한 분석도 철저하게 이뤄져야 할 것이다.

 또한 교수학습 전략에 대해서도 사전 분석을 철저히 하여야 한다. 교수학습전략에는 문제 중심 학습, 프로젝트 중심 학습, 상황 학습, 사례기반 학습, 협동학습 등이 있는데 이중에 학습대상에게 가장 적합한 게 무엇인지 콘텐츠 내용에 따라 탄력적으로 적용할 수 있어야 할 것이다.

사례와 체험 기반 학습

 가장 학습효과가 높은 것이 직접 몸으로 체험하는 것이란 점은 누구나 다 알고 있을 것이다. 따라서 온라인에서 직접 체험하는 것과 유사한 상태로 갈 때 학습효과를 높일 수 있을 것이기에 설계시에도 이런 점을 잘 반영해야 할 것이다. 아울러 사례 중심의 설명 또한 추상적인 이론보다 훨씬 쉽게 이해되므로 사례 기반 학습도 권장할 만하다.

 '경험이 최고의 스승'이라 하지 않았는가? 풍부한 사례와 체험으로 학습자들에게 공감대를 형성하는 지식디자인이야말로 살아있는 이러닝 콘텐츠 제작의 지름길이라 할 것이다.

 UCC 열풍이 불어 수요자들의 직접 참여도가 높아진 만큼 이러닝에도 이를 잘 반영해 학습자들의 사례와 체험을 학습목표와 전략에 맞게 조율한다면 더욱 멋진 이러닝으로 승화시킬 수 있을 것이다. 학습자들의 직접적인 체험과 풍부한 사례를 바탕으로 공감을 불러일으킬 수 있을 때 학습참여도도 높일 수 있고 덩달아 학습효과도 기대할 만하지 않겠는가?

교수설계자의 주요 역량

 이화여자대학교 강명희 교수가 만든 "한국의 교수설계자 역량분석" 연구보고서에서 95개 이러닝 관련 기관을 대상으로 설문조사 결과 나타난 핵심적인 교수설계 역량을 소개하면 다음과 같다.

1. 커뮤니케이션 역량
2. 학습자 특성, 환경특성, 매체 및 테크놀로지를 이해하는 역량
3. 학습내용에 대한 이해
4. 관리 역량

 그동안 교수설계자들이 해왔던 현실 속의 업무와는 약간 동떨어진 느낌이 들긴 하지만 플립러닝 전문가라는 관점에서 보면 이해관계자들 간의 커뮤니케이션 능력과 매체에 대한 이해 등 꼭 필요한 사회적 역량을 잘 반영한 것 같다.

 아울러 이 보고서에서 참고로 언급한 Atchison자료에 의하면 교수설계자는 성찰자, 윤리자, 휴머니스트, 협력자, 지지자, 평가자, 관리자, 마케터, 사업가의 역할을 해야 한다고 덧붙였다.

 여기서 Atchison은 교수설계자가 '문제 해결방안 마련 및 전략을 결정하기 이전에 설계 상황의 요소들을 성찰하고 연구'하는 역량을 키우기 위해 "성찰자"가 되어야 한다는 의미로 이같이 말했다고 한다. 성찰자로서의 역량에 대한 수행지침으로는 '학습자의 감정, 동기를 정확하게 관찰한다.'와 '교수설계의 맥락적 요소를 기술하고 규명한다.'라는 내용이 담겨져 있다.

 또한 '학습자의 내재적 속성을 규명하고 종교, 도덕 등 문화적 다양성을 반영한 교수설계를 한다.'는 의미에서 "휴머니스트"가 되어야 한다고도 했다.

 아울러 '갈등관리, 팀 개발, 전환적 리더십 등의 서비스를 통합한다.'는 측면에서 "협력자"가 되어야 함을 강조했고 '교수설계 서비스의 활용성 및 능력을 마케팅 한다.'는 의미로 "마케터"가 되어야 함을 강조했다.

<Atchison의 전문 교수설계자(Expert instructional designers) 역량>

역할	역량	수행 지침(Performances)
성찰자 (reflector)	해결방안 및 전략을 결정하기 이전에 설계 상황의 요소들을 성찰 하고 연구한다.	• 학습자의 감정, 동기를 정확히 관찰한다. • 학습자의 감정과 동기를 효과적으로 반영할 수 있도록 상호작용적 방법으로 관찰한다. • 교수설계의 맥락적 요소를 기술하고 규명한다. • 학습 및 훈련의 문제점, 학습자, 환경을 고려하여 교수설계의 총체적 상황에 효과적으로 반응한다. • 학습 및 훈련의 문제점, 학습자, 환경의 역동적 성격에 맞는 교수설계 절차를 적용한다.
윤리자 (ethicist)	설계 상황의 윤리적 시사점들을 규명하고 해석한다.	• 교수설계의 실제에 존재하는 윤리적 딜레마들을 규명한다. • 딜레마에 대응할 수 있는 행동 계획과 그 결과를 예상한다. • 작업 환경이나 전문 기관에 의해 수립된 기준(규칙)을 적용/실행한다.
휴머니스트 (humanist)	모든 개인에 대한 신념을 통합한다.	• 학습자의 내재적 다양성을 규명한다. • 성차, 인종, 종교, 도덕 등 문화적 다양성을 반영한 교수를 설계한다.
협력자 (collaborator)	미시 수준 및 거시 수준으로 협력한다.	• 성공적 교수설계의 신념, 가치를 인식한다. • 위협과 불신 사항들을 규명한다. • 갈등 관리, 팀 개발, 전환적 리더십 등의 서비스를 통합한다. • 고객을 협력자로 전환한다.
저지자 (advocate)	교수설계 실제의 가치를 지지한다.	• 전문 영역으로서 교수설계의 합법성을 공표한다. • 창의성, 열정, 대인 기술 등의 긍정적인 개인 특성을 교수설계의 혁신과 보급으로 전환한다. • 교수설계의 현행 연구와 이론을 반영, 유지한다. • 이론과 연구를 실제에 적용한다.
평가자 (evaluator)	교수설계 평가 요소를 적극적으로 실천한다.	• 평가의 가치가 감소되었음을 인식한다. • 교수 문제를 결정하기 위해 문서화, 직무 분석과 같은 진단 절차를 효과적으로 활용한다. • 전미평가, 형성평가, 총괄평가, 확정평가 등을 교수설계의 모든 절차에서 반영한다.
관리자 (manager)	비즈니스 환경에 효과적으로 임한다.	• 교수설계를 지지하는 기업 정신을 기대한다. • 비용분석 및 투자이익 평가를 포함한 예산수립 과정에 대한 지식을 제시한다. • 인사 관리/개발 프로그램에서 협력적 요소를 개입시킨다. • 교수체제설계의 모든 국면에서 고객 관계를 효과적으로 관리한다.

<Atchison의 전문 교수설계자(Expert instructional designers) 역량>

역할	역량	수행 지침(Performances)
마케터 (marketer)	교수설계 서비스의 활용성 및 능력을 홍보한다.	• 교육 서비스의 요구사항을 알아보기 위해 시장 분석을 효과적으로 활용한다. • 고객의 요구를 정확히 조절하여 교수설계체제를 효과적으로 판매한다. • 학습자의 적극적 태도를 유발하는 인센티브의 가치를 이해한다.
사업가 (entrepreneur)	혁신적 교수설계 프로그램을 다양한 환경에 효과적으로 보급한다.	• 효과적 컨설팅 절차를 이해한다. • 교수설계에 영향을 주는 내적, 외적 요인에 대한 비즈니스 생태학적 지식을 개발한다. • 교수체제 전달에 대한 서비스 경향을 제시한다.

출처: <한국의 교수설계자 역량분석>이화여대 강명희 교수(2006) 연구보고서 재인용., Atchison, B. J.(1996). Roles and Competencies of Instructional Design as Identified by Expert Instructional Designers, Unpublished doctoral dissertation, Detroit, MI: Wayne State University.

긍정심리학 활용

긍정적인 생각은 인간의 재능(Talent, Giftedness, Capability)을 키우고 개인의 삶을 더욱 풍요롭게 할 수 있다. 긍정성과 관련되어 최근 부각되고 있는 학문이 바로 긍정심리학으로 기존 심리학이 문제가 있는 사람들을 치료하기 위한 학문으로 부정적인 면이 강한 반면, 긍정심리학은 일반인을 대상으로 최적의 인간기능에 대한 과학적 연구를 모토로 요즘 각광을 받고 있다고 한다. 따라서 성공을 원하는 플립러닝 전문가라면 일반 사람들을 업그레이드 시키는 긍정심리학에 대해서도 관심을 가질 필요가 있다.

긍정적인 분위기는 창의적이고 건설적이며 관대하고 배려있고 융통성 있는 사고를 촉진시키며 행복감을 느끼는 환경을 창출해낼 수 있다. 이는 곧 물 흐르듯 편안한 기분 일명 "flow(몰입)"(미하이 칙센트미하이)의 상태라고도 한다.

플립러닝 전문가도 이러닝 과정 개발시 '창의적인 행복감=flow'를 적극 활용해 학습자가 "flow"의 상태가 되도록 유도하여야 할 것이다. 이처럼 심리상태의 최적경험, 즉 "flow"를 유발하는 환경적 특징으로 명료성, 중심성, 선택성, 신뢰성, 도전성이 필요한 것처럼 이러닝에도 이런 요소를 잘 접목시키도록 하자.

학습에 재미요소를 디자인

재미란 자극을 주는 요소로 이러닝에도 재미요소를 교수설계에 반영해야 할 것이다. 긴장의 조성과 해소 과정에 재미를 느끼므로 학습과정에도 재미요소를 넣어 설계를 하면 학습자를 이러닝에 오래 머물게 하는 요소로 작용할 수 있다.

'즐거움은 모든 활동의 이유이다.'는 말이 있듯이 재미는 내적 동기의 가장 핵심적인 요소이다. 예를 들면 춤을 추거나 자원봉사를 할 때 가장 기분이 좋아지는 것처럼 이러닝에도 내적 동기를 자극하는 요소를 가급적 많이 배치해둬야 할 것이다. 아울러 재미를 더하기 위해 사람들의 공감을 불러일으킬 수 있는 문화 예술적 소재를 곁들여 주면 이러닝의 생명력과 확장성은 더욱 풍부해지지 않을까 싶다.

문화 예술적 관점에서 교육[12]은 "인간이 자기성장을 도모하는 활동"임과 아울러 "끊임없이 현재를 넘어서고자 하는 욕망을 현실화 하도록 돕는 활동"이라고 한다. 그렇기에 학습자로 하여금 "자신에 대한 이해와 성장의 가능성을 실현하는 과정"이 곧 교육이요 학습이므로 교육활동이 문화예술 활동과 무관하지 않다. 따라서 교수설계 과정에서 내면의 학습효과를 높이고자 한다면 문화 예술적 관점과 재미요소를 가능하면 많이 담아낼 수 있도록 노력해야 할 것이다.

마케터의 입장에 서서

이화여자대학교 강명희 교수가 만든 "한국의 교수설계자 역량분석" 연구보고서에 언급된 Atchison 자료에 의하면 교수설계자가 마케터가 되어야 한다고 했다. 교수설계자는 마케터의 입장에서 교수설계 서비스의 활용성을 극대화시키는 역량이 필요하다고 하며 행동지침으로 "교육 서비스의 요구사항을 알아보기 위해 시장 분석을 효과적으로 활용하고 고객의 요구를 정확히 파악하여 교수설계

---

[12] "문화예술교육의 이해" 온라인 과정 중 일부 내용(한국문화예술교육진흥원, 2007)

체제를 효과적으로 마케팅하며 학습자의 적극적 태도를 유발하는 인센티브의 가치를 이해해야 한다."고 강조했다. 한마디로 "팔릴 수 있는 콘텐츠를 설계하라"는 이야기일 것이다. 교수설계가 "어떻게 하면 학습자들이 학습을 잘하게 하느냐"가 관건이므로 마케터의 입장에서 기획하고 디자인하는 것은 기본이다.

그런데도 현실에서는 공급자의 편에 서는 경우가 많아 마케팅 측면이 종종 무시되기에 플립러닝 전문가는 철저하게 마케터의 입장에 서서 바라보고 행동하여야 할 것이다.

미래 소비자를 움직이는 4대 트렌드

교수설계를 함에 있어서도 사회전반의 흐름을 이해하고 이를 창조적으로 이러닝에 접목시키는 것이 유익하기에 향후 다가올 트렌드에도 관심을 가질 필요가 있다.

"디자인 정글"에 소개된 미래의 트렌드를 소개하면 다음과 같다.

1. 에코 매니악의 등장

'에코 매니악'(Eco-Maniac)은 지구 생태계의 파괴와 인류생존에 대한 위협의식이 사회전반으로 확산되는 가운데, 범지구적 차원의 위기의식을 안고 적극적으로 환경을 수호하는 그룹을 말한다. 이들은 기존의 부정적인 이미지를 친환경 감성으로 재고하기 위한 환경수호활동에 앞장서거나 자연친화적인 성향을 살려 환경적 부담을 줄이는 데 일조한다.

또한 웰빙을 추구하는 개인적인 삶에서 범지구적 친환경의 감성을 소구하는 그룹으로 진보된 것으로 즉, 에코 매니악은 사회구성원이자 진정한 주체로서의 의무감 및 책임감을 지니고 궁극적으로 생태계의 보존을 위해 노력하는 삶을 지향한다.

2. 하프타임 빌더 부상

자신이 좋아하는 일, 경험과 지식을 사회에 환원하는 일, 경제적인 안정성을 보장받는 창조적인 일 등을 계획하며 취미와 일이 통합된 '제2의 인생'을 위한 '제2의 커리어'의 설계가 확산되고 있다. '하프타임 빌더'(Halftime Builder)는 인간의 평균 수명이 길어지면서 인생 후반부, 제2의 인생을 보다 가치 있고 의미 있게 보내기 위해 자기개발에 헌신하고 투자하는 그룹을 일컫는다. 이미 선진국을 중심으로 실버산업이 융성하고 있지만, ㈜아이에프네트워크가 전망하는 하프타임 빌더는 은퇴 후 삶을 대비하는 게 아니라 20~30대부터 새로운 인생의 도전을 위해 미리 투자하고 노력하는 삶을 말한다.

3. 멀티-미의 탄생

'멀티-미'(Multi-Me)는 정보화 사회에서 '또 다른 나'를 창조하는 것이 자유로워진 가운데, 시·공간에 제약 없이 나의 개성과 감성을 표현하고 다양한 경험을 영위하려는 경향을 말한다. 멀티-미는 MBC 월화드라마 '커피프린스1호점'의 주인공 고은찬역에서 그 일면을 엿볼 수 있는데, 이중적인 성(性)을 모티브로 다중적 정체성을 표현한 고은찬 캐릭터는 여성과 남성이 교차된 경계선상에서 새로운 경험을 꿈꾸는 여성들에게 대리만족을 준다. 또 성적인 경계를 넘나드는 고은찬의 패션, 헤어스타일, 말투 등은 젊은 층을 중심으로 퍼지고 있다.

또한 '멀티-미'는 자신 스스로 갈망하는 이상적인 자아를 위해 독립적으로 형성된 다중적 정체성을 확보하고 네트워킹이 가능한 환경 속에서 새로운 커뮤니티에 소속되어 새로운 경험을 하게 된다.

4. 슈퍼 오디너리

물질적 풍요로움과 권력의 특혜 대신에 평범함과 단순함을 앞세우며 일상생활에서 사회주의적 도덕을 실천하는 '슈퍼 오디너리'(Super Ordinary)가 등장하고 있다. 이는 넥타이를 푼 빌게이츠와 같이 젊고 부유하면서도 평범한 삶을 추구하는 욘족(yawns=Young And Wealthy but Normal)에서 진일보된 그룹이다. 이들은 단순함, 간편함, 최소화, 편리함을 근간으로 가치지향적인 삶을 추구한다.

학습에 자극되는 말 30가지

1. 10분 더 공부하면 마누라의 얼굴이 바뀐다.
2. 지금 이 순간에도 적들의 책장은 넘어가고 있다.
3. 행복은 성적순이 아니지만 성공은 성적순이다.
4. 최선은 나를 절대 배반하지 않는다.
5. 닭대가리 보다는 소꼬리가 낫다.
6. 10분 뒤와 10년 후를 동시에 생각하라.
7. 신은 잊어라, 그는 영원히 방관자일 뿐이다.
8. 오늘 걷지 않으면 내일은 뛰어야 한다.
9. 지금 흘린 침은 내일 흘릴 눈물이 된다.
10. 눈이 감기는가? 그럼 미래를 향한 눈도 감긴다.
11. 피할 수 없다면 즐겨라.
12. 남보다 더 일찍 더 부지런히 노력해야 성공을 맛볼 수 있다.
13. 죽어라 열심히 공부해도 죽지는 않는다.
14. 학교수업 무시하면 공부습관 버린다.
15. 젊었을 때 열심히 배우지 않으면 늙어서 후회한다.
16. 승리는 가장 끈기 있는 사람에게로 돌아간다.
17. 가장 위대한 일은 남들이 자고 있을 때 이루어진다.
18. 잠을 자면 꿈을 꾸지만 공부를 하면 꿈을 이룬다.
19. 포기하지 마라. 저 모퉁이만 돌면 희망이란 녀석이 기다리고 있을지도 모른다.
20. 공부할 때 고통은 잠시뿐이지만 못 배운 고통은 평생이다.
21. 꿈이 없는 십대는 틀린 문장의 마침표와 같다.
22. 실패는 용서해도 포기는 용서 못한다.
23. 개같이 공부해서 정승같이 놀자.
24. No pains No gains.
25. 공부를 하려고 하지 말고 공부를 이겨버려라.
26. 꿈이 바로 앞에 있는데, 당신은 왜 팔을 뻗지 않는가?
27. 인간의 정신과 육체는 쓰면 쓸수록 강해진다.
28. 고생 없이 얻을 수 있는 진실로 귀중한 것은 하나도 없다.
29. 공부할 때의 어려움은 잠깐이지만, 성공한 후의 즐거움은 일평생이다.
30. 마음먹은 일은 일단 시작했으면 반드시 끝이라는 결과를 보아야한다.

- 네이버 카페 '코미디 작가' 커뮤니티 자료 인용 -

지식디자인 사례

우리 주변에 지식디자인 우수사례를 찾아 이러닝에 접목시키는데 활용하고자 책, TV프로그램, 광고 등에서 벤치마킹할 내용을 소개한다.

지식채널 ⓔ

EBS "지식채널ⓔ"는 한국교육방송공사에서 김현 PD외 14명이 공동으로 개발한 프로그램으로 학벌, 신뢰, 인연 등 이슈가 될 만한 아이템을 찾아 다양한 접근방식으로 지식을 성공적으로 개발했기에 대표적인 지식디자인 사례라 할만하다. 지식채널ⓔ를 엮은 단행본 책은 베스트셀러 반열에 오르기도 했다.

> **지식채널ⓔ를 방영한 EBS의 기획의도**
>
> 5분의 짧은 시간 동안 시청자가 생각할 수 있는 '거리'를 주고 잠깐 멈춰서 생각하게 하고 시청자 나름대로 메시지를 만들어 갈 수 있도록 여지를 둔다.
> EBS가 설정한 지식은 암기하는 정보가 아니라 생각하는 힘, 현학적인 수사가 아니라 마음을 움직이는 메시지, 빈틈없는 논리가 아니라 비어있는 공간'이라 여기고 지식채널을 기획했다고 한다.

스토리텔링 광고

"잘 만든 광고는 예술"이라는 말이 있듯이 광고 또한 사람들에게 감동을 주기도 사회 전반에 커다란 메시지를 던지기도 한다. 특히 자본주의 사회에서 상품 광고는 메시지를 가장 효과적으로 알리는 홍보 전략이므로 플립러닝 전문가도 메시지 전달방법론 측면에서 배울 가치가 있다. 더구나 요즘 광고는 단순 상품 홍보에 그치는 것이 아니라 메시지와 스토리를 담아내야 광고효과가 크기 때문에 이러닝 마케팅 측면에서 벤치마킹할 필요가 있다. 잘 만든 광고는 메시지전달이 명확하고 사람들 기억에 오래 남게 하므로 이런 광고전략 및 기법을 이러닝에도 적극 활용하여야 할 것이다. 이러닝에 ADDIE 모형이 있듯이 광고에는 AIDMA가 있다.

AIDMA는 Attention(주의집중), Interest(흥미), Desire(욕망), Memory(기억), Action(행동)의 약자로 이러닝 및 교육공학에서 자주 언급되는 ADDIE모형과 유사하다. 요즘 잘 나가는 교수설계 전문 업체들이 광고를 자주 벤치마킹 한다고 하니 광고 전략과 교수설계 전략은 비슷한 데가 많은 모양이다.

Design is like shooting for a movint target

설득 및 공감의 원리

누군가와 대화를 나눌 때 항상 서로 간의 상황파악을 하고 이야기를 나누는 것이 기본이다. 그렇지 않으면 이야기 자체가 안 되기 때문에 상대방 분위기를 파악한 연후에 말을 한다. 더구나 특정한 목적을 가졌을 경우에는 충분한 공감이 가도록 대화를 이끌고 설득조로 이야기하는 것이 중요한 원칙이다.

교육목적의 강의 내지 스토리텔링 콘텐츠 개발은 이러한 설득 및 공감의 원리가 충분히 녹아들 때 비로소 교육 혹은 학습효과가 높이 나타날 것이다. 최근 커뮤니케이션 전략 및 효과적인 변화를 유도하는 내용으로 인기를 끌고 있는 아래의 책을 읽고 스토리텔링에 적용해보면 나름대로 도움이 될 것 같아 추천하고자 한다.

설득의 법칙

통상적인 대화나 업무처리를 위한 커뮤니케이션의 경우, 설득을 위한 법칙을 염두에 두고 임할 때 훨씬 효과적일 수 있다. 따라서 스토리텔링 기반 콘텐츠 개발에도 이러한 설득의 법칙을 적용해보자.
("설득의 심리학"과 "설득의 법칙" 책 참조)

- 일관성의 법칙
- 명백한 이유와 근거 제시
- 상호작용 : 기대효과 혹은 어떤 혜택이 돌아가는지 제시
- 권위의 법칙 : 전문가나 유명 인사들을 활용하여 권위를 부여
- 신뢰의 법칙 : 오랜 시간 동안 신뢰관계를 구축
- 호감의 법칙 : 친밀도를 높여 설득의 분위기 조성
- 사회적 증거 : 주위 사람들이 이미 경험해 효과를 본 사례 제시

Changing Mind

미국의 심리학자 '하워드 가드너'(Howard Gardner)가 지은 "Changing Mind(The Art and Science of Changing Our Own and Other People's Minds)"라는 책 내용 중 변화를 유발하기 위해 <사람의 마음을 움직이는 7가지 지렛대(7R)>에 언급된 7가지 사항을 참조해서 사람의 변화를 직간접적으로 유도해보자.

- Reason (이성)
- Research (연구조사)
- Resonance (동조)
- Representational Redescriptions (표상의 재구성)
- Resources and Rewards (자원과 보상)
- Real world events (실제 사례)
- Resistance (저항)

표현력의 마법

일본의 마케팅 전문가 '히라노 히데노리'가 지은 "표현력의 마법"이라는 책에 언급된 아래의 7가지 "감동 비즈니스를 위한 지침"을 거울삼아 플립러닝 전문가의 표현력을 지속적으로 업그레이드 시켜 나가자.

① 감동 ② 칼라 ③ 현재성 ④ 스토리 ⑤ 데이터 ⑥ 결단 ⑦ 비전 제시

새로운 미래가 온다

'다니엘 핑크(Daniel Pink)'가 지은 "새로운 미래가 온다(A Whole New Mind)" 책에서는 지식을 다루는 인간의 좌뇌와 감성을 지배하는 우뇌와의 조화를 중심으로 ▲ 디자인 ▲ 스토리 ▲ 조화 ▲ 공감 ▲ 놀이 ▲ 의미를 통합적으로 구현시키면 보다 훌륭한 인적자원을 개발할 수 있다고 한다.

이상과 같이 언급된 책을 바탕으로 스토리텔링을 접목시켜 설득 및 공감을 유도해 지식디자인 및 인적자원개발에 나설 경우 훨씬 효과적으로 변화를 유도할 수 있을 것이다.

'관심'끄는 이야기 발굴

최고의 자녀 교육법은 '관심'이라고 한다. 이는 한국교육개발원에서 발표한 연구 자료에 의한 것으로 가장 효과적인 자녀 교육방법을 묻는 설문에 과외, 자기주도적 학습 분위기 조성 등을 앞질러 부모의 "관심"이 최고라는 답을 했다고 한다.

이 말이 비단 자녀 교육만 지칭하는 것은 아닐 것이다. 성인학습자 혹은 대학교육에 있어서도 학습자에 대한 관심이 학습동기 유발에 있어 핵심적인 요소라는 것은 두말하면 잔소리가 아닌가 싶다.

1. 학습자와 충분한 커뮤니케이션 필요

그러나 막연히 '관심'을 학습에 적용시킨다는 것은 다분히 추상적으로 들리기도 한다. 좀 더 구체적으로 말하자면 '관심'있는 이야기로 학습자와 끊임없이 커뮤니케이션 하라는 것이 핵심이 아닌가 싶다.

공부를 하기 전이나 하는 중에도 학습자의 관심을 끄는 이야기로 먼저 공감대를 형성하고 학습내용도 관심 있는 이야기에 결부시켜 설명하고 또한 학습자의 피드백을 받는 것도 이야기를 통하는 것이 가장 자연스럽고 효과적인 학습법일 것이다. 배움과 가르침의 길에도 "관심"있는 이야기로 소통하는 것이 최고가 아닐까 싶다.

관심이 있다면 끊임없이 동기부여와 관리를 하게 될 테고 그러다 보면 "행복한 변화"가 뒤따르지 않을까? '관심'을 끌 만한 이야기로 공감대를 넓히기 위해서 우선 '눈높이'를 맞추는 것과 '이슈'선정이 중요할 것이다. 아무리 재밌는 이야기도 상대방 분위기에 맞지 않으면 하지 않은 것보다 못하는 경우가 많기에 썰렁하지 않기 위해서라도 눈높이를 맞출 줄 아는 센서는 기본이다.

2. '눈높이' 맞추기와 공감이 가는 '이슈' 선정

 최근 출판계에서도 '관심'을 주제로 만들어진 책이 커다란 인기를 모으고 있다. 베스트셀러 저자이며 비즈니스 전략가인 '척 마틴(Chuck Martin)'이 지은 "삶을 재발견하는 최고의 법칙-관심(Coffee at Luna's : a business fable)" 책도 그렇고 다산북스에서 나온 책 "소중한 사람을 놓치지 않는 1%의 힘-뜨거운 관심"에서도 관심을 크게 강조하고 있다.

 또한 "스치는 모든 것을 미소로 변화시키는 힘-관심"이라는 성전스님의 책도 '관심'을 화두로 내세워 인간과의 따뜻한 교감을 호소하고 있어 요즘 '관심'의 중요성이 그 어느 때보다 부각되고 있는 시기가 아닌가 싶다.

3. 항상 열린 마음으로 소재발굴에 나서야

 관심과 애정을 갖고 가르침과 배움에 임하면 훨씬 더 만족도 높은 학습 성과를 얻을 수 있을 것이기에 '관심'을 이러닝에도 적극 도입하여야 할 것이다. 학습자들의 관심을 끌기 위해 요즘 유행하는 키워드가 무엇인지부터 우선 찾아내야 할 것이고 이를 이러닝 콘텐츠 개발에 창조적으로 활용할 수 있어야 한다.

 그러기 위해선 신문이나 방송, 영화, 인터넷 포털 등을 끊임없이 접촉해 문화적 공감대가 형성되고 있는 것이 무엇인지 열린 마음으로 매체와 소통하여야 할 것이다. 또한 학습자와 수시로 대화를 나눠 그들의 주된 관심사가 어떻게 변해 가는지도 잘 파악하고 있어야 한다.

 누군가 말하지 않았던가? 세상은 끊임없이 변하는 것이라고. 사람의 관심사도 끊임없이 변해가기에 진정한 이러닝 전문가가 되고자 한다면 애정을 갖고 열린 마음으로 "관심 있는 이야기"소재발굴에 적극 나서야 할 것이다.

글쓰기 능력

 모든 지적활동의 기본은 글쓰기라 해도 과언이 아니다. 글쓰기는 말하기와 함께 커뮤니케이션의 핵심이기도 하거니와 생각의 깊이와 지식의 수준을 판가름하는 중요한 잣대이기도 하다.

 대입 논술 때문에도 글쓰기가 화제이기도 하지만 회사 업무 능력 향상과 개인적인 의사소통 및 전문지식 강화 차원에서도 글쓰기의 중요성이 어느 때보다 강조되고 있는 실정이다.

 지식디자인 및 이러닝 콘텐츠 기획에 있어서도 글쓰기는 가장 기본이 되는 활동으로 다양한 매체를 통한 표현의 첫출발이 바로 글쓰기이다. 따라서 글쓰기 능력을 키우는 것은 지식디자인의 기초라 할 것이다.

 글쓰기 붐을 타서 그런지 글 잘 쓰기 위한 책도 시중에 엄청 많이 나오고 있다. <글쓰기의 전략>, <너무나도 쉬운 비즈니스 글쓰기>, <글쓰기의 즐거움>, <글쓰기의 힘> 등이 읽을 만하다고 한다. 이오덕 선생의 <우리글 바로쓰기>도 추천도서다.

 글쓰기는 말과 함께 자신을 표현하는 수단이기도 하기에 글쓰기의 중요성은 아무리 강조해도 지나치지 않을 것이다. 따라서 글쓰기를 잘하면 잘할수록 좋기에 글 잘 쓰는 법에 대해서 꾸준히 관심을 갖고 훈련할 필요가 있다.

글쓰기 기초 - 6하 원칙
 많은 사람들이 글쓰기 잘하려면 많이 읽고(다독), 많이 쓰고(다작), 많이 생각하기(다상량)를 권하고 있다. 말처럼 쉬운 일이 아니겠지만 글 잘 쓰기 위해서는 다독, 다작, 다상량이 생활화되어야 할 것이다.

직접 글쓰기에 들어가서는 가장 기초가 되는 것이 '6하 원칙'(누가, 언제, 어디서, 무엇을, 어떻게, 왜)을 적용해서 글쓰기 훈련을 꾸준히 계속하는 것이 중요하다고 한다.

예전에는 원고지에 글쓰기 연습을 했겠지만 요즘에는 컴퓨터 혹은 블로그 등을 통해 계속적인 글쓰기 훈련을 할 수가 있다. 오래전엔 일기나 편지글을 통해 글쓰기 훈련이 자연스레 몸에 익었으나 최근에는 인터넷의 발달로 새로운 매체를 활용한 글쓰기가 대중화되고 있는 실정이니 편한 데로 글쓰기를 하면 될 것이다.

연애편지 쓰듯

사람의 감성이 가장 풍부할 때가 연애시기라고 한다. 글쓰기도 사람이 하는 일인지라 연애편지 쓰기와 같은 감성적 글쓰기가 훨씬 내용이 풍부하다고 한다. 그래서 혹자는 다른 글쓰기도 연애편지 쓴다는 기분으로 임하면 훨씬 매끄러운 글이 많이 나올 것이라고도 한다.

'궁하면 통한다'는 말처럼 남녀 간의 절절한 감정이 온갖 장벽을 뚫고 마침내 사랑을 이뤄내듯 글쓰기도 밋밋하게 지식에만 의존할 것이 아니라 감성과 버무려져 가슴에 와 닿도록 그야말로 필(Feel)이 꽂힌다면 금상첨화 아니겠는가?

메모습관 철저하게

메모하는 습관 또한 빠뜨려서는 안 된다. 작심하고 글을 쓸 상황이 아니라면 우선 키워드 중심으로 간단한 메모부터 제대로 해나가는 습관을 기르는 것은 글쓰기 훈련뿐만 아니라 모든 일에 있어서 아주 중요하다.

신문 사설 및 소설 베껴 쓰기 연습도 필요하다고 한다. 기자 지망생 혹은 작가 및 소설 지망생에게 신문사설과 소설 베껴 쓰는 훈련은 필수적이라고 한다. 굳이 전문 글쓰기 직업이 아니라도 가끔씩 신문사설 베껴 쓰는 훈련을 해볼 필요가 있기에 이 방법도 흔히 권해진다.

어떤 소설가는 하루에 10페이지 이상 영화나 드라마 대사를 옮겨 적는 등 글쓰기 훈련을 게을리 하지 않는데서 배울 수 있듯 글쓰기를 잘 하기 위해선 자기만의 노력을 꾸준히 해나가야 할 것이다.

피드백 습관

글쓰기 전략 중 하나로 다른 사람의 지도편달 또한 중요하다. 자기가 쓴 글을 다른 사람한테 가급적 많이 보여 줘 교정을 받을수록 좋은 글이 많이 나온다고 한다.

입시학원의 '논술'의 경우 첨삭지도가 핵심이다. 이처럼 일반적인 글쓰기에서도 잘하는 사람으로부터 지도를 받아 수정 보완을 거치면 훨씬 빨리 글쓰기 능력이 향상된다. 따라서 글쓰기에도 피드백을 받는 과정을 꼭 거쳐야 할 것이다.

마인드 맵 활용

하나의 주제를 갖고 연관되는 단어를 키워드 중심으로 자유롭게 나열해 계통관계를 설정하는 '마인드 맵(mind map)' 기법이 기획 및 글쓰기에도 종종 활용된다. 특히 처음 밑그림을 잡을 때 '마인드 맵'을 활용하면 훨씬 글쓰기에 편하다. 스토리텔링의 경우 중간 과정인 글쓰기를 뛰어 넘어 바로 '마인드 맵'을 적용해 대사 구성이나 연출에 활용할 수 있으므로 더욱 요긴하게 써 먹을 수 있을 것이다.

글쓰기 요령

대부분의 경우 서론, 본론, 결론 형식의 미괄식 글을 선호하는 바, 이에 맞추도록 하되 비중은 1:3:1 정도로 두는 것이 좋다. 한 문장은 평균 40자 안팎이면 좋고 아무리 많이도 50자가 넘지 않도록 조절하는 것이 의미 전달에 용이하다고 한다.

아울러 단락 내에서는 소주제를 앞에 두고 이유를 설명하는 방식의 두괄식이 의미전달에 적합하다. 구체적인 글쓰기로 들어가면 주어와 술어, 수식어와 피수식어가 가능하면 가깝게 두도록 하고 한 문장은 가능하면 두 줄 내로 줄여 쓰도록 하는 것이 좋다.

이상과 같이 간략히 글쓰기 방법에 대해 다뤄본 바, 직접 글을 '읽고 쓰는' 연습을 부단히 해 나가는 것이 최고의 지름길이다. 글쓰기는 어느 매체를 통한 메시지 전달이든 필요한 과정이므로 그 능력을 십분 살릴 수 있도록 기초체력을 튼튼히 해나가야 할 것이다. 말하기와 함께 탁월한 글쓰기 능력으로 보석처럼 빛나는 지식을 많이 창출해 세상을 가치 있고 아름답게 만드는데 이바지하는 것이 스토리텔링의 매력이다.

편집능력

편집은 편(編); 모아서. 집(輯); 엮는 것이다. 영어로는 Edit, Editing이라고도 하는데 원고를 가공해서 그 내용을 효율적으로 배열, 배치하는 것을 말한다. 예를 들면 책이나 영화, 드라마 등을 시각적으로 형상화하고 다듬는 방식, 즉 콘텐츠를 독자들에게 효율적으로 전달하기 위해 미적 원칙을 구현하는 일체의 과정을 말한다고 할 수 있다.(여기서 편집은 비단 책뿐만 아니라 매체 전반을 아우르는 광의의 편집을 말한다.)

쉽게 말해 편집을 통해 메시지를 선택하고 정리하여 표현한다. 넓은 의미에서 편집은 기획과 편집·레이아웃·디자인을 포함한 것이고, 좁은 의미는 원고의 내용검토와 그 정리만을 뜻하며, 궁극적 목적은 독이성(讀易性)과 가독성(可讀性)을 높이는 데 있다. 누군가 편집은 '자르면서 배우는 버림의 미학'이라고 하지 않았던가. 스토리텔링도 편집의 과정에서 새로이 거듭날 수 있기에 "편집"의 눈으로 이야기도 업그레이드 시켜보자.

편집디자인이란?

최근에는 편집디자인(Editorial Design)이라는 개념이 널리 쓰이는데 그 뜻은 '레이아웃 된 지면에 각종 원고를 옹그려서, 출판물의 독이성과 가독성을 높이기 위한 지적 창조 작업'을 말한다. 기존에 쓰이고 있는 편집디자인에 대해 살펴보면서 이를 스토리텔링에 확장시켜보는 것도 의미가 있을 듯싶다.

- '레이아웃(layout)된 지면'이란 편집자가 설계하고 지정 지시한 지면, 곧 위치와 크기가 정해진 판면 속의 어느 한 부위이다.
- 위의 '각종 원고를 옹그려서라는 것'은 문자원고와 일러스트레이션을 묶어서 말하는 것으로 편집자가 검토, 정리한 문자원고와 수집 선택한 도판, 표 같은 보조 요소적인 원고까지 포함 시킨 것이다.
- 독이성(讀易性, readability)과 가독성(可讀性, legibility)은 독자의 '읽기 쉬움'과 '보고 알기 쉽게'하는데 의미가 있다. 문자원고와 시각원고가 한 판면

에 통합되어 위의 목적을 달성하려면, 먼저 시각적으로 쾌적한 분위기가 되도록 판면을 설계해야 한다.
- 지적 창조 작업이라는 것은 어떤 표현기법을 쓸 것인가, 또 그것을 화면처리하고 생산함에 있어 그 기법 등을 전문가 수준의 창의적 발상과 솜씨에 걸맞게 만들어 낼 수 있어야 함을 뜻한다.

편집디자인을 효율적으로 하기 위한 필요조건

* 편집디자인을 잘하기 위한 조건으로 관찰력과 스크랩 및 검색을 추천하는 바, 이는 지식디자인에도 유효할 것으로 보인다.

- 관찰력

우선은 많이 보아야 한다. 길을 가다 전단지 한 장을 보더라도 식당에 밥 먹으러가서 메뉴판을 보더라도 항상 관찰하는 습관을 가져야 할 것이다. 지하철을 타거나 포털에 접속했을 때 광고를 유심히 보라. 광고를 보면 정말 재미있고 특이한 것들이 많다. 처음 관찰을 하면 큰 것만 보인다. 하지만 시간이 지나면 보이지 않는 작은 것도 눈에 들어오기 마련이다. 의외로 그렇게 키워가는 관찰력이 나중에 편집할 때 많은 도움이 된다고 한다.

- 스크랩

또한 괜찮은 것이 있으면 무조건 모으는 습관을 익히자. 신문, 잡지를 보다가 "와, 이건 내가 보아도 참 멋진 광고구나. 참 안정적인 구도로 내용이 되어있구나!"하는 것들은 과감히 스크랩해둬야 할 것이다.

- 검색

인터넷 매체를 활용해 수시로 검색을 해서 다양한 정보를 취득하는 습관을 길러야 할 것이다. 요즘 웬만한 자료는 검색으로 찾을 수 있으니 일단 조각지식을 확보하고 여기에다 살을 붙이고 다듬는 훈련을 거듭한다면 편집능력이 확대될 것이다.

기타 편집에 유의할 사항

 지식디자인도 출판을 비롯한 다른 문화상품과 같이 완결성을 띠려면 정교한 편집이 필요하다. 여타 부문과 마찬가지로 제목은 열 글자 이내로(이름으로 생명을 불어 넣듯 제목도 브랜드 네이밍(Brand Naming)이 아주 중요)하는 것이 좋다.

 그리고 사소한 것 같지만 여러 사람 손을 거쳐 다듬도록 하고 오탈자 찾아내는 데에도 신경을 많이 써야 한다. 왜냐하면 매체의 표현력과 권위를 고려해 볼 때 가급적 많은 사람의 의견과 확인과정이 필요하기 때문이다. 또한 매체를 통한 메시지 전달시 문맥이 통하도록 혹은 상식적으로 말이 되는지 판단하는 것도 편집과정에서 중요하게 다뤄져야 할 것이다. 즉 앞뒤 말과 글이 인과관계가 있는지 잘 파악하고 전체 내용이 주제와 적합한지도 수시로 살피는 훈련을 거듭해야 할 것이다.

비유와 상징

비유와 상징은 학습효과를 높이는 데 있어 중요한 역할을 한다. 정보 전달에 있어 직접적인 표현은 시간적인 면에서 효율적이나 학습에 있어 비유와 상징이 가미될 경우 호기심과 상상력을 자극해 인간의 뇌 속에 오랫동안 기억에 남을 가능성이 높다. 어떤 경우 실제 모습보다 '어떻게 기억에 남느냐?'가 더 중요하기도 해 비유와 상징에 신경을 쓰지 않을 수 없기도 하다.

학습에 있어 인간의 기억 속에 장기간 남아 있게 하는 것은 중요한 요소이므로 적절한 상징체계를 가동하는 것은 인지과학과 심리적인 측면에서도 효과가 크다고 한다. 또한 사전에 유사한 경험을 공유한 경우, 비유와 상징은 학습자의 공감을 얻어 학습효과를 더욱 높일 수 있게 해준다.

비유와 상징은 은유적 표현의 일종으로 '인간의 사고과정이 은유적이며 인간의 개념체계 또한 은유적으로 구조화되고 정의된다(Lakoff & Johnson, 1980)'는 말에서도 알 수 있듯이 지적이고 감성적인 두뇌활동을 자극한다.

시와 노래

함축적인 시와 노래를 통해 인간은 더욱 풍부하게 자신의 경험과 감성을 표현할 수 있다. 시와 노래로 인간은 더욱 풍부하게 공유가 가능하므로 학습효과 또한 더욱 높일 수 있다. 이처럼 학습도 이젠 감성적인 터치로 인지효과를 높이는 차원에서도 시적 표현과 노래를 활용할 필요가 있다. 시대의 석학인 어어령 전 문화부장관은 한 TV 인터뷰에서 "감성적인 리더가 되기 위해서는 항상 시집을 가까이 하고 최신 유행가 한 두곡 정도는 부를 줄 알아야 한다."고 말한 데서 알 수 있듯, 앞서가는 스토리텔러와 플립러닝 전문가는 감성을 촉촉하게 하기 위해 부단히 노력해야 할 것이다.

이미지와 영상

 매체의 발달로 이미지와 영상으로 소통하는 경우가 점차 늘어나고 있는 만큼 지식전달 및 습득도 영상을 통해 많이 이뤄진다. 더구나 젊은 사람들일수록 시각적 이미지로 의사소통하는 경향이 날로 커지고 있기 때문에 스토리텔링 및 학습에 있어서도 이에 대한 투자를 늘려 나가야 할 것이다. 특히 디지털 매체 환경이 더욱 발달해 나가고 있기에 새로운 패러다임에 맞춘 이미지 소통과 지식생태계 구축을 서둘러야 할 것이다.

문화와 상상력의 근간

 미래학자 짐 데이토(Jim Dator) 소장은 인터뷰에서 "미래는 석탄이나 석유가 경제의 원동력이 아니라 상상력과 이야기가 생산자원이 된다."라고 말했다. 이러한 상상력 또한 풍부한 경험을 바탕으로 쌓여진 비유와 상징이 있어야 가능한 일이다. 따라서 비단 효과적인 학습뿐만 아니라 미래 경제활동을 주도하기 위해서도 '비유와 상징' 능력을 높이기 위한 훈련을 게을리 하지 말아야 할 것이다.

동시대 문화 수용

 역으로 비유와 상징이 사람들의 공감대를 얻기 위해서는 동시대적인 사람들의 기호 혹은 감성과 맞출 수 있어야 한다. 즉 그 시대 트렌드를 같이 호흡하고 읽어 낼 수 있는 능력이 있어야 할 것이다. 그러기 위해선 당대에 유행하는 문화 조류, 즉 영화나 드라마, 음악, 문학 등 다양한 장르의 문화를 우선 섭렵해야 하고 그 안에서 공감대를 형성할 수 있는 문화코드를 감지해낼 수 있어야 한다.

 아울러 스토리텔링 기획과 지식디자인 능력을 높이기 위해서 문화적 감성을 높이는 훈련도 지속적으로 해나가야 할 것이다. 그렇게 했을 때에만 학습자들과 더욱 깊이 있는 커뮤니케이션이 가능하다.

콘셉트(concept)

"태초에 말씀이 있으셨다!"는 성경의 한 구절처럼, 말은 인간 활동의 출발이라 해도 과언이 아니다. 여러 가지 말 중에도 유독 '핵심이 되는 말' 한마디가 중요하듯이 상징적인 단어나 개념이 인간의 의사소통에서 차지하는 비중은 매우 크다. 한마디 화두로 인간과 세상을 움직일 수 있듯이 모든 행동의 저변에 깔린 의도나 콘셉트는 커다란 의미를 지닌다. 더구나 현재와 같은 이미지 시대에는 어떤 콘셉트로 자기를 차별화시킬 것인가가 중요하다. 이야기든 책이든 콘셉트를 가져야 사람들에게 깊은 공감을 얻을 수 있다.

콘셉트는 보통 브랜드나 제목에서 판가름 나는 경우가 많다. 따라서 교육과 같은 맥락의 이러닝 스토리텔링에는 "왜?" 하는지 목적의식과 필요성이 명확하게 제시될 수 있도록 콘셉트를 브랜드나 이미지에 잘 담아내야 할 것이다.
(본래 콘셉트라는 말은 개념, 구상, 발상이란 뜻으로 논리학적인 의미로 '한 무리 내에서 공통적인 성질을 빼내어 새로 만든 개념'이라는 뜻에서 나오긴 했지만 최근에는 '주된 표현전략 혹은 의도'로 많이 쓰이고 있다.)

콘셉트를 잘 잡아 내기위해선 광고 카피 만들어내는데서 아이디어를 얻을 수 있을 것이다. 광고회사 웰콤(Welcomm)에서 기획한 정신대 이미지를 담은 "정복할 것인가? 정복당할 것인가?"라는 카피하나가 강한 인상을 소비자에게 남긴 것처럼 콘셉트에도 이렇듯 확실한 소구 정신이 담겨 있어야 할 것이다.

콘셉트의 의미

"기획의 99%는 콘셉트다"라는 책에 소개된 '콘셉트'의 의미 7가지를 참고하면 다음과 같다.

- 콘셉트는 전략의 핵심이다.
- 콘셉트는 개념으로 무엇인가를 의도한다.
- 콘셉트는 제품이 갖고 있는 고유한 특성이다.
- 콘셉트를 위해 하나로 통합해야 한다.
- 콘셉트는 위치를 파악하는 것으로 시작해야 한다.
- 콘셉트는 하늘에서 그냥 떨어지지 않는다.
- 콘셉트는 상대방과의 약속이다.

콘셉트를 도출하는 방법

또한 이 책에 소개된 '콘셉트를 도출하는 8가지 방법'도 새겨들을 만하다.

- 콘셉트트리를 잘 세워라 : 콘셉트에 도달하기까지 머리로 설계하고 건축하라.
- 목표를 잘 세워라 : 어디로 갈 것인가, 그 발상의 시작은 어떻게 하는가?
- 정체성을 잊지 마라 : 나는 누구인가, 내가 하려는 것은 무엇인가?
- 상황전개는 어떻게 되나 : 현재 상황은 어떻게 흘러가고 있는가?
  지금 어떤 일이 벌어지고 있는가?
- 사람들 동향 : 사람들은 무엇을 생각하고 어떻게 행동하고 있는가?
- 부정: 콘셉트가 옳고 꼭 성공할 것이란 사실을 부정하라.
- 마음비우기 : 콘셉트에 대한 집착을 버리고 마음을 비운 다음 완전히 잊어라.
- 콘셉트워드: 콘셉트를 구체적인 한마디로 나타내라.

훌륭한 콘셉트의 조건

여기에서 언급된 '훌륭한 콘셉트의 7가지 조건'도 같이 알아 두자.

- Unique, 독특한가?
- Differential, 차별화 했는가?
- Relevance, 연관성이 있는가?
- Consumer Oriented, 고객 지향적인가?
- Condition, 조건에 맞는가?
- Reaction, 즉시 반응이 오는가?
- Scenario, 시나리오가 있는가?

이상으로 콘셉트에 대해 간단히 살펴본 바, 좋은 콘셉트를 갖고 부단히 노력하는 계기로 삼았으면 한다. 좋은 콘셉트로 사람의 마음을 움직일 뿐만 아니라 조직을 변화시킬 수 있다는 가능성을 갖고 의미 있는 콘텐츠를 많이 만들어 세상을 행복하게 만드는데도 기여할 수 있기를 바란다.

성공하는 플립러닝 제목 달기

영화나 책, TV프로그램에서 제목을 잘 정하는 것이 흥행의 중요한 요소라고 한다. 플립러닝에서도 성공적인 콘텐츠 기획 및 설계를 위해 좋은 제목 달기는 영원한 숙제라 할 것이다.

"성공하는 책 제목의 10가지 법칙"이 소개된 바, 학생들의 관심을 끄는 멋진 수업운영 및 플립러닝을 위한 콘텐츠 제목 달기에도 도움이 될 것 같다.

1. 독자를 한방에 보낼, 시대 흐름을 잘 표현한 자극적 단어
   (블루오션, 디지로그, 알파걸)
2. 소설 속 이미지를 전달하는 강렬한 상징어
   (바리데기, 남한산성, 파피용, 비밀의 화원)
3. 시대 분위기를 짚어낼 단어
   (화, 용서, 배려, 경청, 겸손)
4. 가치 제안이 있는 서술형 제목
   (돈은 아름다운 꽃이다, 대한민국 20대 재테크에 미쳐라)
5. 높은 수치목표
   (3분력, 사람은 암시로 9할이 움직인다)
6. 기존 관념을 깨고 독자의 흥미를 돋우는 역발상·의문형 제목
   (문명의 충돌, 만들어진 신, 공자가 죽어야 나라가 산다)
7. 젊은이의 언어
   (괴짜 경제학)
8. 독자 마음을 파고드는 단순한 제목
   (The One Page Proposal-강력하고 간결한 한 장의 보고서)
9. 유명 저자의 이름을 단 제목
10. 과거에 성공했던 책 제목의 창조적 모방

그럼, 플립러닝에서는 어떤 제목을 다는 것이 좋을까? 우선 책 제목 성공법칙과 유사한 측면이 많아 여기서 아이디어를 얻는 것이 도움이 될 법하다. 굳이 꼽으라면 위의 책 제목 달기 10가지 법칙 중 플립러닝에서는 "4.가치 제안이 있는 서술형 제목"과 "5.높은 수치목표" 조항 두개가 학습 쪽과 밀접한 것 같아 활용가치가 있어 보인다.

 아울러 플립러닝에서는 "~전략", "~법칙" 등도 과정명에 자주 오르내리곤 한다. 지식정보 홍수시대에는 제목이 차지하는 비중이 점점 커지고 있는 실정이니 제목 혹은 부제, 학습내용 중 주제어 뽑는 것도 시대적 상황 등 여러 가지 측면을 고려해 학습자로 하여금 동기유발이 되도록 신경을 많이 써야 할 것이다.

Design is making change

4부 플립러닝 지식디자인 실무 가이드

플립러닝을 잘하기 위한 교수설계 및 스토리보드 제작을 중심으로

교수설계의 기본 개념

교수설계 이론

- 교수설계란?

 교수학습과 관련된 요구와 문제를 밝혀내고 이를 토대로 목표를 명확히 설정하여 수업내용, 방법, 평가 등에 이르는 교수체제의 전 과정을 체계적이고 합리적으로 구성, 조정해가는 일련의 전략적 과정을 말한다.

- 교수설계의 목적

 교육과정이나 코스에서 추구하는 목표를 달성하기 위해 계획, 실행, 평가의 단계에 필요한 모든 수단을 제공하는 데 목적이 있다.
 즉, 교수설계는 특정한 학습내용과 특정한 학습자가 있을 때, 학습자의 변화를 일으킬 수 있는 최적의 교수학습방법이 무엇인가를 결정해 이를 실천하기 위해 필요하다.

플립러닝을 위한 교수체제

교육 콘텐츠로 개발할 과정이 정해지면 설계에 앞서서 고려되어야 하는 사항으로 교수체제 개발 모형의 순서에 따라 과정의 내용을 선정한다. 기존의 집합교육에서 활용했던 교수체제모형을 바탕으로 짧은 내용중심으로 개발되는 플립러닝에 적합한 교수-학습체제 모형을 위해서도 다음의 ADDIE 모형을 참고할 만하다.

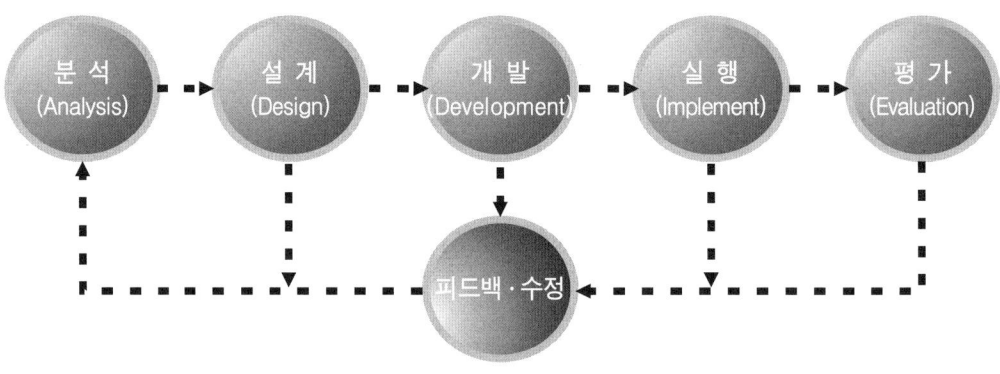

<ADDIE 모형>

1. 분석-학습 내용(What)을 정의하는 단계
    - 요구분석(교육의 필요성에 대한 분석)
    - 학습자분석(학습준비도, 주의집중 가능시간 등의 인지적 특성, 학습양식)
    - 환경 분석(물리적 환경)
    - 학습내용 분석(직무 및 과제 분석)

2. 설계-교수 방법(How)을 구체화하는 단계
    - 학습목표 진술
    - 학습내용 선정
    - 학습내용의 계열화
    - 교수-학습 방법 선정
    - 교수 매체 선정
    - 평가 도구 설계
    - 수업 시간 결정

3. 개발-교수자료를 만드는 단계
    - 교수-학습자료 개발
    - 설계의 적합성 및 자료의 효과에 대한 형성 평가 실시

4. 실행-프로그램을 실제 상황에 설치, 운영하는 단계
    - 사용 및 설치
    - 유지 및 관리

5. 평가-프로그램의 적절성을 결정하는 단계
    - 총괄평가(교육훈련성과 평가)

학습내용 분석

- 학습내용 분석

 수업할 내용에 관한 정보를 얻기 위해 가르쳐야 할 모든 종류의 지식이나 기능을 분석하는 과정을 말한다.

- 필요성

 학습내용 분석을 통하여 학습자가 최종 목적에 도달하는 데 정말 필요한 기능들을 규명하여 불필요한 기능들을 배제할 수 있다. 많은 과정들을 설계하다 보면 설계자가 모든 분야에서 교과 전문가가 될 수는 없기 때문에 이런 유형의 분석 과정을 이용하여 효과적이고 효율적인 설계를 하는데 필수적인 기능들을 밝힐 필요가 있다.

- 구성

 학습내용 분석은 크게 학습목표의 분석과 그 목적을 구성하는 하위기능 분석으로 이루어진다.
    - 학습목표의 분석
     진술된 수업목표가 어떤 학습 성과 영역에 해당하는지를 규명하고 그 목적 달성에 필요한 학습과정을 정보처리 단계로 분석한다.

♦ 하위기능 분석

각 단계별로 그 단계의 학습에 요구되는 하위기능과 지식을 분석하는 것이다. 학습 분석이 적절하게 이루어지지 않으면 교수자의 입장에서는 학습자들에게 무엇을 가르쳐야 할지를 파악하기 어렵게 된다.

학습의 과정

1. 정보처리 모형

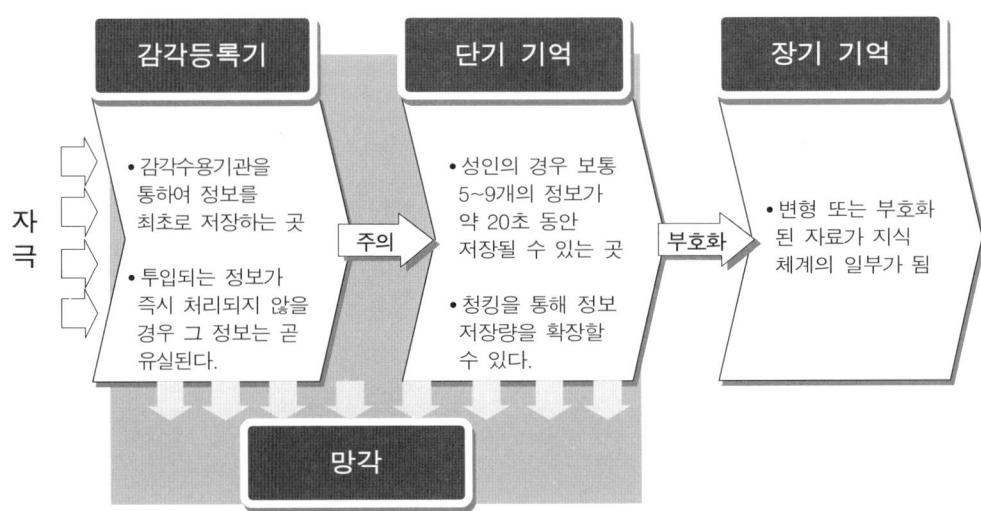

정보처리 이론에서는 인간의 학습을 학습자 외부로부터의 정보(자극)를 획득하여 저장하는 과정으로 가정한다.

2. 가네(Gagne)의 정보처리 이론에서 학습의 과정
(1) 주의

학습을 시작하기 위해서는 자극이 수용되어야 하고 이러한 수용이 발생하기 위해서는 학습자가 자극에 주의를 기울여야 한다. 만약 학습자가 수업에 주의를 기울이지 않는다면 그것은 수용되지 않고 따라서 학습이 일어날 수 없다.

(예: 교수가 설명을 하는 동안 다른 사람과 이야기를 하는 학생은 수업에 참여하지 않는 것이고, 따라서 그 수업내용을 받아들이지 않게 된다. 교수자는 목소리를 변화시키거나 손을 흔들거나 주의를 요구하는 지시를 함으로써 학습자의 주의를 유도할 수 있다.)

(2) 동기화

학습과정 초기 단계에서의 동기화가 이루어져야 한다. 동기는 학습자들이 어떠한 목표를 달성하도록 노력하게 하고 그로 인해 학습목표를 성취하게 되는 것이다.

대부분의 사람들은 경쟁적인 상황에서 성취를 얻고자 노력하거나 성취하거나 하는 욕구를 가진다. 만약 그들이 학습과정에 몰두해야 한다면 그러한 욕구는 반드시 활성화되어야 한다.

가네에 의하면 특정한 목표를 달성하도록 자극하는 동기를 부여하기 위해서는 학습자들이 학습이나 수업에 참여한 결과로 무엇을 얻게 되는지에 대한 기대를 갖게 해야 한다.

(예: 교수자는 학생들에게 학습이 끝나면 무엇을 할 수 있게 되는지를 알려줌으로써 기대감을 형성할 수 있다.)

(3) 선택적 지각

학습자들이 학습을 하기 위해서는 단순히 제시된 정보의 표현이 아니라 새로운 정보의 유형에 주의를 기울여야 한다. 이러한 주의력은 목표나 기대에 근거하여 선택적으로 일어난다. 더욱이 자극적 상황의 특징에 대한 선택적 지각은 학습자로 하여금 다양한 특징들을 구별할 수 있는 능력을 요구한다. 학습자들은 선택적 지각을 위해서 주요한 요점과 덜 중요한 요점을 구별할 수 있어야 한다.

학습자들이 일단 핵심적인 특징을 선택적으로 지각하면 지각된 정보를 단기 기억 장소에 저장해야 한다. 정보가 저장되기 위해서는 그것은 가장 저장이 용이하고 이 후에 인식이 용이한 형태로 변형되어야 하는데, 문제점은 단기 저장 장소는 제한된 용량을 가지고 있다는 것이다. 그것은 두 가지 점에서 제한되어 있다.

첫째는 그곳에 저장될 수 있는 시간의 양(약 20초 정도만 저장 가능)이고, 둘째는 동시에 저장될 수 있는 문항의 수(7±2) 이다. 시간의 제한을 극복하기 위해서는 학습자는 저장된 자료를 반복해서 되새겨야 한다.
이를 흔히 시연(rehearsal)이라 부른다. 저장 문항 수의 제한을 극복하기 위해서는 학습자는 문항을 집단이나 단위로 묶어서 기억해야 한다. 이를 청킹(chuncking, 단위정보)또는 정보 분할이라고 말한다.

(4) 의미적 부호화
 새로운 정보가 장기 기억에 저장되기 위해서는 다시 변형의 과정을 거쳐야 한다. 새로운 정보를 더 잘 기억하기 위해서 유의미하게 조직하는 과정을 '의미적 부호'(semantic encoding)라 한다.

 의미적 부호화를 하는 방법은 매우 다양하다. 단어를 문장으로 연결해서 암기하거나 단어와 함께 그림을 제공하는 것 등이 의미적 부호화의 방법 중에 하나이다.

(5) 장기 기억에 저장
 의미적으로 부호화된 새로운 정보는 이제 장기 기억 장소로 들어간다. 그것은 한 동안 기억되었다가 퇴색되거나, 그 다음에 들어온 정보에 의해 간섭을 받게 된다. 장기 기억 장소에 정보가 오래 유지되도록 돕기 위해서는 복습이나 연습이 필요하다.

(6) 탐색과 회상
어떤 사람이 장기 기억 장소에 저장된 정보를 사용할 필요가 있을 때는 저장된 모든 정보 속에서 그 정보를 찾아야 하고, 일단 찾으면 그것을 회상해야 한다.
 기억을 회상하는 것을 돕기 위해서 단서가 제공될 수 있다.

(7) 수행

 가네는 학습이 일어났는지를 확인하고 피드백을 제공하기 위한 단계로 '수행'을 제안했다. 수행은 실제적으로 학습 결과를 반영한다. 학습이 발생했는지를 확인하기 위해서 교사는 하나 이상의 수행을 요구하는 것이 일반적이다.

 학습자들이 다양한 맥락에서 학습한 것을 적용할 수 있도록 하기 위해서, 종종 수행 상황은 학습 상황과 똑같지 않게 하는 것이 중요하다. 다양한 상황에서 수행할 수 있는 능력을 '전이'라고 하며, 이는 중요한 학습목표 중의 하나이다.

(8) 피드백

  학습자들이 그들의 수행이 주어진 상황의 요구 조건이나 목표를 만족시켰는지를 알 수 있는 것은 매우 중요하다. 그럼으로써 그들은 첫 단계에 형성한 기대를 확인할 수 있다. 피드백은 주어진 수행의 적절성 또는 부적절성에 대한 정보를 제공한다. 또한 그것은 스키너가 말한 것처럼 '강화'를 나타내기도 한다.

교수(수업)사태

 교수사태(Event of Instruction)란 수업장면에서 교수가 학습의 상황을 통제하는 일련의 활동을 말하는 것으로 학습이 일어나는 시기에 학습자 주의의 자극 장면을 공간적 차원에서 적절히 배열한다는 것이다.

 가네는 교수 사태를 9단계로 나누면서 이러한 9가지 사태, 즉 이벤트(event)가 학습의 내적 과정을 돕기 위해 외적인 도움을 주는 하나의 가능한 방법임을 주장하였다. 또 이들 각 사태들의 구체적 특성은 학습이 의도하는 능력에 따라 달라져야 한다고 말한다. 이러한 교수학습의 9가지 사태들은 하나의 학습능력을 가르치기 위하여 교수학습을 계열화하는 기본적인 원리로 해석할 수 있다.

학습의 과정	교수(수업) 사태
• 주의	◆ 주의 획득하기
• 동기화	◆ 학습자에게 수업목표 알리기
• 선택적 지각	◆ 선수학습 회상 자극하기 ◆ 자극 제시하기
• 의미적 부호화 • 장기 기억 저장	◆ 학습 안내 제시하기
• 탐색과 회상 • 수행	◆ 수행 유도하기
• 피드백	◆ 피드백 제공하기 ◆ 수행평가하기 ◆ 파지와 전이 높이기

1. 주의력을 획득하기

가네에 의하면 수업을 시작할 때 우선적으로 이루어져야 하는 일은 바로 학습자들에게 주의력을 획득하는 것이다. 주의력의 획득방법은 다양한 사태를 사용할 수 있다.

가장 흔히 사용되는 방법 중의 하나는 "이것은 중요하다", "여기에 특히 주의를 기울이길 바란다.", "이것은 항상 알고 있어야 되는 원리야"와 같이 말로 주의력을 환기시키는 것이다. 또한 소리나 빛과 같은 강한 자극을 사용하거나 시청각적 자극과 같은 주의력 획득 도구를 사용할 수도 있다. 주의력의 획득은 단순히 자극의 변화를 넘어서 학습자의 흥미를 유발함으로써 이루어질 수도 있다.

예를 들면, 잎에 관련된 수업을 시작할 때 교사는 "나무에서 잎이 왜 떨어지는 걸까?"와 같은 질문을 함으로써 학습자의 흥미를 유발할 수도 있다.
다른 예로, 퍼센트와 관련된 수업의 경우 "야구 선수들의 타율을 어떻게 계산하는 걸까?"라고 질문을 할 수도 있다.

2. 학습자에게 수업목표 알리기

이 단계는 학습이 끝났을 때의 조건이 무엇인지에 대해 기대감을 주는 것이다. 학생들에게 "이 단원이 끝나면 여러분은 다음과 같은 것을 할 수 있을 것입니다."와 같이 수업의 목표를 말해주는 것은 그러한 기대감을 형성하는데 도움을 준다. 목표가 무엇이든 간에 그것을 미리 알려주었을 때 학생들은 더 학습을 잘 하는 경향이 있다.

또한 그 후에 일어나는 학습이나 목표와 어떤 관련성이 있는지를 명확히 알려주면 학생들은 그 목표를 달성하기 위해 더욱 노력하도록 동기화될 수 있다.

마지막으로 학생들은 그들에게 기대되는 최종적인 행동이 어떤 것인지를 알지 못하면 그들이 언제 학습과제를 완료하게 되는지, 어떤 만족감을 경험할 수 있는지를 알 수 없다. 학생들에게 기대되는 최종적인 행동이 무엇인지를 알려주는 것이 바로 목표이다.

3. 선수학습의 회상 자극하기

세 번째 단계는 학습자가 새로운 정보를 학습하는데 필요한 기능을 숙달하는 것이다. 새로운 학습은 선수 학습에 기초한다. 그러므로 새로운 학습의 성공은 필요한 선수 학습이 이미 완료되어 있는지에 달려있다.

이러한 수업의 사태를 달성하기 위해, 교사는 먼저 새로운 학습과 관련된 선수 학습이 무엇인지를 결정해야 하고, 그 다음 그것을 지적해 주거나 다시 회상시켜야 한다. 만약 학습자들이 선수 학습이 제대로 되어 있지 않으면 새로운 학습을 시작하기 전에 이전의 내용을 다시 가르쳐야 한다.

4. 자극 제시하기

이 단계는 학습자에게 학습할 내용을 제시하는 것이다. 학습은 새로운 정보의 제시를 요구한다. 새로운 정보의 제시는 학생들에게 새로운 자극의 독특한 특징이 무엇인지를 지적해 줄 수도 있고, 하나의 정의나 규칙의 형태를 띨 수도 있으며, 무엇을 하는 방법에 대한 지식일 수도 있다. 어떤 사태이든 그것은 새로운 자극이며, 교사의 과제는 그것의 독특한 특징을 제시해 줌으로써 학습자들이 기억하기 쉽도록 도와주는 것이다.

예를 들면, 개념이나 규칙을 제시할 때는 다양한 예들을 사용해야 하며 그 개념 또는 규칙이 적용되는 상황을 구별할 수 있도록 도와주어야 한다.

5. 학습 안내 제시하기

이 단계는 학습할 과제의 모든 요소들을 통합시키는데 필요한 방법을 제시하는 것이다. 이전 정보와 새로운 정보를 적절히 통합시키고, 그 결과를 장기 기억에 저장할 수 있도록 학생들은 도움이나 지도를 받아야 한다.

이러한 도움은 통합된 정보가 유의미하게 부호화되는데 초점을 두어야 한다. 가네는 이것을 '통합 교수'(Integrating Instructions)라고 지칭했는데, 이것은 학습자들이 과제를 적절히 수행할 수 있도록 모든 관련된 정보를 사용할 수 있는 규칙이나 모델을 제공하는 것이다. 예나 시연, 도표, 순차적 교수 등은 모두 학습자들이 모든 정보를 목표를 수행하는데 적합하도록 통합하고, 저장하고, 회상하는 것을 돕는 기능을 한다.

6. 수행 유도하기

이것은 통합된 학습의 요소들이 실제로 학습자에 의해 실행되는 단계이다. 이전의 단계들은 학습자가 학습을 하고, 새로운 정보나 기능이 장기 기억에 저장되는 것을 확신시켜 주는데 비해, 이 단계에서는 학습자가 실제로 새로운 학습을 했는지를 증명하는 기회를 제공한다.

수행은 학습자들이 연습 문제를 작성하거나, 숙제를 하거나, 수업시간의 질문에 대답하거나, 실험을 완료하거나, 그들이 배운 것을 실습할 수 있는 기회를 제공함으로써 유발될 수 있다.

7. 피드백 제공하기

이 단계에서는 수행이 얼마나 성공적이었고 정확했는지에 대한 결과를 알려준다. 수행 이후에는 피드백이 제공되어야 한다. 성공적인 수행에는 긍정적인 피드백이 제공되며, 그것은 과제의 수행에 대한 강화의 기능을 한다.

피드백을 통해서 학생들은 그들의 최초의 목표를 달성할 수 있는지를 알게 되고, 수행의 개선이 필요한 학생들은 얼마나 더 많은 연습이 필요한지를 알게 된다.

8. 수행 평가하기

 이 단계에서는 다음 단계의 학습이 가능한지를 결정하기 위한 평가를 실시한다. 앞 단계에서 수행에 대한 연습과 강화가 주어졌으므로 이제는 수행에 대한 평가를 할 시기이다.

 이번에는 학습자들이 다음의 새로운 학습을 위한 준비가 되었는지를 결정하기 전에 학습자들에게 학습한 것을 시연하도록 한다. 특히 시험 상황은 단순한 암기가 아니라 이해가 이루어졌는지를 점검하기 위해 필요한 과정이다.

9. 파지와 학습의 전이 증진하기

 마지막 단계에서는 새로운 학습이 다른 상황으로 일반화되거나 적용할 수 있는 경험을 제공해야 한다. 그러므로 마지막 단계의 특징은 반복과 적용이다.

 자료를 다시 점검하는 것은 기억을 확실히 하는데 도움을 준다. 다양한 상황과 문맥에 적용하는 것은 전이를 도와주는 것으로 처음에 학습된 특정 상황을 넘어 활용될 수 있도록 해야 한다.

 예를 들면 분수와 혼합된 수의 덧셈은 추상적으로 학습하였지만 이러한 지식을 개집을 짓기 위해서 나무의 길이를 측정하는 것과 같은 실제 상황에 적용하도록 하는 것은 유용할 것이다. 그러한 전이를 촉진시키기 위해서 교사는 학생들에게 그들이 새롭게 배운 기능을 언제, 어떻게 적용할 수 있는지를 가르쳐야 한다.

스토리보드의 기본 개념

스토리보드 작성의 중요성

- 스토리보드 작성이란?

 콘텐츠 개발이 완성된 후의 모습을 각 화면별로 미리 문서로 그려보는 것을 말한다. 스토리보드 작성을 통해 학습내용과 전개 방법이 화면에 효과적으로 구현될 수 있을지, 화면 간의 흐름이 매끄러운지, 상호작용은 어떻게 구성할 것인지 등 학습의 효과와 관련한 사항들을 구체적으로 작성하고 검토하게 된다.

- 스토리보드 작성은 왜 필요한가?

 스토리보드 작성은 콘텐츠 개발에 필요한 사항과 내용을 최대한으로 고려하여 설계하기 위한 목적뿐만 아니라 다음과 같은 이점이 있기 때문에 꼭 거쳐야 할 절차이다.
  - 학습의 흐름을 고려하여 내용을 체계적으로 설계할 수 있다.
  - 개발 시간을 최대한 단축시킬 수 있다.
  - 개발 시 발생하는 시행착오를 줄일 수 있다.
  - 개발 후 오류사항을 검토할 때 지침서가 될 수 있다.

스토리보드 작성절차

전체적 스토리보드 작성	화면단위로 텍스트 분할 ↓ 공통화면 설계
화면 단위 스토리보드 상세화	그래픽 자료 개발 및 제시 방법 결정 ↓ 음향 사용 방법 결정
검토 및 수정	설계자·전문가·학습자의 검토 및 수정

스토리보드의 주요 내용

교수설계 요소 (Gagne)	스토리보드 주요 내용	작성 시 고려사항	학습의 과정
주의력 획득	과정소개 및 시나리오	문제 상황을 제공하여 학습자의 학습동기 유발	학습초반
학습목표 제시	학습목표	학습 성과를 측정할 수 있는 동사를 사용하여 기술함	
선수지식 및 사전지식의 회상 자극하기	선수지식 확인	지난 학습에 대한 간단한 이벤트나 질문으로 본 회차와 연계성을 둠	
	사전지식 체크리스트	수준별 피드백 문항을 작성함	
자극자료 제시 학습안내 제시 수행유발	• 본시학습 내용 　◆ 그림 및 그래프 설명, 동영상 제공 　◆ 용어사전 　◆ 심화학습 및 참고자료 　◆ 돌발퀴즈 　　(형성평가 및 주위환기) 　◆ 기타 보충자료 • 시뮬레이션 제공	인용한 자료에 대한 출처기재, 그래픽 초안 작성	학습중반
피드백 제공	학습정리	학습목표를 기준으로 회차별 키워드 및 설명 작성	학습중반
수행평가	학습평가	회차별 평가, 과제, 중간/기말 고사 문제작성하고 그에 따른 풀이/피드백 첨부	학습 마무리
파지와 전이의 향상	학습 마무리	관련 사이트 소개, 시나리오의 문제 상황 해결, 다음 학습을 위한 내용 예고	

스토리보드 작성을 위한 기본 방법

1. 텍스트 분할

이 단계에서는 스토리보드의 분량을 파악하고 한 화면에 들어가는 구성요소를 파악한다.

한 화면에서 작성한 텍스트들을 컴퓨터 화면의 특성을 고려하여 분할한다. 대부분의 학습자가 사용하는 컴퓨터의 해상도를 고려해야 한다. 또한 한 화면에 가급적 중요한 내용이 제시되도록 하며 화면에 들어갈 텍스트의 양이 많을 경우, 쓰일 수 있는 화면전환의 기법에 대해 생각해 봐야 한다. 아울러 화면의 앞/뒤 내용이 자연스럽게 연결되도록 흐름에 신경을 쓰는 것도 중요하다.

2. 공통화면 설계

실제 스토리보드 화면을 작성하기 전에 다시 한 번 학습흐름도(Flow)를 살펴보면서 회차 별로 필요한 공통 화면을 설계해야 한다.

공통 화면을 미리 설계하는 이유는 반복되는 화면의 작성 작업을 줄여 스토리보드 작성시간을 단축시킬 수 있으며, 화면의 일관성을 유지할 수 있어 학습자가 효과적으로 학습할 수 있도록 하는 데 있다.

공통화면을 설계하는 절차는 다음과 같다.

- 작성하려는 스토리보드의 화면을 나열한다.
  예) 회차 제목, 내용 소개, 학습목표, 학습내용, 학습평가, 시뮬레이션 실습 등
- 공통 화면으로 정한 화면의 구성 요소를 파악한다.
- 화면의 종류별로 어디에 제시할 것인지 결정한다.
- 레이아웃을 설계한다.

3. 화면 작성

공통화면 설계가 끝나면 스토리보드에 각 화면을 작성한다.

- 화면 별로 분류하여 작성한다.
- 텍스트 내용부터 작성하고 그래픽으로 표시되어야 할 부분은 별도로 기록한다.
- 화면 작성에 대한 설명을 제시할 때, 전개 방법에 대해 자세하게 기록한다.

4. 그래픽 자료 개발

그래픽 자료란 텍스트가 아닌 모든 자료를 일컫는다.
예를 들면, 학습내용과 관련된 그림이나 도표, 애니메이션, 지도, 그래프 등이 해당된다. 콘텐츠에서는 이런 그래픽 자료들이 학습자의 학습 내용에 대한 이해를 돕는데 지대한 역할을 감당한다.

스토리보드에 그래픽 자료를 제시할 때에는 다음과 같은 사항을 고려한다.

- 애니메이션이 이루어지는 화면에 대한 설명을 구체적으로 명확히 한다.
- 그림과 텍스트가 동시에 제시되는 화면에서는 어떤 움직임이 필요한지에 따라 공간을 할당하고 이에 대한 설명을 추가한다.
- 학습내용에 따라 설명과 함께 변하는 그래픽에 대해서는 각 단계마다 필요한 모든 그래픽 자료를 넣도록 한다.(예: 시뮬레이션 실습과정 등)

5. 음향 사용 결정

음향의 제공이 모든 학습자에게 효과가 있는 것은 아니므로 학습자의 선택에 의해 이루어지도록 설계하는 것이 중요하다.

6. 색 결정

색의 사용은 학습자의 주의를 끌고 흥미를 증가시키기 쉬운 방법 중의 하나이다.
스토리보드 상에서 색을 정하기는 어렵지만, 학습자의 시각에 너무 자극을 주는 색은 피해야 한다.

7. 검토 및 수정

스토리보드 작성 단계에서는 특히 다른 단계보다 더 철저하게 검토와 수정을 거쳐야 한다. 잘못된 스토리보드는 개발 후 잘못된 콘텐츠로 이어지기 때문이다.

스토리보드를 검토하고 수정하는 절차는 다음과 같다.

- 설계자가 학습 흐름도와 스토리보드를 비교하여 마지막으로 검토를 한다.
- 내용전문가, 개발자 등 전문가의 검토를 거친다.
- 콘텐츠로 학습하게 될 대상 학습자의 검토를 받는다.
- 모든 검토사항을 정리하고 분석하여 수정하고 보완한다.

작성시 유의사항

1. 학습내용 작성

화면을 작성하기 전 학습내용이 담겨진 초고를 미리 작성하여 검토해야 한다. 학습내용은 체제적으로 내용을 분석하여 이에 따라 결정된 학습흐름도에 따라 작성한다.

- 장황하고 반복적인 설명보다는 중요한 점을 간결하게 설명한다.
- 한 문장에 중요한 개념을 하나 정도만 포함하도록 한다.
- 직접적인 설명도 중요하지만, 유추나 은유 등의 표현방법으로 끊임없는 질의와 응답을 통해 학습자의 참여를 유도한다.
- 위계적인 내용의 조직 체계를 처음에 제시해 준다.
- 맞춤법, 철자를 정확하게 하고 표, 설명, 내레이션 등의 구조에 따라 문장의 진술 방법을 통일한다.
- 학습자 수준에 맞는 어휘를 선택하며, 어려운 용어나 새로운 전문용어에 대해서는 설명을 넣는다.
- 그래픽 자료에 대한 설명을 기재하고 인용한 부분은 저작권에 위배되지 않도록 사전 조치를 취한다.

2. 질문

학습자가 제대로 학습내용을 이해하고 학습목표를 성취하고 있는지를 확인하기 위한 요소가 학습과정 중에 반드시 포함되어야 한다. 학습의 시작, 중반, 마무리에 이르기까지 이런 질문의 요소들이 어떤 형태로든 녹아져 있어야 한다.

3. 피드백

학습자에게 질의 형태로 제시했을 때는 그에 해당하는 피드백을 제공해야 한다. 이 피드백의 형태는 학습자들의 동기유발을 지속시켜 주는 요소와 적절하게 혼합하여 다양한 방법으로 제공하는 것도 좋다. 피드백시 상투적이고 부정적인 용어는 피하고 긍정적이고 학습에 도움을 줄 수 있는 용어를 사용한다.

예를 들어 단순히 '틀렸습니다. 한 번 더 풀어보세요' 이런 용어보다는 '안타깝군요. 문제를 배운 내용을 참고해서 다시 한 번 도전해 보세요.' 이렇게 풀어가는 것이 학습자에게 더 부드럽게 느껴질 수 있다.

스토리보드의 예시

| | 수업 전문성 향상과정 - 초등총론 | |

- 일차   : 15일차
- 일차명 : 학습 및 수업의 개별화
- 설계자 : 김영희
- SME   : 홍길동

Revision History

날짜	버전	변경/추가 내역	진행상황
01.24	1.0	모범 답안 요청	

<표지>

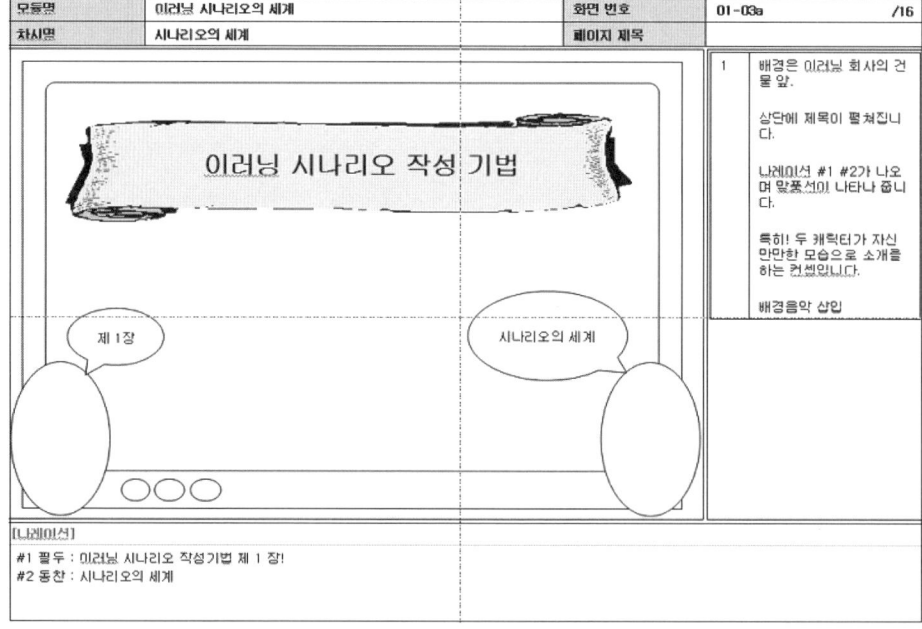

<인트로 부분>

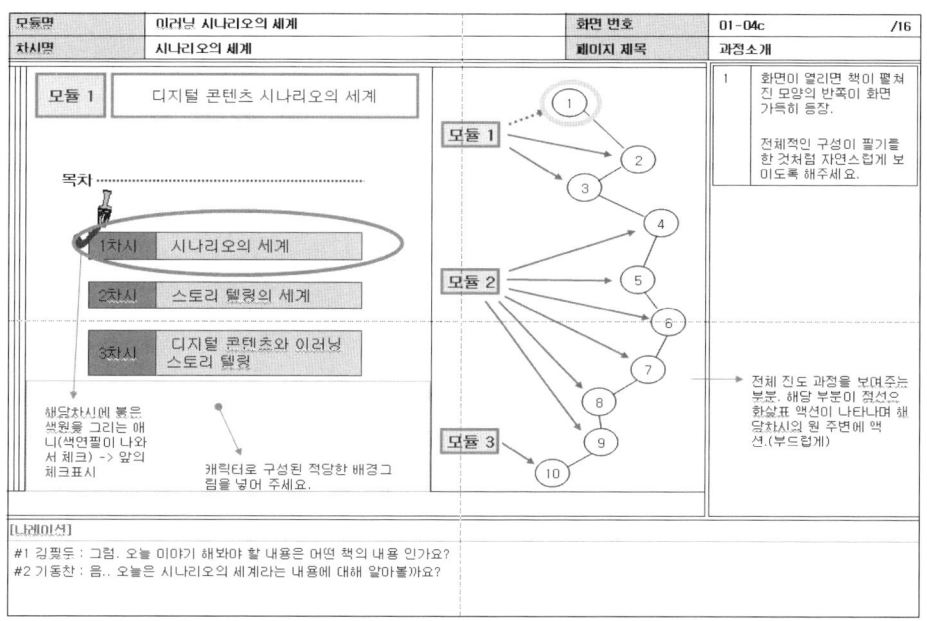

<과정소개 부분>

<학습목차 및 학습목표 소개 부분>

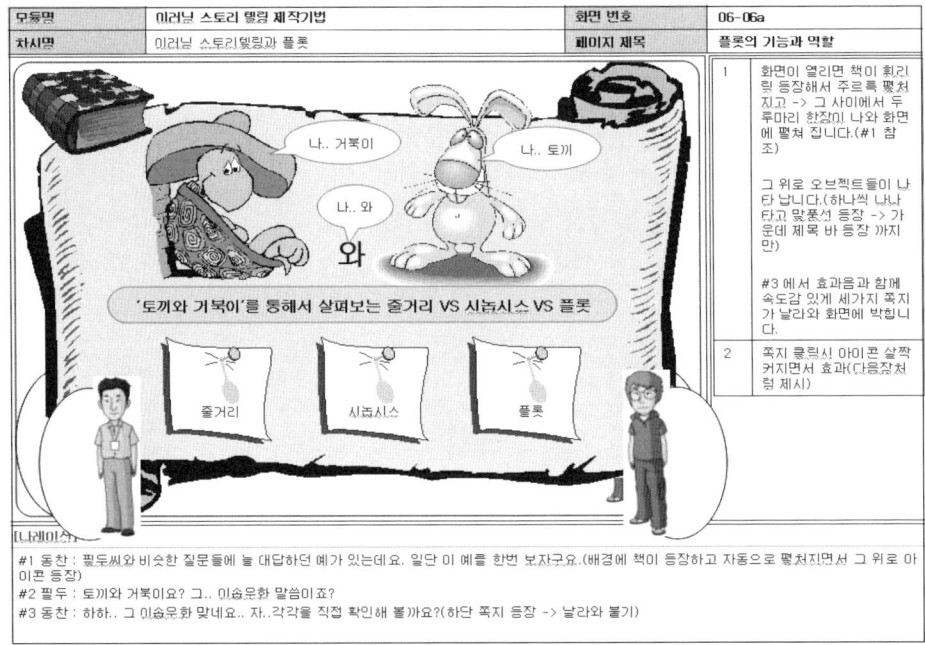

<학습내용 부분>

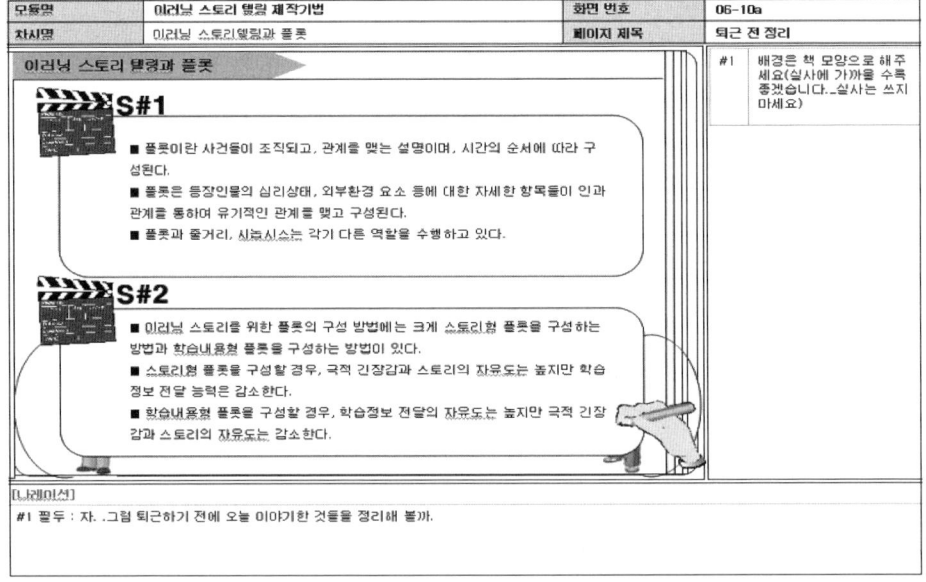

<스토리보드 예 - 학습정리 부분>

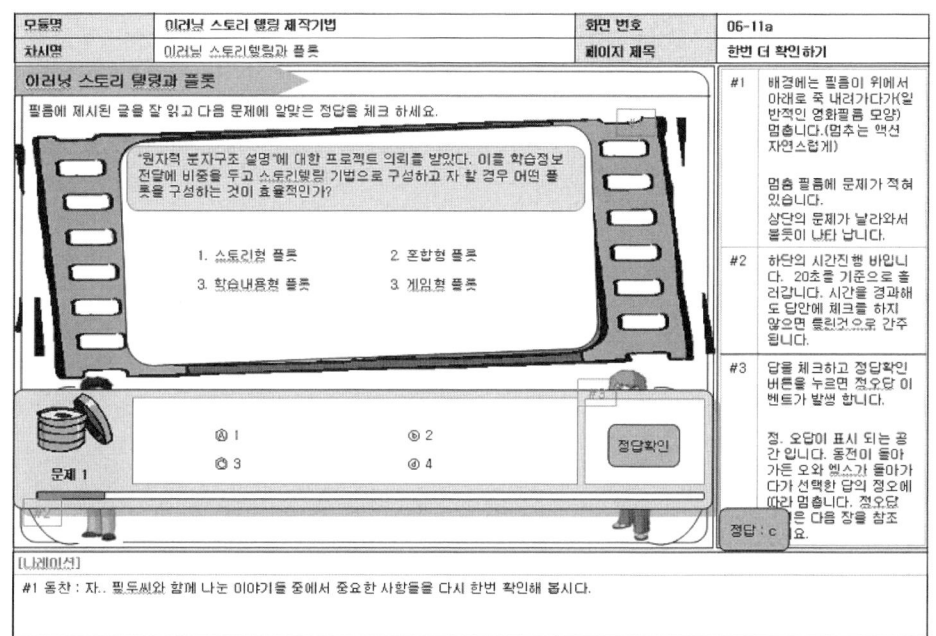

<형성평가 부분>

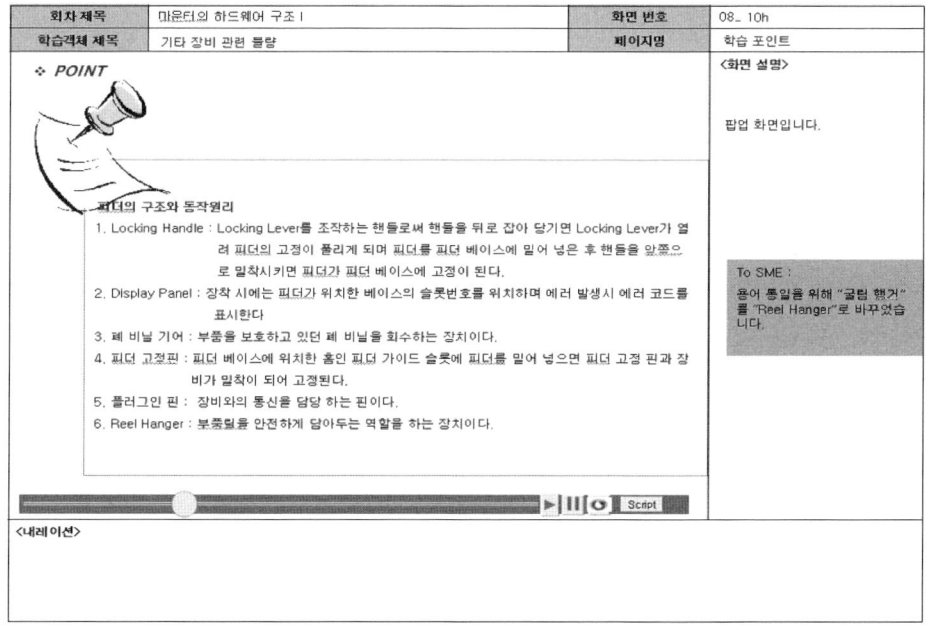

<기타>

학습자 중심의 인터페이스 설계

학습자 중심 인터페이스 설계 방안

인간과 컴퓨터간의 상호작용을 보다 쉽고 간편하게 하려는 설계를 인터페이스 설계라고 한다. 이러닝 콘텐츠에는 "ㄷ"자형 UI와 "="자형 UI가 주로 사용되고 있으며, 기본적으로 포함 될 내용은 콘텐츠 정보, 학습 진행을 위한 내비게이션, 학습내용, 학습지원 메뉴, 학습 조절 기능으로 구분할 수 있다.

인터페이스는 LMS의 특수성과 과정운영 방침을 고려하여 설계되어야 한다. (예: Top프레임의 사이즈, Bottom프레임 사이즈, Left프레임 사이즈, 학습 내용 창의 크기, 토론방, 게시판 등의 기능 지원 여부, SCORM 준용 여부 등)

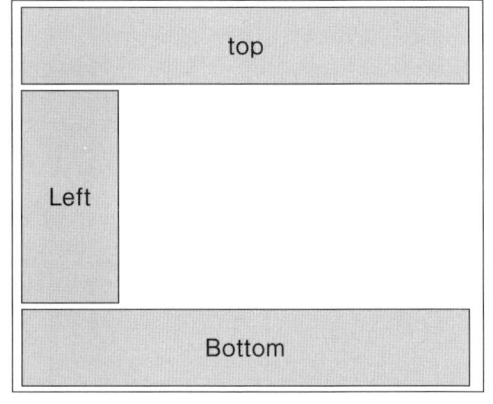 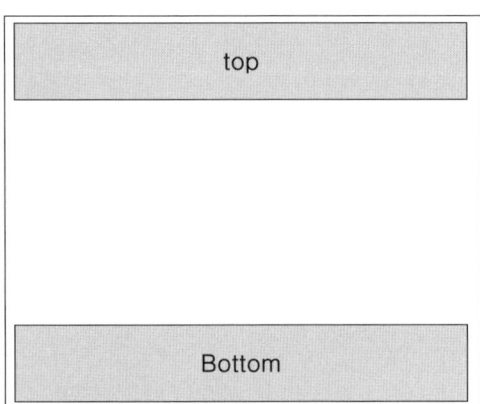

<대표적 UI: "ㄷ"자형UI(左) 와 "="자형 UI(右)>

1. 콘텐츠 정보

과정명, 과목명, 차시명 등 학습내용에 대한 정보와 기관명, 기관 로고 등 기관에 대한 정보가 표시된다.

차시명이 제시되는 부분은 전체 차시의 목차를 확인하여, 충분한 공간적 여유를 두도록 한다. (20차시 코스웨어에서 차시명은 짧을 수도 있고, 길수도 있기 때문이다.)

<콘텐츠 정보 표시의 예>

2. 학습 진행 내비게이션

페이지 이동을 위한 버튼과 학습흐름도상의 각 단계(오브젝트)별 첫 페이지로의 이동을 위한 버튼, 학습 종료 버튼 등이 포함된다.

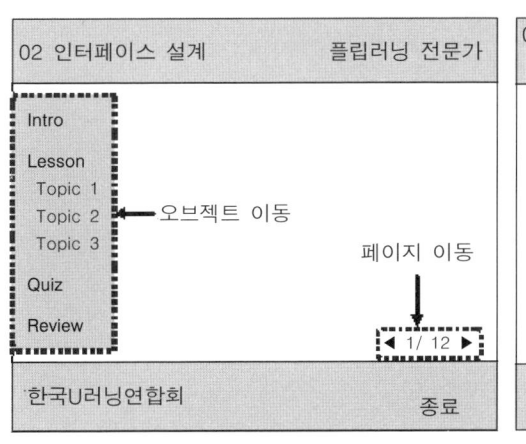 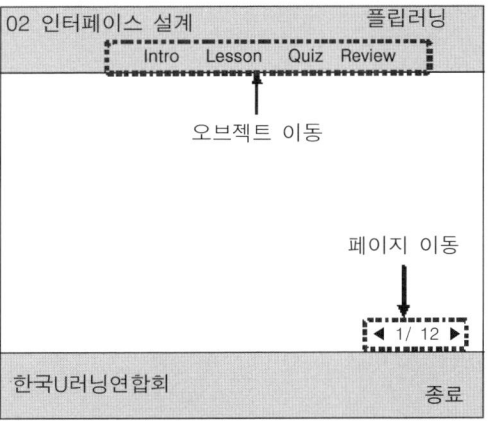

<내비게이션 정보 : "ㄷ"자형 UI(左) 와 "="자형 UI(右)>

학습 진행 내비게이션 설계시 다음과 같은 경우를 고려해야 한다.

- 내비게이션의 배치는 학습자가 찾을 수 있는 최상의 위치에 있도록 고려하고, 일관성 있게 제공되어야 한다.
- 학습자가 스스로 진행하고 있음을 알도록 정보를 제공한다.
  총 몇 페이지 중 현재 몇 번째 페이지를 학습 중인지, 학습흐름도가 어떻게 구성되어 있으며, 학습흐름도 상에서 어떤 단계를 학습 중인지 알 수 있도록 해야 한다.
- 학습자 입력 탐색 조건을 허락할 수도 있다.
  항해는 유연성이 있어야 하고, 정보의 접근 제어는 유연성을 반영해야 한다. (입력한 페이지로의 이동)

<입력한 페이지로 이동 가능한 내비게이션의 예>

- 컴퓨터가 요구된 정보를 준비할 동안 학습자가 그들의 흥미를 유지할 시각적인 자극을 제공하는 것이다.

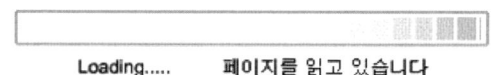

- 학습 중인 곳과 학습한 곳, 앞으로 학습할 곳은 버튼이나 아이콘에 강조, 움직임 등의 시각적인 변화를 주도록 한다.
  경우에 따라서는 학습흐름도를 따라 순차적으로만 학습이 가능하도록 제한을 둘 수도 있다. (진도 관리를 위해 순차적인 학습만 가능하도록 제한을 두는 경우가 많다.)

3. 학습내용
장 혹은 절 제목, 학습 오브젝트 명, 본문 내용이 제시된다.

4. 학습지원메뉴

학습자-교수자, 학습자-학습자 사이의 상호작용은 LMS의 특수한 기능들을 사용하여만 가능한 경우가 많다. 학습에 필요한 자료를 주고받기 위한 자료실, 특정 주제에 대한 토론이 필요한 경우 이를 지원하는 토론방, 과제 수행, 제출과 관련된 과제방 등이 이러한 경우에 해당한다.

이러한 상호작용은 설계는 아래와 같은 원칙을 지켜 설계 되어야 한다.

- 상호간의 의사소통은 언제라도 즉시 이루어질 수 있어야 하므로 이러닝의 어떤 노드에서라도 상호작용 채널에 접근할 수 있도록 한다.
- 상호작용의 채널은 보조학습 도구이므로 이러닝과는 별도의 공간을 확보해 학습내용과 상호작용이 유기적인 관계를 가질 수 있도록 한다.
- 의사소통의 채널에 접근은 쉽게 이루어 질 수 있어야 한다. 따로 의사소통을 위한 학습을 하지 않도록 쉽게 만들어져야 한다.

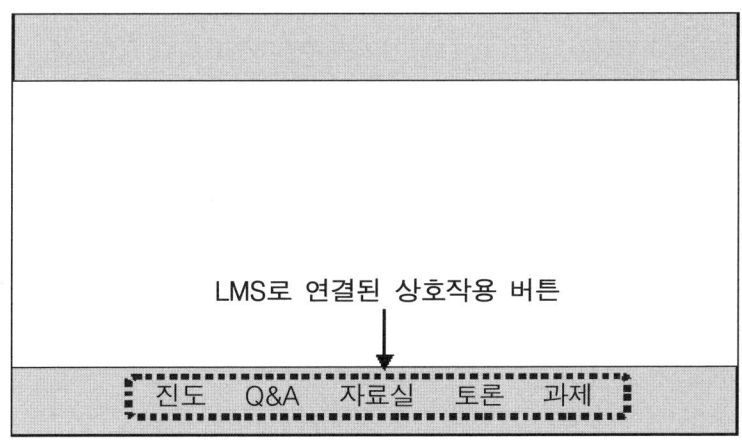

<학습지원 메뉴의 예>

5. 학습 진행 조절

하이퍼미디어 시스템은 학습자들이 지식의 몸체를 탐험하고 감각을 형성시켜주며, 자기 주도적이고 자기 동기화된 의미를 구성해주고 메타인지 기능을 개발해 줄 수 있는 인지적 도구이다. 그러나 하이퍼미디어 시스템은 학습계열에 대한 구체적인 안내와 구조가 부족하여 학습과정 중 학습자의 방향상실을 유발할 수 있다.

이를 방지하기 위해서 개념지도(Concept Map)와 주제목차(Topic List)를 이용할 수 있다. 개념지도는 이러닝 내의 학습요소들을 이미지화하여 현재의 위치, 이전·이후의 위치 등을 학습자가 쉽게 파악하고 원하는 곳으로 바로 이동할 수 있도록 한다. 또한 플래시 애니메이션 혹은 동영상으로 학습을 진행할 경우 학습 속도를 조절할 수 있는 컨트롤러는 필수 요소이다.

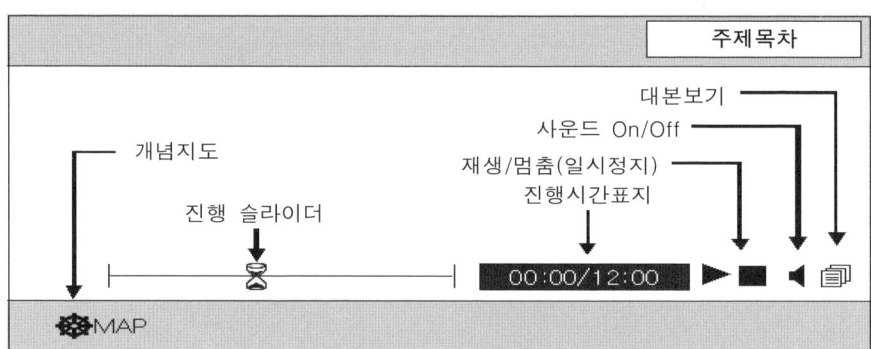

<학습 진행 조절 UI>

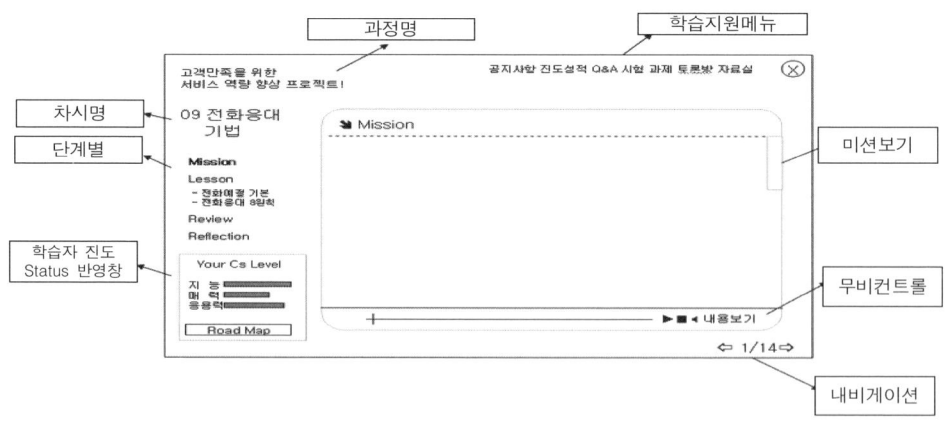

<인터페이스 설계의 예>

상호작용 설계 방법

 상호작용 설계란 학습자에게 체계적으로 방향을 제시해 주는 안내체제를 구성하고, 이를 기초로 학습을 위한 항해 또는 필요한 정보에의 접근 경로를 설계하는 것을 말한다.

상호작용의 유형
 상호작용 설계는 학습자가 자율적인 독립학습 상황에서도 만족할 만한 학습을 경험할 수 있도록 도와야 한다는 맥락에서 다음과 같은 유형을 포함한다.

교수자 - 학습자간의 상호작용을 위한 설계 전략
 교수자가 학습자와 어느 정도 어떤 부분에서 상호 작용을 할 것인가를 사전에 결정하는데 영향을 미친다. 교수자는 이미 이러닝 자료 설계 과정을 통하여 자신이 가지고 있는 지식을 학습자에게 전달하려는 노력을 하였다.

 이제 학습자가 이러한 교육 자료를 가지고 학습하는 과정을 안내하고, 지원하고, 평가하는 활동에 참여하게 된다. 이 때 학습자에게 일방적으로 설명하는 것이 아니라 학습자의 생각, 의견, 질문 등에 주의를 기울이면서 학습자의 적극적 지식 획득 과정을 촉진할 필요가 있다. 즉, 학습자와 상호 작용을 통하여 학습자의 능동적 학습 과정을 지원하는 것이다.

 교수자와 학습자와의 상호 작용을 위해서는 대체로 다음과 같은 영역에 대하여 사전에 구체적인 설계를 하게 되며, 이 후 교육과정이 진행되면서 상세 운영 전략을 적용하게 된다.

1. 질문에 대한 답변

 교수자가 학습자와 상호작용을 하는 첫 번째 통로는 학습자의 인지적 질문에 대한 답변 과정을 통해서이다. 교육과정의 초기 단계에 학습자의 전체적인 동기 수준 등을 파악하여서 질문이 자발적으로 일어나지 않을 경우, 적절한 방식의 질문이 발생할 수 있는 환경을 설정할 수 있다.

 예컨대, 몇 차례 강의 진행시 최소한의 질문을 반드시 하도록 부과하는 것을 들 수 있다.

2. 학습 참여 유도

 이러닝에 있어서 학습자의 참여가 매우 중요한 교육 효과의 요인인 만큼 학습자의 참여를 유도할 수 있는 방안이 사전에 잘 준비되어 있어야 한다. 강좌 안내문의 평가 사항에 학습 참여 항목을 명기하며, 구체적으로 참여의 방식을 상세하게 제시하는 것이 좋다.

 교육 초기 단계에 학습자들의 학습 참여 유도를 위한 교수자의 적극적인 활동 또한 이후 학습자들의 학습 성공에 중요한 영향을 미친다.

 따라서 교수자는 초기에 상대적으로 많이 교육과정에 접속하여 학습자의 전체 학습 진행 상태를 파악하면서 필요시 학습자의 학습 행동에 개입하여 적절한 안내를 할 필요가 있다.

3. 토론 참여

 교수자가 학습자와의 토론 과정을 주도하거나 적극적으로 참여할 경우, 학습자의 학습 성공율과 만족도 수준이 높다는 연구 결과에 비추어 보면, 교수자의 토론 참여는 매우 중요하다.

 그렇지만, 교수자의 토론 참여 방식과 수준은 교육의 진전, 학습자의 동기 수준, 토론의 주제 등의 조건에 따라서 변화될 필요가 있다. 특히, 학습자들이 교수자에게 의존하기 보다는 자신의 지식과 사고를 분명히 하고 정리하기 위해서는 단계적인 토론 참여가 매우 필요하다.

즉, 초기 단계에서는 토론의 초점, 전개 방식에 대하여 관여를 하다가 이 후 점점 관여의 수준을 줄이는 방식을 취할 수 있다.

학습자 - 학습자간의 상호작용을 위한 설계 전략

학습자간 상호 작용은 크게 교육 주제와 관련된 인지적 상호 작용과 학습자들끼리 서로의 개인적인 생각을 나눌 수 있는 사회적 상호 작용을 포함한다.

인지적 상호 작용을 위해서는 조별 과제를 부과하여 그것을 해결하는 과정에서 경험할 수 있게 할 수 있다. 이 부분을 성공적으로 운영하기 위해서는 앞의 토론 참여와 마찬가지로 강좌 안내문 등에 조별 과제 참여 방식과 이에 대한 평가 방식을 분명히 하는 것이 효과적이다. 특히, 개인별 평가뿐만 아니라 전체 조의 평가 방식을 구분함으로써 모든 학습자가 인지적 상호 작용에 적극적으로 참여하게 하는 방법도 고려할 필요가 있다.

학습자 - 학습내용 간 상호작용

- 텍스트 입력
- 드래그&드롭 (drag & drop)
- 클릭이벤트
- 마우스로 문지르기
- 선긋기

내용제시 전략

수업내용제시방안

 내용제시를 잘하기 위해 학습콘텐츠를 정해진 크기의 화면에서 효과적으로 제시하는 방안을 고려해야한다.

 다양한 멀티미디어 자료와 항해 버튼들, 기타 여러 가지 학습활동용 아이콘들의 크기와 색상, 배치 등에 대한 지각심리학적 원리가 반영되어야 할 것이다.

 뿐만 아니라 화면 설계에 있어 문자자료의 제시방안과 하이퍼링크 작성에 대한 내용도 고려해야 한다.

1. 화면디자인 원리

 화면 디자인시 반드시 확보해야할 3가지 설계원리로는 일관성, 명확성, 심미성이 있다.

(1) 일관성

 사이버 강좌의 특성상 학습자는 여러 화면을 옮겨 다니면서 다양한 멀티미디어 요소를 접하게 된다. 새로운 화면이 등장할 때마다 제목이나 버튼들, 기타 시각자료들이 제각각으로 다른 위치, 다른 색깔로 주어지는 경우 학습자는 인지적인 학습의 혼란감을 느끼게 되어 학습의욕을 상실하게 된다.

 따라서 바람직한 멀티미디어 화면설계의 일관성을 위해 다음의 요소들을 감안해야 한다. 내용의 수준 및 문단 전환시 제시양식, 항목들의 위치, 색채사용, 머리말·꼬리말 구조, 실마리사용, 그래픽 양식, 내용 밀도 및 여백, 용어사용, 지시용어 및 사용방식, 상호작용 기재(예: 버튼 사용).

(2) 명확성

 화면설계에 있어 명확성을 확보하기 위해선 가능한 한 꼭 필요한 내용만 제시해야 한다는 원칙을 고수해야 한다.

 세부적인 명확성 내용은 다음과 같다.
- 학습자가 알 필요가 없는 내용은 무시하라.
- 학습자가 알아야 할 내용은 모두 포함하라.

- 학습자가 알면 좋은 내용은 가능한 한 포함하되 학습자가 선택하도록 하라.

또한 명확성과 관련하여 특히 주의할 사항은 다음의 "사용언어"를 적절히 선택해서 적용해야 한다는 점이다. 교수-학습을 위한 용어는 학술용어와는 사뭇 다르기 때문에 다음 지침을 참조할 필요가 있다.

- 학습자 수준에 맞는 용어를 끝까지 사용하라.
- 문장유형은 중·복문을 피하고 단문으로 하라.
- 수동태를 피하고 부정문을 피하라.
- 학습자가 익숙한 사례를 가능한 한 많이 사용하라.
- 구어체를 사용하라.

(3) 심미성
 화면설계에 있어 심미성은 '균형', '조화', '통일'이라는 세 가지 요소의 긴밀한 관련성을 갖는다.

- 균형
 심미적 요소로서의 '균형'이란 한마디로 안정감을 말한다.
 화면상의 요소들이 화면으로부터 미끄러져 내릴 것 같아서는 안 되며, 또한 한쪽으로 기우는 듯한 느낌이 들어서는 안 된다.
- 조화
 한 화면 안에서 계속되는 화면제시에 있어서 유사한 색채나 폰트를 사용함으로써 전체적인 조화를 이루어져 한다. 이미 사용하고 있는 글꼴과는 다른 글꼴이 삽입된다든지, 고전적인 내용에 최근의 테크노 음향이 사용된다든지 하는 것은 조화에 역행하는 화면설계가 된다.
- 통일
 내용제시에 있어 단수성과 전체성을 유지하는 것을 말한다.
 즉, 화면구성요소들이 서로 하나 되는 느낌을 가지도록 해야 하는 것이다. 모든 요소가 서로 부합되어야 하며, 그 어떤 것도 상실된 느낌을 주지 말아야 하며, 또한 과도한 느낌이 없어야 한다. 이러한 통일감의 추구는 무엇보다도 조화와 균형의 추구를 전제로 한다.

2. 문서자료 배치방안 (1)

　현재 이러닝 대부분의 내용은 문서자료로 이루어져 있다.
　멀티미디어 자료들은 문서자료를 보완하거나 설명하기 어려운 내용이해를 돕고 학습자의 흥미를 제고하기 위하여 사용하는 것이 바람직하다.
　한 화면에 많은 문서가 비구조적으로 배치하는 것은 학습자의 흥미를 감소시키게 된다.

- 연역적 방식으로 내용을 제시한다.
- 불필요한 연결 수사를 자제한다.
- 화면당 제시내용을 최소화한다.
- 정독(精讀)보다는 적독(摘讀)에 알맞게 기술한다.
- 79%의 학습자들이 정독하지 않고 적독한다.
  90%의 웹 사용자들이 스크롤바를 사용하지 않음.
- 강조된 부분을 먼저 읽고 계속 여부를 결정하게 된다.
- 한 문장에 한 아이디어만 제시토록 진술한다.
- 내용의 관련성은 일관성 있는 '들여쓰기' 사용을 통해 표시한다.
- 제시된 내용의 출처, 저자 등을 밝힘으로써 자료의 신뢰도를 확보한다.
- 불필요한 연결 수사를 자제한다.

3. 문서자료 배치방안 (2)

　수업자료를 적합한 구조에 따라 조직한다.
　단위수업의 전체내용을 구조화하여 일목요연하게 제시하고 계속해서 세부내용을 학습하게 하는 방안이 효과적이다.
　수업자료를 제시하는 순서는 내용의 성격과 학습자의 경험이나 지식, 흥미수준을 고려하여 결정한다.
　하이퍼링크를 이용하여 새로운 정보를 제시할 경우에도 이전 내용과의 맥락을 유지토록 배려한다.

- 내용의 맥락을 손상시키지 않도록 한 화면을 설계한다.
  (한 화면을 초과하더라도 맥락유지가 중요함)
- 맥락유지를 위해 돌출창(pop-up창)을 사용한다.
  (원래 화면을 배경으로 하고 관련내용을 돌출창에 제시)

- 한 줄의 길이 : 약 20~30자 정도가 적절하다.
- 긴 문서의 경우 내부링크(embeded link)를 설정한다.
- 멀티미디어 파일은 용량의 크기를 명시한다.
- 링크의 경우, 구체적인 내용을 짐작할 수 있도록 한다.
- 자료제시 계열은 내용과 학습자에 따라 다양화한다.
  (시간순, 절차순, 난이도, 분류별, 흥미도, 친숙도, 가용성)
- 긴 문서는 박스모양으로 구획화 한다. (인지적 부담경감)
- 미주, 참고자료 등에 대해 하이퍼링크를 활용한다.
- 용어집을 구축하고, 각 용어별로 링크를 설정한다.
- 화면상단에 그림을 배치하지 않는다. (로딩시간 지연방지)
- '이미지 맵'으로 내용의 전체구조와 관련성을 제시한다.

4. 학습요소별, 학습자수준별 제시방안

 사실, 개념·정의, 절차·단계, 과정·상황, 원리 등 학습요소에 대한 선수학습 수준과 이해수준은 다양하다.

 따라서 학습자의 수준에 따라 내용제시방안을 다양화해야 할 필요성이 있다. 웹에서 제공하는 여러 가지 기능을 이용하여 내용제시방안을 차별화할 수 있다. 일반적으로 하위 학습자에게는 동일한 화면에 확정된 정보를 제공해 주고, 상위 학습자에게는 자유롭게 원하는 정보를 습득할 수 있도록 한다.

5. 다양한 도표 활용방안

 문서내용을 이해하기위해 적절한 도표를 활용하는 것은 제한된 화면공간을 효율적으로 활용하는 방안이 된다. 자료의 구조와 경향, 맥락, 성격 등을 일목요연하게 제시해 주는 도표를 제작하는데 전문적인 지식이 필요하다.

 무엇보다도 자료의 성격에 적합한 도표의 유형을 결정하는 일이 중요하다. 잘 작성된 도표는 학습자의 흥미유발과 학습효과제고에 큰 역할을 한다. (예: 선 차트, 막대 차트, 파이 차트 등)

학습요소	하위학습자	상위학습자
사실	• 동일화면상에 제시하여 즉시 확인 할 수 있도록 설계 • 용어설명란 제시 • 부가적인 링크자제	• 용어설명/정의화면으로 링크설정 • 관련논문이나 심화정보제공
개념/정의	• 개념을 설명하고 동일한 화면에 정례와 부정례 제시	• 개념과 관련된 전문자료 링크제시 • 동료와의 견해 공유기능 제공
절차	• 순차적 정보제시	• 관련 주제에 대한 전문가 견해 자료 링크제시 • 상위학습자 자신의 문제 해결방식
과정	• 전체 과정에 대한 도식설명 • 각 단계별 순서도 제시 • 순차적 정보제시 • 직전 단계로의 링크설정	• 그래픽 활용/전문자료 링크제시 • 전문가의 시연제시 • 부가적 방식 및 반대 견해에 대한 자료로 링크제시
원리	• 3-4개의 항목제시 • 원리별 명확한 설명제시	• 그래픽활용/전문자료 링크제시 • 전문가의 시연설명제시 • 부가적 방식 및 반대 견해에 대한 자료 링크제시

6. 색상 활용방안

색을 활용함으로써 학습자들은 정보를 더 빨리 찾고 필요한 정보를 더 빨리 추출해 낼 수 있다. 또한 색상은 단조로운 화면제시를 흥미롭고 재미있게 만들어서 학습의욕을 고취시킨다. 그러나 화면을 생동감 있게 하기 위한 목적과 정보를 더 빨리 찾도록 하려는 목적이 서로 갈등을 일으킬 수도 있다.

따라서 색의 사용은 명백한 목적과 이유에 근거하여 이루어져야 한다.

- 색을 사용하는 주된 목적
    - 사용자의 주의를 끌기 위해
    - 검색속도를 빠르게 하기 위해
    - 아이콘을 쉽게 확인할 수 있도록 하기 위해
    - 화면의 구조를 보여주기 위해
    - 측정이나 수량화의 기준을 나타내기 위해
    - 색 자체를 표현하기 위해
    - 사용자를 즐겁게 하기 위해
    - 감정을 유발하거나 강화시키기 위해

- 색 선정시 고려사항
  - 지나치게 화려한 색은 피할 것
  - 자연색을 사용하고 원색을 가능한 한 피할 것
  - 대립되는 색상은 피하고, 색의 조합을 고려할 것
  - 가능한 적은 수의 색을 사용할 것
  - 색과 관련된 연상에 의존하여 색을 선정할 것
  - 색에 대한 관행이나 관습에 따라 색을 선정할 것
  - 상태의 변화를 알리기 위해 색채변화를 사용할 것
  - 논리적으로 관련된 정보를 연결하는데 지나치게 화려한 색은 피할 것
  - 가독성(可讀性)을 증가시키기 위해 최적의 밝기대비를 적용할 것
  - 빨강-멈춤, 녹색-통과 등 색채의 보편적 의미를 활용할 것
  - 하이퍼링크 부분의 선정 전·후 색상을 일관성 있게 할 것

시각디자인 기초

시각자료의 분류

그림자료		그래픽자료		언어자료	
사진	삽화	이미지 관련	개념 관련	문장	단어

구체적 ←――――――――――――――――――→ 추상적

- 그림 자료(실물자료)
  학습자가 사물을 배울 때, 특히 생소한 사물을 학습할 때 유용하게 사용할 수 있다.
- 그래픽 상징자료
  학습자의 연령과 같은 발달 수준에 따라서 추상적이고 구체적인 정도를 결정해야한다. 어린 학습자 또는 제시되는 자료에 관한 사전지식이 없는 학습자에게는 좀 더 구체적인 자료를 제시하는 것이 바람직하다. 학습자에게 매우 강한 인상을 준다.
- 언어자료
  같은 언어를 사용하는 문화권에서만 사용이 가능하다.

✓ 시각자료를 어떠한 형태로 제시할 것인가(실제적, 상징적, 언어적)는 전달하고자 하는 메시지의 목적과 학습자의 수준에 따라서 달라져야한다.
  (예: 어린 아동들이 연못에 사는 생물을 아는 것이 교육목표라면 좀 더 구체적인 사진이 적합할 수 있으나, 성인을 대상으로 정보를 제공하는 것이 목적이라면 언어적인 형태로 제시하는 것만으로도 충분할 수 있다.)

시각자료의 제시방법

제시 방법에 따라 언어제시형, 장식이 있는 언어형, 그림배경의 언어형, 언어와 그림혼합형, 지시가 있는 그림자료형, 상징적 강조의 그림형, 그림자료형 등 7가지 유형으로 나눌 수 있다.

1. 언어제시형

짧은 제목, 머리기사, 단어의 목록을 쓸 때, 이어질 내용의 아이디어의 윤곽을 잡을 때, 진술된 내용을 요약 또는 복습할 때, 교사의 설명을 요약할 때 사용한다.

> 오늘 학습할 내용
> 1. 시각디자인 기초
> 2. 파워포인트 디자인 기초

2. 장식이 있는 언어형

언어제시형에 장식이나 강조를 첨가한 것을 의미한다.

핵심단어에 활자체 변화를 주거나, 활자 크기에 변화를 주거나, 다양한 색상을 사용하거나, 핵심단어에 별표 혹은 체크 부호 등을 사용한다. 그러나 너무 많은 강조는 혼돈을 일으킬 수 있다.

> ★ 한국의 수도 서울
>   미국의 수도 워싱턴
>   중국의 수도 베이징
> ★ 일본의 수도 도쿄

3. 기타

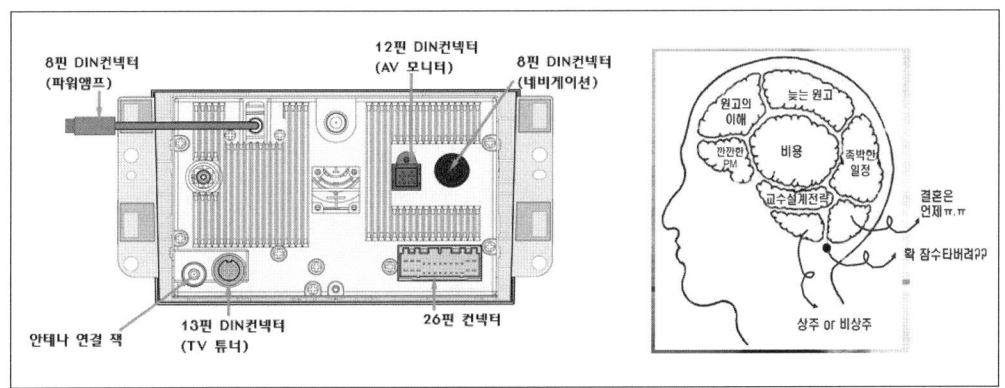

<지시가 있는 그림자료형>

<언어와 그림혼합형>

<그림배경의 언어형>

<상징적 강조의 그림형>

시각물에서의 사실주의

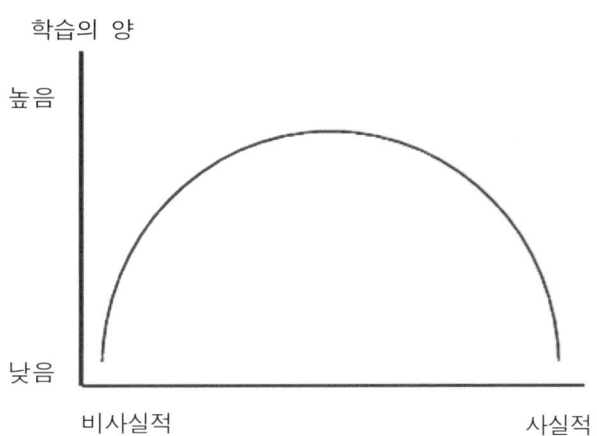

 시각자료에서 사실주의의 정도는 학습에서 곡선의 관계를 갖는다. 너무 많거나, 너무 적은 사실주의는 학습 성취에 좋지 않다.

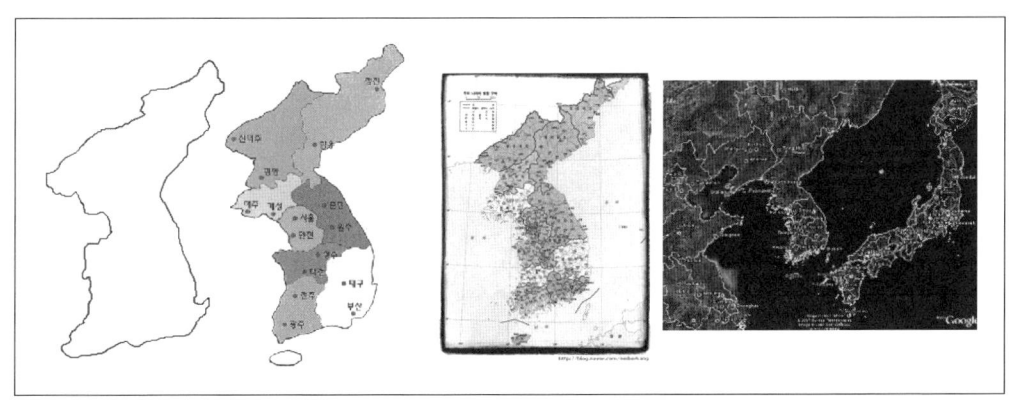

<지도 자료에서의 사실주의 정도>

시각 디자인 원리

1. 문자 중심의 디자인 원리

문자 중심의 4가지 디자인 원리 : 근접, 정렬, 반복, 대조

(1) 근접의 원리

 유사한 속성을 가진 것끼리는 서로 근접하게 배치한다. 즉, 근접하게 배치되어 있는 것은 관련이 있다는 것을 보여준다.

 근접의 기본 목적은 정보를 조직화하여 보여주고자 하는 것이다.

1장 교수매체
1. 정의
2. 기능
3. 종류
2장 문자정보 설계
1. 타이포그래피
2. 글자체/글자크기
3. 문자 중심의 디자인 원리
3장 그래픽 정보 설계
1. 삽화
2. 그래프
3. 도표
	1장 교수매체
	  1. 정의
	  2. 기능
	  3. 종류
	2장 문자정보 설계
	  1. 타이포그래피
	  2. 글자체/글자크기
	  3. 문자 중심의 디자인 원리
	3장 그래픽 정보 설계
	  1. 삽화
	  2. 그래프
	  3. 도표

<관련 내용끼리 인접하여 배치>

(2) 정렬의 원리

- 가운데 또는 오른쪽 정렬 : 강렬한 메시지 전달을 원할 때
- 양쪽 혼합 정렬 : 편안하고 일반적
- 왼쪽정렬 : 가독성 향상(영어 중심의 문자)

(3) 반복의 원리
 같은 형태를 반복하는 것. 반복의 원리의 기본적인 목적은 '일관성을 갖도록 하는 것'으로 한 종류의 문서에서 같은 형태가 일관되게 반복 사용되어야 한다.

 이러한 반복성은 학습자가 계속되는 다음 내용이 어디에 속하는지에 대한 기대감을 형성해준다. 그러나 반복의 원리를 적용할 때 지나치게 반복하여 단조롭게 만들지 않도록 유의한다.

 예에서 반복적으로 사용된 여백과 진한 중고딕 글자체의 반복은 구체적인 정보내용을 제시해준다. 즉, 보는 이는 내용을 자세히 보지 않더라도 반복되는 것을 중심을 그림에서 제공하는 중심 정보를 파악할 수 있다.

```
1장 교수매체
 1. 정의
 2. 기능
 3. 종류

2장 문자정보 설계
 1. 타이포그래피
 2. 글자체/글자크기
 3. 문자 중심의 디자인 원리

3장 그래픽 정보 설계
 1. 삽화
 2. 그래프
 3. 도표
```

<여백과 진한 글씨체>

(4) 대조의 원리
 대조의 원리는 정보를 보는 사람의 시각적 흥미를 더해 줄 수 있는 방법으로 시각적 효과와 함께 정보의 조직을 도와준다.

```
편안한 잠자리를 만들어 드립니다.

잠이 보약이라는 말이 있습니다.

침대는 과학입니다.

듀얼 매트릭스 공법을 사용한 최첨단

        ACE 침대
```

```
편안한 잠자리를 만들어 드립니다.

잠이 보약이라는 말이 있습니다.

침대는 과학입니다.

듀얼 매트릭스 공법을 사용한 최첨단

        ACE 침대
```

2. 디자인 원리

(1) 정확한 표시

학습내용에서 강조하고자 하는 부분은 색, 글자 크기, 화살표 등을 사용함으로써 전달하고자 하는 것을 명확하게 한다.

이러한 표시는 강조뿐만 아니라 학습자에게 명확하게 내용을 전달할 수 있는 지시의 역할을 한다.

학습자의 관심을 유도하기 위하여 방향이나 지시를 주는 화살표 등을 사용하는 것이다.

(2) 필수적인 정보

꼭 전달하고자 하는 내용만을 학습자에게 제시하도록 한다. 불필요한 그림이나 정보는 없애고 필요한 것만을 포함하는 것이 학습자에게 전달하고자 하는 내용을 명확하게 전달할 수 있기 때문이다.

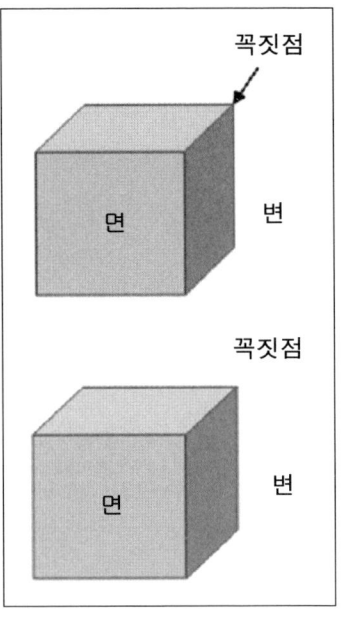

<정확한 표시>

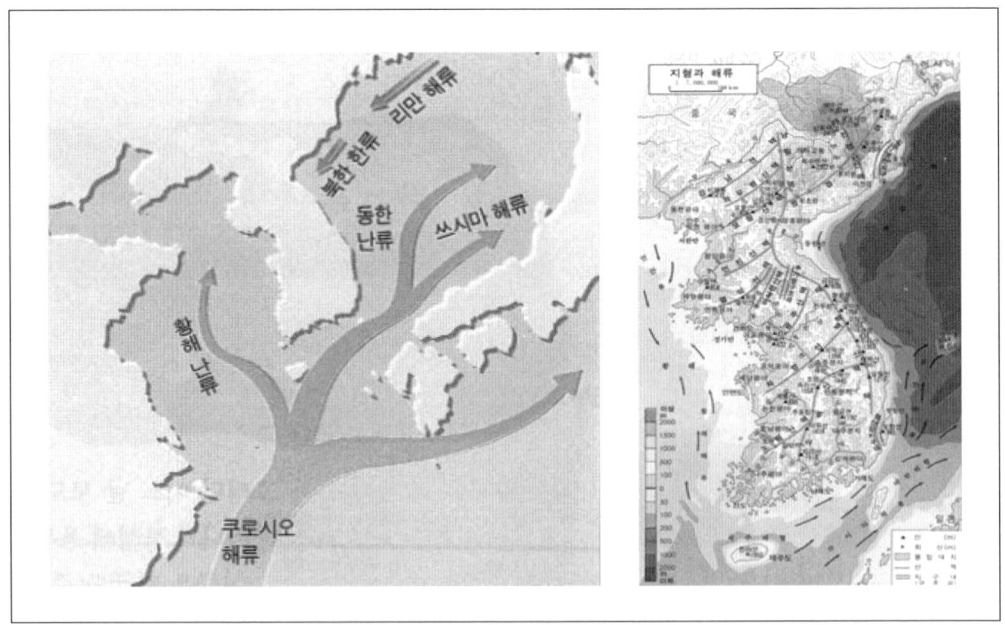

<불필요한 정보는 과감히 삭제>

(3) 주관적 관점

 실습장면의 경우, 객관적인 시각에서 보여주는 것보다는 마치 학습자가 하는 실습하는 듯한 주관적인 시각을 사용하여 학습자에게 필요한 부분을 보여주도록 한다. 이는 카메라에서 다른 각도의 사진촬영에 따라 얻어질 수 있다.

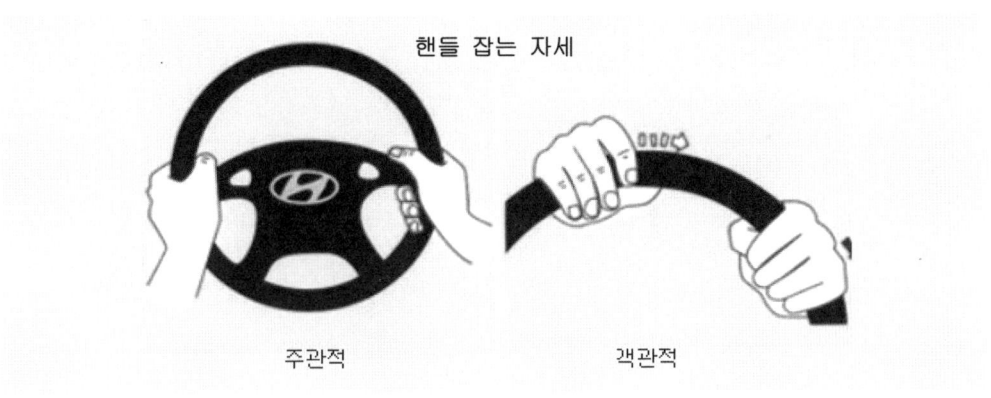

파워포인트 디자인 기초

다이어그램 디자인

다이어그램은 텍스트로만 설명하기에는 복잡한 관계 또는 수량 등을 학습자가 이해하기 쉽도록 도식화 한 것으로 내용을 한눈에 파악하는 데 아주 유용하다.

1. 2콘셉트 다이어그램   대비, 균형, 병렬, 비교, 대립, 중복, 포섭 등의 구도

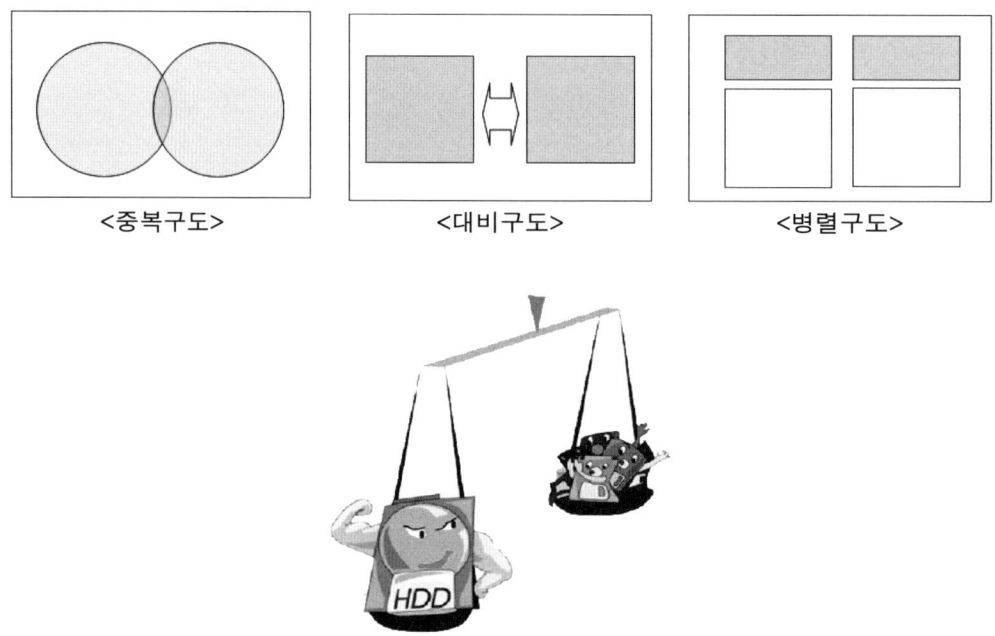

<Hard Disk와 Floppy Disk의 비교>

- 중복구도 : 두 가지 콘셉트 사이에 공통되거나 관련된 부분이 있는 경우에 활용할 수 있는 구도. 도형을 서로 교차시켜 중복된 부분이 있음을 표현
- 대비구도 : 각 콘셉트가 서로 대비되거나 적대 관계에 있는 경우, 또는 서로 비교되는 경우에 활용
- 병렬구도 : 두 콘셉트가 서로 대등한 경우, 두 콘셉트를 서로 나란히 배열해서 보여주는 구도

2. 3콘셉트 다이어그램   삼각관계, 조화, 집중, 전개, 병렬 등의 구도

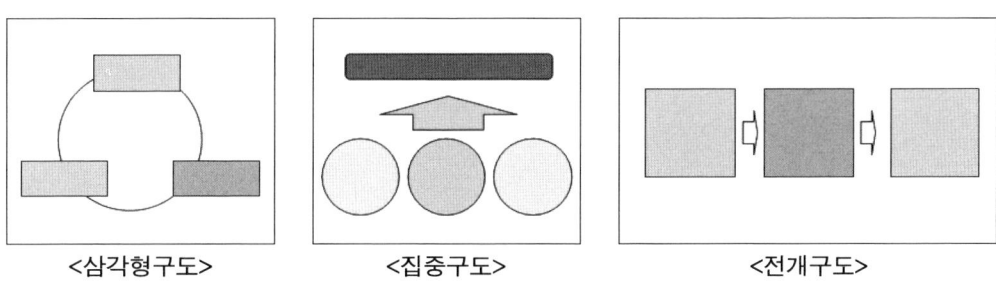

- 삼각형구도 : 세 가지 콘셉트가 서로 균형을 이루고 있거나 대립 관계에 있는 경우
- 집중구도 : 서로 별개인 콘셉트가 한 가지 결론으로 집중되는 경우
- 전개구도 : 각 콘셉트가 서로 유기적으로 연결되는 경우

3. 4콘셉트 다이어그램

가장 안정적인 구도. 자칫 지루하게 보일 수 있으므로 정사각형 보다는 타원, 마름모, 빗금 도형 등 변화감이 있는 도형을 활용하거나 이미지를 삽입해 생생한 느낌을 주는 것이 좋다.

- 피라미드 구조 : 네 가지 콘셉트의 순서, 위치, 축적, 상하관계 등을 표현할 수 있는 구도

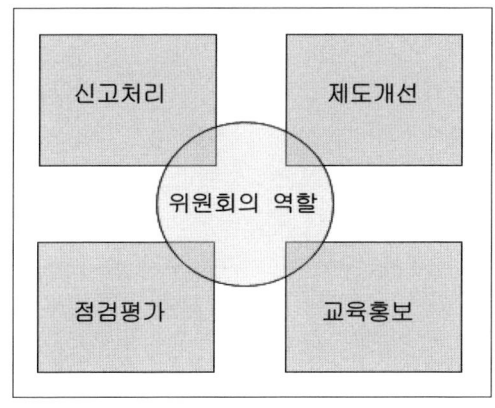

<4방 배열 구도>

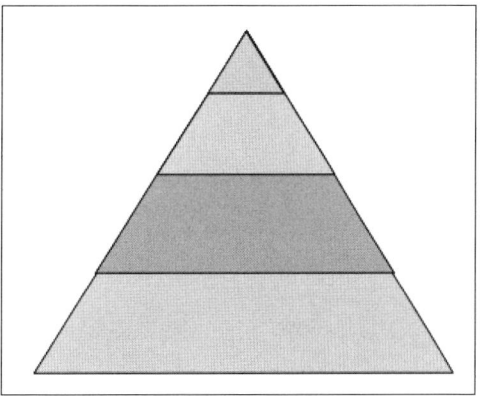

<피라미드 구조>

그래프 디자인

1. 막대그래프

막대그래프는 주로 숫자적인 의미의 양 등을 표현할 때 사용한다. 주로 양적인 비교를 나타낸다.

시간적인 변화를 나타내기 보다는 어느 특정 시점에서의 수량을 상호 비교하고자 할 때 사용하면 좋다.

(예: 국가 간의 인구 비교, 수출과 수입의 비교, 여성과 남성의 열량 비교 등)

제시하고자 하는 숫자 데이터를 좀 더 시각적으로 표현해서 흥미를 유발하는 데 목적이 있다면, 막대그래프를 여러 형태로 제시할 수 있다.

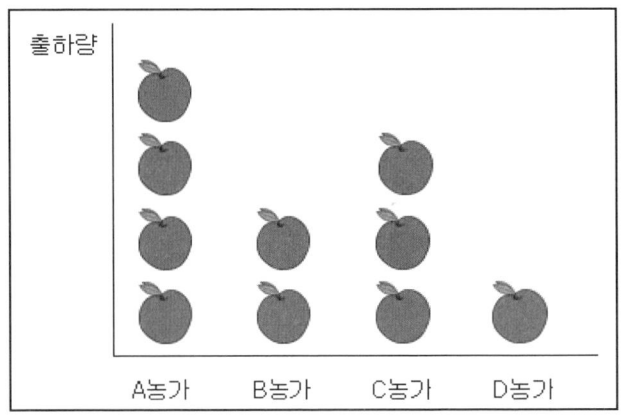

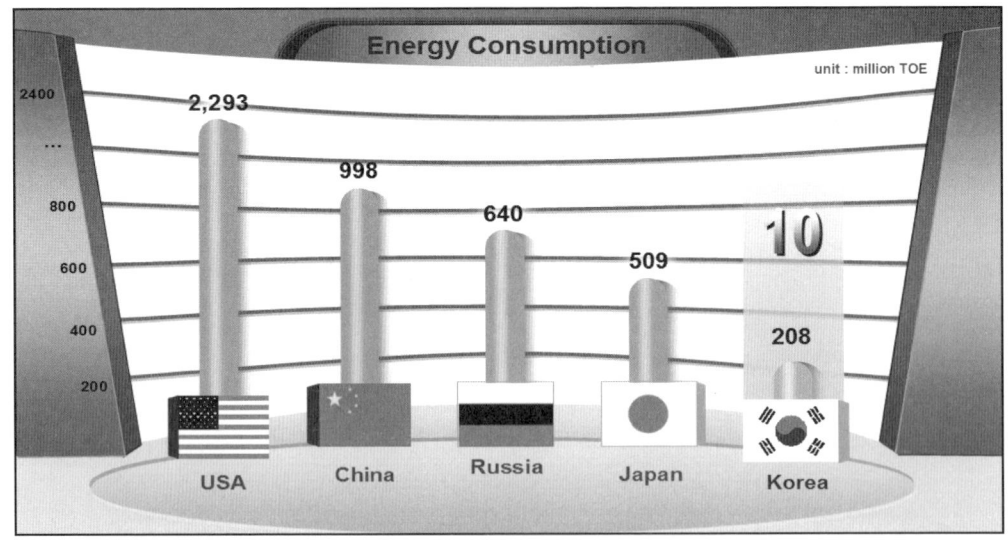

2. 선 그래프

선 그래프는 막대그래프와 유사하지만 시간의 경과에 따른 숫자 데이터의 변화를 나타낼 때 유용하다. 제시되는 배경에 관련 이미지를 제시하면 시각적인 흥미와 의미전달을 높일 수 있다.

<선 그래프>

3. 원 그래프

전체에 대한 각 부분의 비율을 나타낼 때 사용한다. 단점은 양적인 비교를 위해 사용하지만 자세한 비교가 어렵다.

일반적으로 항목은 시계방향에 따라 크기순으로 배열한다.

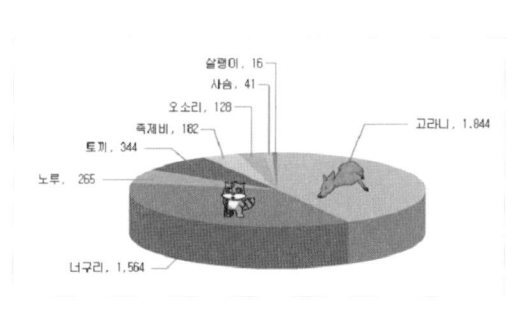 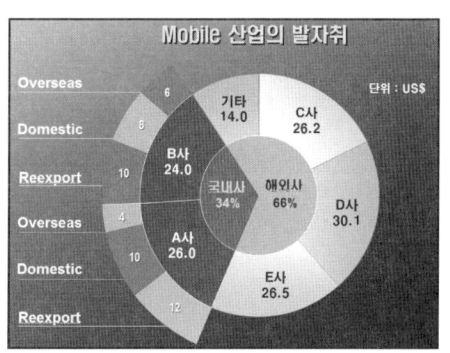

<원 그래프>

4. 그래프 작성시 유의점

- 표현하고자 하는 목적을 명확히 한다.
- 가능한 한 단순하게 한다.
- 그래프의 제목을 결정한다.
- 그래프 안에 포함되는 언어정보는 가능한 한 가로쓰기를 한다.

ARCS 따라 하기

동기란?

- 동기(Motivation)의 개념
 동기란 심리학적으로 행동을 일으키는 원인(욕구, 관심, 주의, 결핍, 유인가)을 말하며 동기는 그 자체가 교육 목표인 동시에 다른 정의적 교육목표의 성취를 촉진하는 수단이기도 하다.

- 내발적 동기와 외발적 동기
    - 내발적동기(intrinsic motivation)
      욕구, 흥미, 즐거움, 호기심등 개인적인 요인에 의존
    - 외발적동기(extrinsic motivation)
      보상, 사회적 압력, 벌과 같은 환경적 요인에 의존

- 인지적 학습동기 유발의 선행조건
    - 좋은 환경 구성, 알맞은 도전감을 가질 수 있는 자료 준비
    - 유의미한 학습 목표, 동기를 알맞고 적절하게 사용해야 함

ARCS동기 유발 전략

 Keller(켈러)의 ARCS 이론은 동기에 관한 기존의 각종 이론 및 연구를 종합하여 이를 체계화한 것이다. ARCS 모델은 학습 동기를 유발하고 지속시키기 위하여 학습 환경의 동기적 측면을 설계하는 문제해결 접근법이다.

 학습동기를 자극하고 유지할 수 있는 네 가지의 요소 ARCS(주의집중, 관련성, 자신감, 만족감)로 이루어져 있으며, 다시 요소별 하위 범주를 셋으로 구분하여 동기 전략을 구성한다.

ARCS	ARCS범주	주요 질문 사항
주의집중 A(Attention)	학습자 흥미 사로잡기 학습자에 대한 호기심 유발하기	어떻게 하면 이번 학습 경험을 자극적이고 재미있게 할 수 있을까?
관련성 R(Relevance)	학습자의 필요와 목적에 맞추기	이번 학습 경험은 어떤 측면에서 학생들에게 가치가 있을까?
자신감 C(Confidence)	자신의 통제 하에 성공할 수 있다고 느끼고 믿도록 도와주기	수업을 통해 학생들이 자신의 성공을 이끌어 낼 수 있도록 어떻게 도와 줄 수 있을까?
만족감 S(Satisfaction)	보상을 통해 성취를 강화해 주기 (내재적 보상, 외재적 보상)	자신들의 경험이 좋았다고 느끼고 앞으로 계속 학습하고 싶도록 하기 위하여 무엇을 도와줄까?

1. 주의집중(Attention)

(1) 주의의 개념

- 주의는 동기의 요소이면서 학습의 선수조건이다. 학습이 일어나기 위해서는 적어도 학습자가 학습 자극에 주의를 기울어야 한다.
- 주의는 호기심, 주의환기, 감각추구 등의 개념들과 연관되어 있다. 특히 호기심은 학습자의 주의를 유지·유발시키는 주요 요인으로 지적되고 있다.
- 주의는 어떻게 하면 학습자의 주의를 끌고 그것을 유지시키느냐에 관심이 있다.
- 학습의 선수조건으로서의 주의는 어떻게 하면 학습자의 관심을 학습에 필수적인 자극에 집중시키느냐에 초점을 맞추고 있다.
- 켈러가 주장하는 주의란 단순히 감각적인 것으로 관심을 끄는 것만이 아니라 지적인 호기심을 동시에 유발하여 학습-교수과정 동안 학습에 대한 주의를 계속 유지시키는 것으로 해석된다.
- 첫 번째 동기요소인 주의에는 '지각적 주의환기', '탐구적 주의환기', '다양성'이라는 세 가지의 하위범주들이 포함된다.

주의집중의 하위 범주	주요 지원 전술
A1. 지각적 주의환기 흥미를 끌기 위해 무엇을 할 수 있을까?	새로운 접근을 사용하거나 개인적, 감각적 내용을 넣어 호기심과 놀라움 만들기
A2. 탐구적 주의환기 탐구하는 태도를 어떻게 유발할까?	질문, 역설, 탐구, 도전적 사고를 양성함으로서 호기심을 증진시키기
A3. 다양성(변화성) 그들의 주의집중을 어떻게 지속시킬 수 있을까?	자료 제시 형식, 구체적인 비유, 흥미 있는 인간적 실례, 예기치 못한 사건들의 변화를 통해 흥미를 지속시키기

(2) 주의환기 및 집중을 위한 전략

A1. 지각적 주의환기 전략 (깜짝 놀라게 하라!)

유사한 것으로써 새롭고, 놀라우면서, 기존의 것과 모순되거나 불확실한 사실 또는 정보를 교수 상황에 사용함으로써 학습자의 주의를 유발-유지시킨다는 전략이다.

- ✓ 시청각 효과의 활용 - 애니메이션의 사용과 삽화, 도표, 그래픽 등 사용
- ✓ 비일상적인 내용이나 사건제시 - 학습자의 경험과는 전혀 다른 사실을 제시한다든지, 괴상한 사실, 믿기 어려운 통계 등을 제시하는 것
- ✓ 주의분산의 자극 지양(시청각 효과의 남용 방지)

`ex`

가) '인류', '사람'과 같은 추상적 용어보다 → 특정한 사람에 대해 언급

나) 구체적 실례나 생생한 교재를 가지고 → 추상적 내용으로 설명

다) 복잡한 개념 → 은유나 비유를 들어 구체적으로 만들기

라) 문단 형식 → 목록 형식의 항목으로 제시하기

마) 단계의 과정이나 개념 → 다이어그램, 만화 또는 다른 시각적 보충 교재를 이용하여 구체적으로 만들기

바) BGM 또는 효과음의 변화

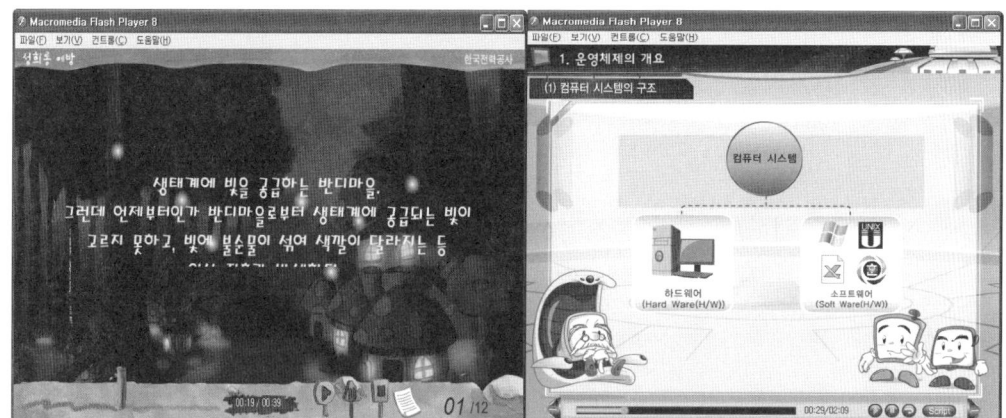

<BGM에 변화를 주어 주의 집중 유도>   <다이어그램/만화/시각적 보충 교재 이용>

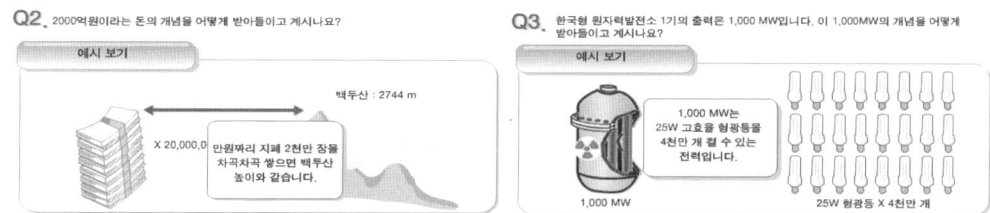

<복잡한 개념을 은유나 비유를 들어 구체적으로 만들기>

<비일상적인 내용이나 사건제시>

A2. 탐구적 주의환기의 전략
 학습자에게 스스로 문제나 질문 등을 만들어 보도록 함으로써 정보탐색 행동을 자극하도록 하는 것이다.
- ✓ 능동적 반응유도
- ✓ 의견 입력 등을 활용한 문제해결활동의 구상 장려
- ✓ 신비감의 제공

`ex`

가) 과제를 → 문젯거리로 제시하거나 소개하기(탐구심 유발)
나) 지적 갈등 유발 → 호기심 자극(모순되는 경험 예기치 못한 의견)
다) 해결책이 있을 수도 없을 수도 있는 문제(신비감), 알쏭달쏭
라) 호기심을 유발하거나 신비감 만들기를 위해 시각적인 것을 사용

<문제해결활동의 구상 장려>

<지적 갈등 유발>

A3. 다양성의 전략
 교수의 요소를 변화시킴으로써 학습자의 흥미를 유지시키기 위한 것이다.
- ✓ 간결하고 다양한 교수형태의 사용
- ✓ 일방적인 교수와 상호작용적 교수의 혼합
- ✓ 교수자료의 변화추구
- ✓ 목표-내용-방법의 기능적 통합

ex

가) 정보를 분리하기 위해 종이나 멀티미디어 스크린의 흰 여백 사용하기
나) 제목, 인용문, 규칙, 주제어 등 강조 → 다양한 글씨체 사용, 일관성 유지
다) 정보 배치 공간에 변화 주기
라) 제시 내용 유형(글, 그림, 표, 사진 등)에 변화 주기
마) 진술 형식(설명, 기술, 화술, 설득)에 변화 주기
바) 진술 속성(진지하게, 재미있게, 교훈적으로)변화 주기
사) 수업 계열에 변화 주기('소개', '실례', '연습' → 순서 바꾸기나 추가)
아) 내용 제시와 능동적인 반응이 필요한 수업 활동(질문, 문제, 연습, 퍼즐) 사이에 변화 주기

2. 관련성(Relevance)

(1) 관련성의 개념
- 관련성은 "왜 내가 이것을 공부해야 하는가?"에 대한 해답제시를 요구하고 있다.
- 학습자가 공부를 하는 도중, 위의 질문에 대한 해답이 어떤 방식으로든 인식되지 않을 때에는 관련성의 문제가 대두된다는 것이 켈러의 주장이다.
- 켈러는 어떻게 관련성에 대한 해답을 주느냐에 대하여 세 가지 방식으로 대답하고 있다.
    ① 많은 학자들이 제시하듯이 현재와 미래의 일들을 수행하는데 현재 학습이 도움이 된다는 것을 보여주는 방식
    ② 학습 그 자체에서 즐거움을 찾고 가치를 알도록 도와주는 방식
    ③ 켈러가 가장 중시하는 것으로 결과보다 학습의 과정에 초점을 맞추도록 하는 방식
- 학습의 과정이 개개인 학습자의 요구나 특성에 맞게 전개되어 학습자가 학습의 관련성을 지각할 때 동기는 유발되고 유지될 것이다.
- 관련성을 높이기 위한 전략에는 친밀성, 목적지향성, 필요 또는 동기와의 부합성 등이 있다.

관련성의 하위 범주	주요 지원 전술
R1. 친밀성 수업과 학습자의 경험을 어떻게 연결시킬까?	구체적인 실례와 학습자의 학습이나 환경과 관련된 비유를 제공하여 교재와 개념들을 친밀하게 만들기
R2. 목적 지향성 학습자의 요구를 어떻게 최적으로 충족시켜 줄 수 있을까?	수업의 유용성에 대한 진술문이나 실례를 제공하고, 목적을 제시하거나 학습자들에게 목적을 정의해 보라고 하기
R3. 동기와의 부합성(모티브 일치) 수업을 학습자의 학습 양식과 개인적 흥미에 언제 어떻게 연결시킬까?	개인적인 성공 기회, 협동학습, 지도자적 책임감, 긍정적인 역할 모델 등의 제공을 통해 학습자 동기와 가치에 민감하게 반응하는 수업 만들기

(2) 관련성 증진을 위한 전략
R1. 친밀성의 전략
 친밀성이란 학습자의 경험과 가치에 연관되는 예문이나 구체적 용어, 개념 등을 사용함으로써 얻어질 수 있는 전략이다.
- ✓ 친밀한 인물 혹은 사건의 활용
- ✓ 구체적이고 친숙한 그림의 활용
- ✓ 친밀한 예문 및 배경지식의 활용

`ex`

가) 수업이 학습자들의 현재 기능, 지식에 어떠한 근거를 두고 있는지 명백하게 진술하기
나) 이미 학습자들에게 친밀한 과정, 개념, 기능 등과 현재 교재를 연결시키기 위해 비유나 은유 사용하기
다) 학습자들에게 과제 내용, 유형에 대한 선택권 주기
 (주제 및 수단 선택 주기)

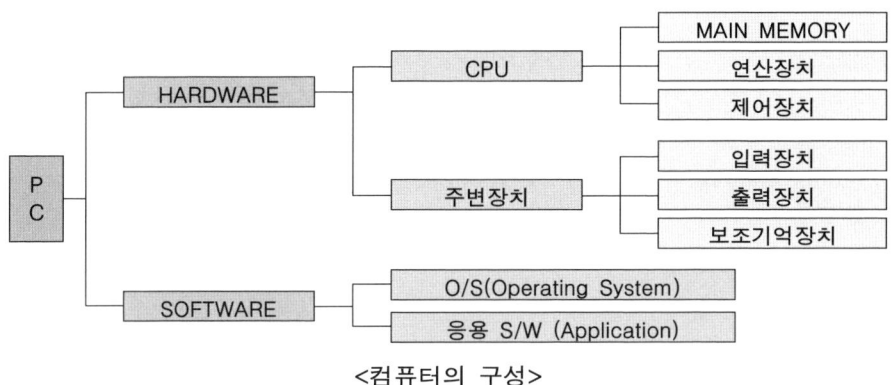

<컴퓨터의 구성>

R2. 목적지향적 전략

이 전략은 결과 측면의 관련성을 높일 수 있는 구체적 방법을 제시해주기위해서 교수의 목표나 실용성을 나타내는 진술이나 예문을 포함시킬 것을 강조한다. 또한 성취목적을 제시하거나 학습자 스스로에게 성취목적이나 그 기준을 세우도록 할 수도 있다.

- ✓ 실용성에 중점을 둔 목표제시
- ✓ 목적지향적 학습형태의 활용
- ✓ 목적의 선택가능성 부여
- ✓

ex

가) 자명하지 않다면 수업의 직접적인 이점을 말하기
나) 수업 내용의 내재적인 만족감을 강조하는 말, 일화, 실례 포함
다) 교재들을 학습한 후 학습자들이 할 수 있는 것이 무엇인지 기술하기
라) 학습자들이 미래 필요한 지식 및 기능과 분명하게 관련 있는 실례와 연습 활동 넣기
마) 학습자들에게 이번 수업의 성공이 미래 목적 달성과 어떤 관련이 있는가 말하기
바) 학습자들에게 그들의 일상적인 생활 대처 기능이 얼마나 향상되는지에 대해 말하기
사) 기출문제, 자주 쓰는 기능

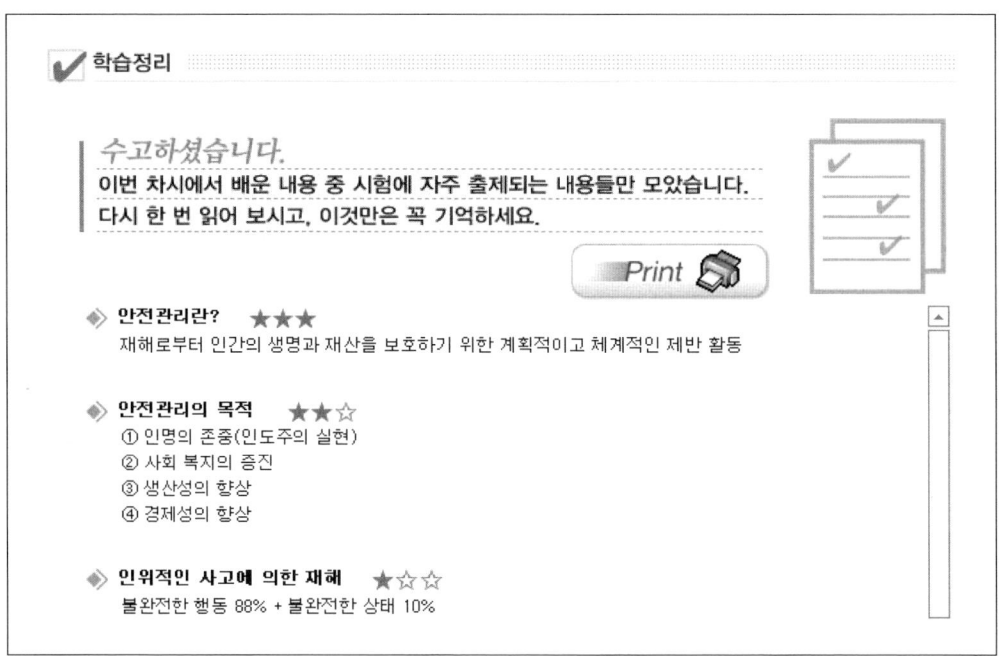

R3. 필요나 동기와의 부합성 강조의 전략
 '목적지향성의 전략'이 결과 측면의 관련성을 강조한 반면 이 전략은 교수의 과정 또는 방법 측면의 관련성을 강조하고 있다. 또한 이 전략은 학습자의 필요나 동기와 부합되는 수업전략을 사용할 것을 강조한다.
 켈러는 학습자가 가진 필요 중 성취욕구와 소속감의 욕구를 중시하면서 이들을 충족시킬 수 있는 4가지 구체적 방법을 제시하고 있다.
- ✓ 다양한 수준의 목적제시
- ✓ 학업성취여부의 기록체제 활용
- ✓ 비경쟁적 학습상황의 선택가능
- ✓ 협동적 상호학습상황 제시

ex

가) 학습자들이 한 개인으로서 대접받고 있다는 것을 느낄 수 있도록 개별적 언어를 사용하기
나) 성취 노력과 목적을 달성을 나타내는 실례(실화, 통계)를 제공하기

다) 성취와 관련된 감정을 나타내는 진술문이나 실례를 포함하기
라) 문제해결이나 성취 행동을 유발하는 퍼즐, 게임, 또는 모의 상황 포함하기
마) 연습 상황에서 학습자들이 서로서로 또는 자기 자신에 대해 설정된 준거에 대해 경쟁하도록 격려하기
바) 학습 내용에 직면하고 있는 장애, 성취, 결과에 대해 주목할 만한 사람의 일화 소개
사) 수업 내용을 성공적으로 수행한 후 한 단계 높은 목적을 획득한 사람들로부터 실례, 증언 사용하기

3. 자신감(Confidence)

(1) 자신감의 개념
- 자신감은 학습자로 하여금 학업수행을 계속하게 하고 학습수행 그 자체에 영향을 미치기 때문에 동기의 요건으로 중시되고 있다.
- 자신감은 성공에 대한 기대정도로 이해될 수 있는데, 이는 여러 가지 요인에 영향을 받는다.
- 동기유발 및 유지를 위해서 학습자는 학습의 재미와 필요를 느껴야 하는데 이에 덧붙여 성공의 기회가 있다는 것을 인식할 수 있어야 한다. 즉 학습에 대한 자신감을 가져야 된다는 것이다.
- 켈러는 자신감에는 여러 측면이 있음을 밝히고 그 중 중요한 것으로 학습의 필요조건 제시, 성공의 기회 제시, 개인적 조절감을 제시한다.

자신감의 하위 범주	주요 지원 전술
C1. 학습의 필요조건 제시 성공에 대한 긍정적 기대감을 어떻게 키워 줄 수 있을까?	수업의 유용성에 대한 진술문이나 실 예를 제공하고, 목적을 제시하거나 학습자 동기와 가치에 민감하게 반응하는 수업 만들기
C2. 성공기회 제시 자신의 역량에 대한 믿음을 향상시킬 수 있는 학습 경험을 어떻게 제공할까?	개인적인 성공 기회, 협동학습, 지도자적 책임감, 긍정적인 역할 모델 등의 제공을 통해 학습자 동기와 가치에 민감하게 반응하는 수업 만들기
C3. 개인적 통제 학습자가 자신의 성공이 스스로의 노력과 능력에 의한 것이라고 어떻게 알릴 수 있을까?	개인적인 통제를 제공하는 기법을 사용하고, 개인적 노력 때문에 성공했다는 것에 대해 피드백 제공하기

(2) 자신감 수립을 위한 전략
C1. 학습의 필요조건 제시의 전략
 이 전략은 학습자에게 수행의 필요조건과 평가기준을 제시해 줌으로써 학습자가 성공의 가능성 여부를 짐작하도록 도와주려는 것이다.
(주로 과정소개, 오리엔테이션에서 사용)
- ✓ 수업의 목표와 구조의 제시
- ✓ 평가기준 및 피드백의 제시
- ✓ 선수학습능력의 판단
- ✓ 시험의 조건 확인

ex

가) 성공적인 학습의 증거로서 학습자들에게 학습 목적이나 목표를 적어 보도록 하는 기회를 제공 하기

나) 가능할 때마다, 학습자들이 자신의 학습 목적이나 목표를 적어 보도록 하는 기회를 제공하기

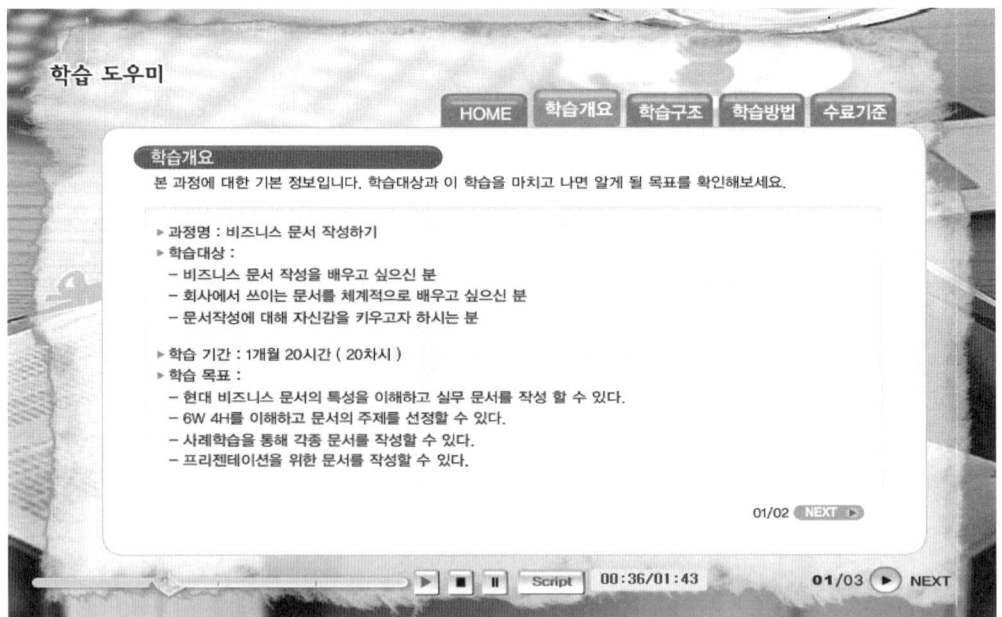

<오리엔테이션>

C2. 성공의 기회 제시의 전략
성공의 기회는 학습과정과 수행의 조건에서 적절한 수준의 도전감을 제공하는 가와 관계가 있다. 켈러가 말하는 적절한 수준의 도전감이란 학생들에게 의미 있는 성공의 경험을 제공하는 것으로 학습자가 재미있어 하면서도 너무 위험하다고 즉, 성공의 기회가 전혀 없다고 느끼지 않는 수준의 도전감이다.
- ✓ 쉬운 것에서 어려운 것으로 과제제시
- ✓ 적정수준의 난이도 유지
- ✓ 다양한 수준의 시작점제공
- ✓ 무작위의 다양한 사건제시
- ✓ 다양한 수준의 난이도 제공

`ex`
가) 명확하고, 따라 하기 쉬운 계열로 내용을 조직하기
나) 교재의 각 부분마다 단순한 과제에서부터 어려운 과제로 계열화하기
다) 대상자들에게 적절한 도전 수준을 만들어 주기(독해 수준, 사례, 연습)
라) 교재에 "속임수"나 지나치게 어려운 질문, 자기 평가를 위한 방법을 포함하기
마) 만족한 반응을 확인하기 위해 피드백 제공, 준거와 다르면 교정적 피드백 제공

C3. 개인적 조절감 증대의 전략
학업에서의 성공이 개인의 노력이나 능력에 기인한다는 피드백과 그 조절의 기회를 제공함으로써 얻어질 수 있는 것이 개인적 조절감이다.
- ✓ 학습의 끝을 조절할 수 있는 기회 제시
- ✓ 학습속도의 조절 가능
- ✓ 원하는 부분에로의 재빠른 회귀가능
- ✓ 선택가능하고 다양한 과제와 난이도 제공
- ✓ 노력이나 능력에 성공귀착

> **ex**
> 가) 계열성에 있어서 학습자들에게 맞추어 학습할 수 있도록 하기
> 나) 학습자들이 자신의 속도에 맞추어 학습할 수 있도록 하기
> 다) 학습자들이 자신의 능력을 증명하는 방법에 있어서 선택권을 부여하기
> 라) 학습자들이 자신의 능력을 증명하는데 있어서 자기 자신만의 연습 방법을 고안하도록 기회를 제공하기
> 마) 학습 환경에 대해 학습자들에게 선택권 부여하기
> 바) 학습자들에게 어떻게 교재가 개정될 수 있는가, 또는 보다 흥미로울 수 있는가에 대해 말할 수 있는 기회를 제공하기

<학습자에 통제권 부여>

4. 만족감(Satisfaction)
(1) 만족감의 개념
- 만족감은 학습자가 스스로 수행한 것에 대하여 기분 좋게 느끼게끔 도와줄 때 학습동기가 유발, 유지된다는 것이다.
- 켈러가 주장하는 만족감이란 학습자가 스스로 학습상황을 조절할 때 느낄 수 있는 학습의 자아조절의 의미로, 내적 동기유발의 원리가 외적 보상에 비해 강조되어야 달성될 수 있는 것이다.
- 만족감은 학습의 초기에 학습자의 동기를 유발시키는 요소라기보다는 일단 유발된 동기를 계속 유지시키는 역할을 하는 것으로 지적되었다.

만족감의 하위 범주	주요 지원 전술
S1. 내재적 강화(자연적 결과의 강조) 학습 경험에 대한 학습자들의 내재적 즐거움을 어떻게 격려하고 지원할까?	개인적인 노력과 성취에 대한 긍정적 느낌을 제공할 수 있는 피드백이나 정보를 제공하기
S2. 외재적 보상(긍정적 결과의 강조) 학습자의 성공에 대한 보상으로 무엇을 제공할까?	언어적 칭찬, 실제적이거나 추상적인 보상, 인센티브를 사용하거나, 학습자들로 하여금 그들의 성공에 대한 보상을 제시하도록 하기
S3. 공정성 강조 공정한 처리에 대한 학습자들의 지각을 어떻게 만들어 줄까?	진술된 기대와 수행 요건을 일치시키고, 모든 학습자의 과제와 성취에 있어서 일관성 있는 측정 기준을 사용하기

(2) 만족감 증대를 위한 전략
S1. 자연적 결과 강조의 전략
 이 전략은 학습자의 내적 동기를 유지시키려는 것으로 학습자가 새로 습득한 지식이나 기술을 실제 또는 모의상황에 적용해 보도록 하는 기회를 제공하는 것을 말한다.
- ✓ 연습문제를 통한 적용의 기회제공
- ✓ 후속학습상황을 통한 적용의 기회제공
- ✓ 모의상황을 통한 적용의 기회제공

`ex`

가) 가능하면 새롭게 획득한 기능을 현실적인 상황에서 곧바로 사용할 수 있는 기회를 학습자에게 제공하기
나) 어려운 과제를 달성할 때 학습자의 내재적 자존심에 대한 언어적 강화를 제공하기
다) 목적 달성에 대한 긍정적인 감정을 갖도록 하기 위해 긍정적이고 열정적인 말을 교재나 피드백 제공하기
라) 과제를 숙달한 학습자가 과제를 숙달하지 못한 다른 학습자를 도와 줄 수 있는 기회를 제공하기
마) 성공에 필수적인 어떤 행동이나 특성에 대한 승인을 제공하기
바) 직면하게 되는 어떤 위험이나 도전에 대해 승인을 제공하기

사) 관련되어 있는 흥미 있는 다른 영역에 대해 정보를 제공하기
아) 주제에 대한 그들의 관심을 계속적으로 추구하는 방법에 대해 학습자에게 질문하고, 정보를 알려 주기
자) 새로운 적용 영역에 대해 학습자에게 알려주기

S2. 긍정적 결과 강조의 전략
이 전략은 바람직한 행동을 계속 유지시키기 위하여 성공적인 학습결과에 대하여 긍정적 피드백이나 보상을 제공하는 것을 의미한다.
- ✓ 적절한 강화 스케줄의 활용
- ✓ 의미 있는 강화의 제공
- ✓ 정답을 위한 보상강조
- ✓ 외적보상의 사려 깊은 사용
- ✓ 선택적 보상체제 활용

ex

가) 반복 연습과 같은 지겨운 과제를 위해 점수 제도와 같은 외재적 보상 시스템을 제공해 주는 게임을 포함하기
나) 내재적으로 흥미 있는 과제를 강화하기 위해 예기치 못한 방법으로 외재적 보상을 사용하기
다) 정확한 반응에 대해 칭찬하는 말을 포함하기
라) 학습자가 과제를 달성하는 동안에 또는 성공적인 과제 수행을 한 후에 개인적인 주의 집중을 하기
마) 학습자가 새로운 기능을 숙달하기 위해 노력할 때 종종 강화를 사용하기
바) 학습자가 과제에 능숙해짐에 따라 간헐적으로 강화를 사용하기
사) 과제 수행을 위한 수단으로서 위협이나 감시를 피하기
아) 개인적 또는 집단 내 경쟁에서, 또는 수업이 끝날 때 성공에 대한 보상으로 증명서나 '상징적' 보상을 사용하기

S3. 공정성 강조의 전략

이 전략은 학습자의 학업성취에 대한 기준과 결과가 일관성 있게 유지되어져야 한다는 것으로 학습자의 학업수행에 대한 판단을 공정하게 함과 동시에 성공에 대한 보상이나 기타의 강화가 기대한 대로 주어져야 함을 암시한다.

- ✓ 수업목표와 내용의 일관성 유지
- ✓ 연습과 시험내용의 일치
- ✓

ex

가) 최종 연습 문제와 사후 검사의 문제 내용과 유형이 교재에 있는 지식, 기능, 연습 문제와 일치한다는 것을 보장하기

나) 최종 연습 문제와 사후 검사의 난이도 수준이 이전의 연습 문제와 일치한다는 것을 보장하기

정보유형에 따른 내용 구조화

개념 학습을 위한 설계 방법

 개념 형성의 과정은 일반적으로 개념에 관한 전형(Protype)을 형성하고 개념의 실례들을 통해 구별이 가능해지면서 실례들을 일반화 하는 과정을 거친다.

- 도입
  주의 끌기와 함께 개념에 관한 정보 제공을 할 수 있는 자료를 제시하여 흥미와 동기를 유발시키며 교수 목표 설정과 본 학습 내용을 소개한다. 학습자에게 개념을 부각시키기 위하여 개념의 역사나 기원에 관한 그림, 재미있는 정보를 사용한다.

- 전개
  본 개념 학습을 위한 사전 지식 회상이 있어야 하며 목표로 하는 개념에 대한 정보를 처리하며 연습을 통해 개념의 적절한 예와 적절하지 않은 예를 변별하게 되는 연습을 거치고 이에 관한 피드백 평가와 함께 학습자는 자신의 적절한 학습 전략을 사용하게 된다. 이 때 중요한 속성을 다루는 요소들을 복습하며, 가장 좋은 예와 정의를 제시하며 이전에 경험하지 않았던 예를 파악하게 한다.

- 결론
  개념의 정의, 준거 속성, 개념 이름 등을 기억하기위해 요약과 복습

- 평가

원리 학습을 위한 설계 방법

원리란 둘 이상의 개념들 간 관계의 규정을 의미하며 그 관계는 조건과 결과, 원인과 결과 형태로 설명된다.

원리 학습은 먼저 원리를 획득한 다음 이를 적재적소에 적용할 수 있어야 한다.

- 도입
  학습자의 주의집중, 개념들 간의 관계 및 원리의 적용에 관한 교수목표 설정. 흥미 및 동기 유발을 촉진할 수 있는 문제 상황 제시한다. 이 때 전체 교수학습이 어떻게 진행되는가에 대한 내용을 소개한다.
- 전개
  원리의 기초가 되는 개념을 학습하며 원리에 관한 설명과 적용되는 예를 제시한다.
- 결론
  수업 초에 진술된 원리를 학습자 자신의 말로 재진술, 복습하며 지식이 잘 전이되도록 다른 규칙과 관련한 문제해결 상황을 적용하면서 지속적으로 동기를 유발한다.
- 평가
  원리의 적용 평가에 관한 피드백 제공과 오개념에 대한 교정

절차 학습을 위한 설계 방법

절차 학습은 절차의 소개와 함께 각 절차를 정확하게 연습하면서 각 단계의 명확한 이해와 함께 정확한 절차 적용 단계를 거친다.

- 도입
  절차학습에 필요한 시범을 제시
- 전개
  절차와 관련한 개념이나 하위절차, 관련된 개념 및 원리를 복습
- 결론
  원리 및 절차를 적용할 수 있는 상황으로 복습

모바일 학습 콘텐츠 설계안

 모바일 기반의 스마트미디어 환경을 감안하여 스마트폰 및 태블릿PC용 학습 콘텐츠 설계에 대한 내용을 간략히 소개한다. 특히 요즘에는 짧은 동영상 강의, 일명 '짤강'이 주목을 받고 있으므로 플립러닝의 성공을 위해서는 분량이 짧은 콘텐츠 설계에 신경을 많이 써야할 것이다.

콘텐츠 설계 가이드라인

 <콘텐츠 기획 및 제작 플로차트>처럼 모바일 전용으로 과정을 개발할 경우를 상정하였을 때에는 특별히 콘텐츠 설계 단계에서 15분가량의 유닛(UNIT)단위로 과정을 개발하는 방안을 제시하고자 한다.

 여기서 15분의 의미는 1/4시간으로 모바일 미디어에 대한 주의집중 한계의 현실적 시간을 감안함과 동시에 미국 "TED"(18분) 및 CBS방송 "세상을 바꾸는 시간 15분"과 "SERI 동영상 강좌" 및 휴넷 "상상마루" 서비스의 보편적 러닝타임 추세를 반영해 모바일 학습 콘텐츠의 적절한 교육시간으로 설정했다.

 한 유닛 안에는 3~4분 정도 소요되는 소주제의 강좌를 3개 정도 넣을 수 있도록 하고 형성평가 및 피드백까지 담을 수 있도록 가이드를 제시하고자 한다.

 모바일 전용 콘텐츠 설계와 대비시켜 아래에 기술되는 내용은 통상적으로 PC와 스마트미디어 겸용을 감안한 고려사항을 기술하고자 한다.

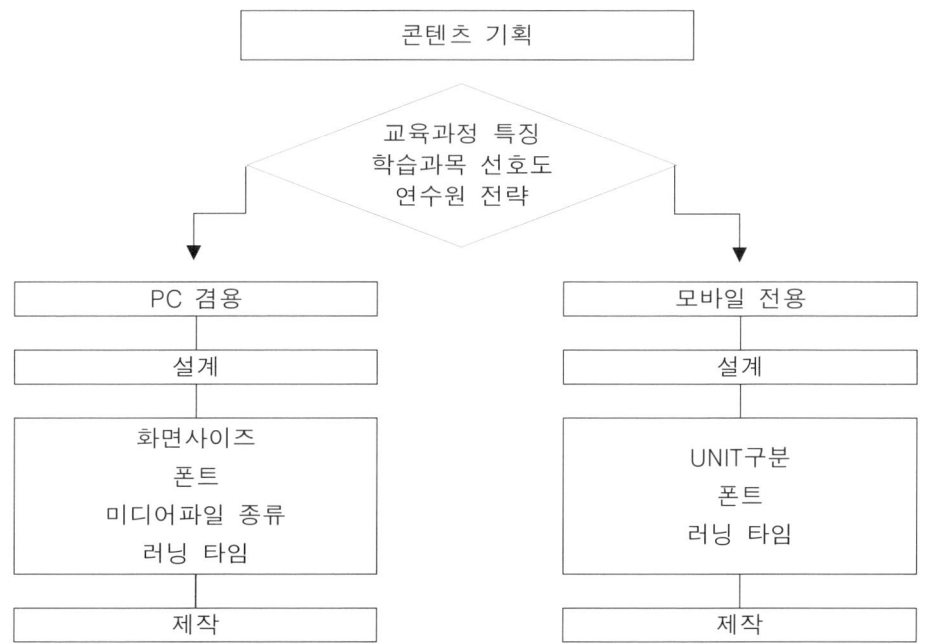

<콘텐츠 기획 및 제작 플로차트>

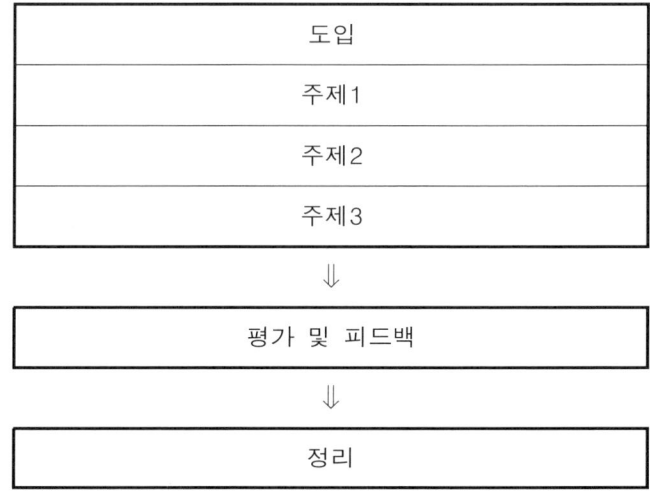

<모바일 콘텐츠 단계1>

1. 적정 러닝 타임

(1) 모바일러닝의 활용 장소
- 일반적 학습공간을 비롯하여, 대중교통을 통한 이동 중 사용, 야외나 공공 장소 등 일반적 학습 공간 외의 장소 포함

(2) 모바일러닝의 학습자 몰입시간
- 소주제별 5~7분 내외 (학습자 피로도, 이동 중 사용가능성 고려)

(3) 적정 러닝 타임
- 권장 : 소주제별 5~7분/파일

2. 권장 학습 흐름

(1) 기본 흐름
- <도입 - 본학습 - 마무리 및 연계(- 평가 및 피드백 - 정리)> 구조 제시
- 5~7분 분량의 학습구조에서 <평가 및 피드백 정리> 별도 구성 필요 없음
- 유사 주제의 적정 그룹단위(예를 들어 차시, 모듈)로 <평가 및 피드백-정리>를 구성

(2) 유사 주제의 적정 그룹단위로 구성할 경우의 흐름

도입 1	본학습 1	마무리 및 연계 1

↓

도입 2	본학습 2	마무리 및 연계 2

↓

도입 3	본학습 3	마무리 및 연계 3

↓

평가 및 피드백

↓

정리

<모바일 콘텐츠 단계2>

(3) 흐름별 적정시간

플로	도입	본학습	마무리
러닝 타임(5분)	20초미만	4분 이상	20초미만
러닝 타임(7분)	20초미만	6분 이상	20초미만

<모바일 콘텐츠 적정 시간>

3. 교수설계 전략
(1) 모바일러닝 콘텐츠의 교수설계 전략
- 학습자 활동구성 및 상호작용 전략 구현에 대한 기술적 제약의 고려가 필요함
- 튜토리얼(Tutorial), 사례기반학습(CBL), 스토리텔링(Storytelling) 등은 무리 없이 구현가능하나 문제해결학습(PSL), 시뮬레이션(Simulation), 드릴 앤 프랙티스(Drill & Practice) 등 콘텐츠와의 상호작용을 요구하는 학습자 활동 연계전략은 학습자 활동 부분의 전략 변형이 필요함
(2) 학습자 활동 및 상호작용 구성
- 권장 유형 : 의견 입력, 선다형 문항, 단답형 문항 등
- 지양 유형 : 줄긋기, 드래그 앤 드롭 등
(3) 학습내용의 제시
- 정보제공 분량은 스마트폰의 가독성을 고려하여 기준을 정함

구분	폰트 크기 (디자인 프로그램 기준)	적정 텍스트 제공 라인
내용	23point 이상 권장	8~10 line 이하 권장

<학습 내용 폰트 크기>

4. 내레이션 구성
화면에 제시되는 모든 정보의 내용을 내레이션으로 제공하여 학습자의 주의집중이 용이하게 함
- 애니메이션의 경우 : 기본 자막 제공
- 동영상 강의의 경우(강사만 나오는 강의 혹은 인터뷰) : 기본 자막 제공
- 자막 규정 : 1~2 line 구성 권장

5. 모바일러닝 콘텐츠로 적절하지 않은 교육과정

- ◆ 텍스트가 많으면서 내레이션으로 모두 읽어주기에 적합하지 않은 과정
  예) 법률 등 텍스트 중심의 방대한 분량의 나열형 교과
- ◆ 작은 화면으로 보기에 가독성에 문제가 있는 과정
  예) 엑셀, 파워포인트 배우기 등 시뮬레이션 교과
- ◆ 콘텐츠와의 상호작용 등 학습자 활동이 많이 요구되는 과정
  예) 따라 하기 방식을 통해 배우는 시뮬레이션 교과

5부 학습 전략 연구

액션러닝 전략

 플립러닝을 시행함에 있어 사전 온라인 이러닝 이후에 학교에서는 행동 중심의 액션러닝을 가급적 많이 하는 것이 학생들의 성취도를 높이는데 크게 기여할 수 있기에 액션러닝을 활용한 수업전략을 중요한 내용 중심으로 다루고자 한다. (박수홍, 안영식, 정주영 저, "체계적 액션러닝" 인용)

 학교수업에서 액션러닝(Action Learning)을 할 때 가정 우선적으로 해야 할 것이 문제선정과 팀 빌딩(Team Building)이다.

문제의 선정
 일단 문제를 뽑아내기 위해서는 액션러닝 팀 구성원들이 진정으로 느끼는 현실적인 문제여야 한다. 수업의 경우, 가장 우선적으로 고려되어야 할 내용이 무엇인지 학생들끼리 토론을 통해 도출하도록 유도하는 것이 필수적이다.

 둘째, 제시된 문제 또는 프로젝트 과제는 실현 가능성이 있어야 한다. 팀 구성원들에게 자신감을 줄 수 있어야 하기에 문제해결 가능한 목표를 설정하도록 도와주어야 한다.

 셋째, 액션러닝에 적합한 문제나 과제는 팀 구성원에게 풍부한 학습의 기회를 제공해 줄 수 있어야 한다.

팀 빌딩 (Team Building)

팀 빌딩의 목표	팀 빌딩 전략
• 신뢰와 믿음 개발 • 목표에 대한 성취감 • 도전과 스트레스 • 극적인 경험 • 유머와 즐거움	• 게임을 활용한다. • 목표를 갖는다. • 백업 계획을 세운다. • 활동을 사전 점검한다. • 팀 구성원의 성향을 사전에 파악한다.

팀 빌딩 운영

1. 팀 구성하기

과제와의 관련성 및 팀원의 경험과 다양한 배경, 능력수준과 성격 유형까지를 감안하여 팀을 구성하도록 돕는다. DISC 행동유형 모델도 참고할만하다.

* DISC(Behavior Style) : 주도형(Dominance), 사교형(Influence),
　　　　　　　　　　　안정형(Steadiness), 신중형(Conscientiousness)

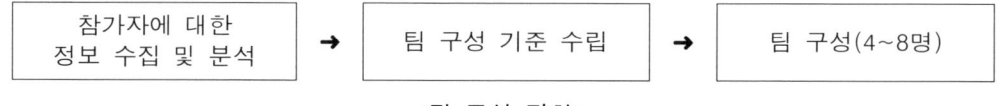

<팀 구성 절차>

2. 팀 개발하기
- 팀 구성원 선정하기
- 팀 이름 및 팀 상징 만들기
- 팀 구성원 소개 및 역할 정하기
- 팀 과제 선정 및 조인식하기
- 팀의 자발적 그라운드 룰 정하기

체계적 액션러닝 프로세스

1단계: 문제 근본원인 탐색하기
- 팀 토론을 통하여 제시된 실제적 문제를 다각적으로 인식

2단계: 문제 명료화하기
- 문제해결과 의사결정 과정에서 초점을 맞출 명확한 기준점을 제시하는 것

3단계: 가능한 해결책 도출하기
- 개방된 마음으로 팀 구성원들의 의견을 받아들여 다각적으로 해결책 모색

4단계: 우선순위 결정하기
- 중요성, 시급성, 실현가능성 등의 준거에 의해 해결책의 우선순위를 결정

5단계: 액션플랜 작성하기
- 팀 토론을 통해 각 팀별로 구체적인 실행계획(액션플랜) 수립

6단계: 현장 적용하기
- 액션플랜을 각 팀 구성원들이 각자 소속된 조직에서 직접 수행

7단계: 성찰하기
- 팀 활동 결과에 대하여 팀 구성원들이 각자 개별적인 성찰 시간을 가짐

자기주도적 학습

 자기주도적 학습(Self-Directed Learning)은 학습자 스스로 학습 목표를 설정하고 학습 과정 및 전략, 학습자원을 결정하여 학습을 수행하고 학습 결과를 스스로 평가하는 일련의 학습 과정을 말한다.
(Knowles, 1975, Brockett & Hiemstra(1991)에서 재인용).

 자기주도성은 e러닝에서 가장 중요한 교수-학습 방법 중의 하나라고 할 수 있다. e러닝의 학습 환경은 개별 학습자가 필요에 따라 자신의 학습 과정을 선택하고 학습 과정에서 주도적인 역할을 수행하기 때문이다.

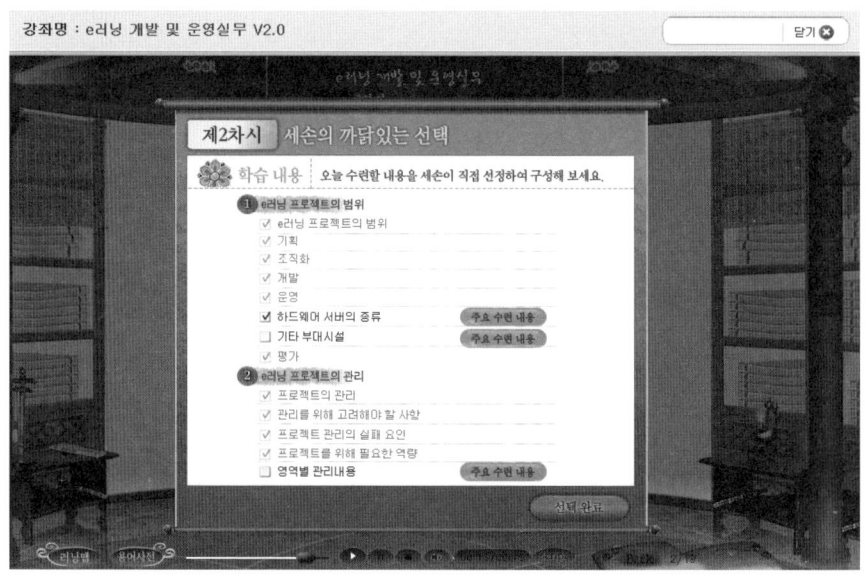

<자기주도적 학습의 사례 화면>
(학습자의 필요에 따라 다양한 학습 자원의 탐색)

자기주도성은 학습자의 자신의 학습 과정을 스스로 관리할 수 있는 학습 전략의 측면과 학습 동기 측면으로 나누어서 살펴 볼 수 있다(신민희, 1998; 이재경, 1999).

학습전략으로서의 자기주도성은 학습과정의 절차와 단계를 효과적으로 수행하기 위한 '계획'과 학습목표를 달성하기 위해 자신의 학습 과정과 결과에 대한 지속적인 '자기점검'과 자기점검을 통해 발견된 문제점을 해결하기 위해 자신이 가진 학습전략의 전반적인 '수정', 그리고 과제를 해결하기 위한 일체의 '자기관리' 등의 인지적 과정을 포함한다.

학습 동기로서의 자기주도성은 학습자 스스로 학습 과정을 주도하기 때문에 자신의 학습 결과에 대한 책임이 자신에게 있음을 인식하는 자기조절감 혹은 통제인식 등을 갖게 된다. 또한 학습 과정에 대한 스스로의 통제 인식을 바탕으로 자기효능감을 갖게 되는 효과가 있다.

프로젝트 중심 학습

프로젝트 중심 학습(Project-Based Learning)은 프로젝트를 수행하는 학습자들이 협력적 학습 과정을 통해 공동의 학습 결과물을 만들어 내는 것으로, 협력 학습을 극대화하는 학습 방법 중의 하나라고 할 수 있다.

프로젝트 중심 학습의 목적은 단순 지식의 암기에 있는 것이 아니라, 학습자의 적극적인 탐구를 통해 학습 주제를 보다 풍부하게 이해하는데 있다. 또한, 프로젝트 수행 과정을 통해 성찰적, 비판적 사고력과 같은 고도의 사고 능력을 학습하는 것을 목적으로 한다.

Moursund 등(1997)은 프로젝트 중심 학습의 특징으로 다음과 같은 것들을 들고 있는데, 첫째, 학습자가 프로젝트의 주제뿐만 아니라 프로젝트 내용과 본질까지도 결정할 수 있다는 점, 둘째, 교수자는 촉진자로서 학습자들이 탐구에 몰입할 수 있도록 학습자원과 안내를 제공하고 학습 활동을 설계하는 역할을 수행한다는 점, 셋째, 교과목 전체의 맥락을 포괄하는 주제를 다룸으로써 학습자가 통합적인 시각을 가지고 전체를 보는 거시적인 안목을 갖게 된다는 점, 넷째, 학습자는 교재, 온라인 데이터베이스, 비디오, 개별 인터뷰 자료 등 매우 다양한 학습 자원을 통해 탐구를 수행한다는 점 등이다.

<프로젝트 중심 학습의 사례화면>
(학습 커뮤니티를 통한 협력적 프로젝트 수행)

　프로젝트 중심 학습에서의 프로젝트 수행 단계는 준비, 학습계획 수립, 관련주제 탐색, 학습 결과물 작성, 의사소통과 협력, 성찰/평가, 종합평가로 나누어 볼 수 있으며, 각 수행 단계 별로 각각 학습자와 교수자의 참여적 활동을 필요로 한다.

　학습자들은 프로젝트 수행을 위한 사전 준비를 마친 후, 학습계획 수립과 다양한 학습자원을 통한 학습주제의 탐색, 자료의 수집 및 정리, 그리고 의사소통과 협력을 지속적으로 수행하며, 이러한 학습 활동 중에 지속적인 성찰을 통해 팀 단위의 학습 과정과 결과에 대한 평가가 이루어진다.

문제 중심 학습

 문제 중심 학습(Problem-Based Learning)은 학습자가 해결해야 할 실제적 문제를 중심으로 자신의 경험과 지식에 비추어 새로운 지식을 능동적으로 구성하는 유의미한 학습을 의미한다(최정임, 1999; Duffy & Jonassen, 1992).

 문제 중심 학습에서는 정답을 찾을 수 있는 수학적 문제보다는 다양한 해결책이 가능한 비구조화된 문제들을 다룬다. 문제 중심 학습은 협력 활동을 통해 문제를 해결해 가는 프로젝트 중심 학습과 개별 학습자가 자신의 학습과정을 주도적으로 수행하는 자기조절 학습의 두 가지 양상을 모두 포함하는 교수-학습 방법이라고 할 수 있다.

 문제 중심 학습은 의과 대학생을 중심으로 1950년대부터 시도된 교수-학습 방법으로 실제 상황에서 환자에 대한 다양한 자료들을 분석함으로써 환자의 질병을 진단하고 이를 치료하기 위한 해결책을 찾는 방법을 학습하기 위해 사용되었다.

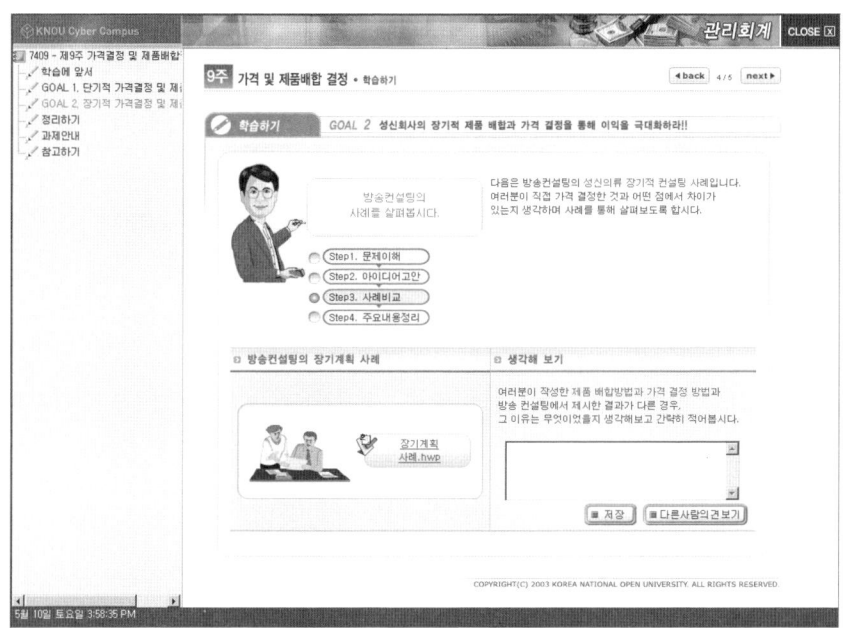

<문제 중심학습의 사례화면>
(문제 상황을 제시하고 이를 해결하기 위한 절차를 제시)

문제 중심 학습의 수행 단계는 다음과 같다.

첫째, 문제를 규명하는 단계이다. 이 단계에서는 문제를 어떻게 인식해야 하며, 문제와 관련하여 내가 알고 있는 것과 알고 있지 못한 것이 무엇인지를 인식하는 것이다.

둘째, 문제 해결을 위한 계획을 수립하는 단계이다. 이 단계에서는 가능한 문제 해결 방안을 탐색하고 자료를 수집하는 등의 구체적인 실행 계획을 작성하는 활동을 의미한다.

셋째, 이전 단계에서 작성한 계획에 따라 해결책을 실행하는 단계이다.
마지막으로, 문제 해결 과정과 결과에 대한 평가 단계이다. e러닝에서는 학습자가 다양한 관련 정보를 탐색하고 관련 전문가들과 언제든 상호작용하는 열린 학습 환경 속에서 복합적인 문제 해결 능력을 계발하는 학습 환경을 제공할 수 있다.

플립러닝 성공전략

초판   2014년 4월 5일
개정판 2014년 8월 1일

발행인   (사)한국U러닝연합회
발행처   ㈜콘텐츠미디어
도 움   트리짓소프트웨어 정연정, 이코래스 박용탁
진 행   정현기, 전소연

가 격   12,000원
          ISBN 978-89-952175-8-0 13370

주 소 : (우)150-715 서울특별시 영등포구 국회대로70길 19, 306 (여의도동)
전 화 : 02-780-0723~4
팩 스 : 02-786-3795
웹사이트 : www.kaoce.org
이메일 : jsy@kaoce.org

* 이 책은 저작권법에 의해 보호를 받는 저작물이므로 무단전재와 복제를 금지합니다.
* 잘못 만들어진 책은 구입처에서 교환해드립니다.